U0605921

# 政府主导型行业协会治理结构优化研究

李利利◎著

人民出版社

责任编辑:宫　共
封面设计:源　源

**图书在版编目(CIP)数据**

政府主导型行业协会治理结构优化研究/李利利 著. —北京:人民出版社,
2022.10
ISBN 978-7-01-025140-0

Ⅰ.①政…　Ⅱ.①李…　Ⅲ.①行业协会-组织管理-研究-中国
Ⅳ.①F279.21

中国版本图书馆 CIP 数据核字(2022)第 185802 号

**政府主导型行业协会治理结构优化研究**

ZHENGFU ZHUDAOXING HANGYEXIEHUI ZHILI JIEGOU YOUHUA YANJIU

李利利　著

人民出版社 出版发行
(100706　北京市东城区隆福寺街 99 号)

北京汇林印务有限公司印刷　新华书店经销

2022 年 10 月第 1 版　2022 年 10 月北京第 1 次印刷
开本:710 毫米×1000 毫米 1/16　印张:16　字数:245 千字

ISBN 978-7-01-025140-0　定价:46.00 元

邮购地址 100706　北京市东城区隆福寺街 99 号
人民东方图书销售中心　电话 (010)65250042　65289539

版权所有 · 侵权必究
凡购买本社图书,如有印制质量问题,我社负责调换。
服务电话:(010)65250042

# 目　录

# 序

改革开放以来，我国行业协会发展进入快车道，成为社会团体中数量最多、增速最快的一种，在加强行业管理、促进行业自律等多方面发挥了重要作用。由于特殊的历史原因及组织制度环境，政府主导型行业协会的职能和效率都受到制约，引发了公众对协会公信力和能力的质疑。社会转型和脱钩改革也对行业协会内部组织架构、制度规范以及外部关系的协调等方面提出更为严峻的挑战，行业协会的组织建设问题再度受到广泛关注。

行业协会治理结构是权力机构配置以及利益相关者之间协调制衡机制的总和。科学、合理的治理结构是加快行业协会权力回归，提升协会资源整合及自我协调能力，实现协会的依法自治和能动发展的基础和保障。在理论分析和文献研究的基础上，将行业协会划分为政府主导型和市场内生型两大类，并聚焦于政府主导型行业协会治理结构，总结政府主导型行业协会治理结构的特性，分析其治理结构存在的不足并提出优化对策。

具体而言，政府主导型行业协会治理结构不仅包括内部治理结构，还包括影响协会外部治理结构的关系框架，以及内、外部治理结构的相互补充。内部治理结构主要体现为协会的组织机构设置和运行规范。组织机构设置是指权力机构、决策机构、执行机构和监督机构的权力划分及有效平衡。为确保各机构的有效运行和制衡，还需要协会章程和一系列治理制度来约束行动者的行为。行业协会的外部治理结构主要表现为外部关系框架，包括协会与外部利益相关者的监督和联动关系，通过对外部利益协调与控制，为协会构建良性互动的外部发展环境。此外，党组织应合理嵌入到协会的内部建设中，并通过章程和相关制度确保党组织对行业协会的引领地位。

通过实践调研和多案例比较分析发现，行业协会的治理结构在脱钩改革后有了很大改观，但在实际运行中，政府主导型行业协会无论在内部机构设置和运行规范上，还是外部关系的协调方面都存在诸多不足，协会治理结构改革滞后于其职能有效发挥的要求。具体体现在：一是在内部机构设置和运行规范方面存在章程虚设、监事会缺失、理事会形式化、内部权力结构失衡、办事机构设置缺乏科学性、治理制度建设不规范等问题；二是在外部治理结构方面存在外部监督薄弱、与外部利益相关者之间互动、合作不足以及党建工作存在“短板”等问题。

为了更准确把握政府主导型行业协会治理结构的特性，提出更具针对性对策建议，论文对政府主导型与市场内生型行业协会治理结构进行比较，并总结了市场内生型行业协会的内部制度建设和治理经验。公司治理结构已经比较完善，可以给政府主导型行业协会治理结构的优化提供经验借鉴。基金会、事业单位虽与行业协会有一定的差别，但都属于非营利法人，也可给政府主导型行业协会治理结构建设提供一定启示。国外对行业协会治理结构建设也积累了丰富的成功经验。此外，本书还介绍了个别政府主导型行业协会改革和创新的经验。

最后，在经验借鉴和理论分析的基础上，构建了政府主导型行业协会治理结构的优化模型，并针对政府主导型行业协会治理结构的特性提出具体优化对策。本书通过对我国政府主导型行业协会治理结构的分析，得出以下主要结论和创新：一是对行业协会进行分类分析，集中探讨政府主导型行业协会治理结构。二是从社会关系网络的角度审视政府主导型行业协会的外部治理结构。对行业协会外部治理结构的探讨不再局限于外部利益主体对协会的监督关系，而是扩展到行业协会与其他利益主体的联动关系。三是从组织社会学的角度，认为在内部治理结构方面应健全法人治理结构；在外部治理结构方面应构建良性互动的外部关系框架。此外，为确保协会正确的发展方向，须构建党组织嵌入行业协会的制度化渠道，从整体上优化和完善政府主导型行业协会治理结构。

# 绪　论

## 第一节　研究背景、目的及意义

### 一、研究背景

行业协会集中体现着政府、社会与市场三者之间的张力，其治理结构的优化和创新既是自身发展的要求，也是推动社会管理体制和制度改革的突破口。近年来，我国行业协会得到了快速发展，截至 2021 年，我国社会组织登记总数已经突破 90 万家①，每年以 10% 到 15% 的速度增长②，是在各类社会团体中增速最快、总量最多的一种，成为社会治理体系中不可忽视的"一极"。这些行业协会在积极反映会员诉求、参与相关产业政策的研究制定、加强行业自律、完善行业管理、协调国际贸易和纠纷、维护会员合法权益等方面发挥着极为重要的作用。

我国行业协会最主要的两种类型是政府主导型和市场内生型③，有的学者也称为政府推动型和市场内生型④。我国行业协会至少 70% 以上都是"官

---

① 王勇：《我国社会组织登记总数已突破 90 万家》，2021 年 1 月 26 日，见 http：//www.gongyishibao.com/html/yanjiubaogao/2021/01/16660.html。

② 参见顾朝曦《发挥行业协会商会服务经济发展的功能作用》，《中国社会组织》2014 年第 8 期。

③ 参见易继明《论行业协会市场化改革》，《法学家》2014 年第 4 期。

④ 参见孙春苗《论行业协会——中国行业协会失灵研究》，中国社会出版社 2010 年版，第 47—48 页。

办”性质，其会长、副会长、秘书长等多是政府部门的公务人员。[①] 800多家全国性行业协会基本上都是政府主导型的，由政府发起或参与成立、承担政府委托的特殊职能，带有浓厚的官办性色彩，只是起因、程度或现状不同而已。受社会体制和政策环境的影响，政府主导型行业协会的效率和职能发挥能力都受到制约，造成了组织机构不健全、章程虚置、民主化程度不高和运行效率低等诸多问题，引发公众对行业协会公信力和能力的质疑。

随着脱钩改革和政府职能转移的不断推进，类行政化、官僚化的行业协会治理模式正在被打破，走市场化、自主化道路是政府主导型行业协会未来发展的必然选择。脱钩后政府主导型行业协会的管理体制和组织环境也将发生很大变化，原来的结构和制度已不适用，而新的制度和规则还未建立，一些协会可能面临变节、变质或变性的风险。有的协会甚至进入一种恶性循环——人力、财力匮乏使服务能力降低，业务和工作无法开展，失去政府和企业的信任，无法获取所需资源，长期习惯靠会费和政府资助运作的协会将难以维持。特殊的政治和社会体制造成我国很多行业协会是“占坑”型的，它们占着会员协会的位置，但不履行或者没有充分履行应有的职能。如何促进协会的成功转型是政府主导型行业协会必须面对的现实问题。

治理理论的完善为政府主导型行业协会的发展和完善提供了理论基础。治理的核心是权力的安排，通过合理有效的结构和制度安排去规范和引导组织行为，最大限度满足公众需要和增进公共利益。[②] 治理结构是指为完成组织目的而进行的权力配置和相互制衡的制度安排，是行业协会实现治理目标的组织基础和手段，更强调静态的制度规范和机构设置、权力的制衡与外部关系框架。[③]

组织的治理结构与组织的效能密切相关，正式的组织结构对于组织的

---

① 商西：《全国7万协会商会超70%官办，12省试点去行政化》，《南方都市报》2015年1月27日，http：//finance.ifeng.com/a/20150127/13461035_0.shtml.

② 参见俞可平《治理和善治》，社会科学文献出版社2000年版，第5页。

③ See Williamson O. E.，“The Institutions of Governance”，*American Economic Review*，2001，88（2），pp.75-79.

生存亦有其合法性价值。具体而言，结构维度会对治理中的代理问题（谁对谁负责）和权力分配和制衡问题（谁管谁）产生影响。① 在动态复杂的环境下，合理的治理结构是行业协会持续发展的基础保障和关键因素，不仅可以使协会机构得到合理设置、权力实现有效制衡，行为受到规范和约束，而且能帮助行业协会协调和控制与外部利益主体的关系，拓展资源获取途径，增强对协会的信任和认同，使协会成为社会经济发展的中间力量。在全面深化改革时期，关注行业协会治理，完善和优化政府主导型行业协会治理结构显得尤为迫切。因此，基于优化政府主导型行业协会治理结构的重要性和紧迫性展开研究，分析其治理结构运行中存在的问题，并探索提出优化的策略。

## 二、研究目的

目前，行业协会进入改革和转型的关键期，行政体制影响下的政府主导型行业协会的组织建设并未进行及时变革，使一些发展不好的政府主导型行业协会在转型时期面临生存危机，在治理过程中机构不完善、制度不健全、社会公信力和组织凝聚力不高、违规收费、乱评比等问题普遍存在。这些问题严重制约着行业协会的发展和职能的发挥。因此，本书以政府主导型行业协会为研究对象，从内部和外部两个维度归纳其治理结构存在的不足，尝试从健全法人治理结构及塑造互惠共生的外部关系框架角度提出优化和创新政府主导型行业协会治理结构的相关对策，促进协会的成功转型。

概言之，本书研究的主要目的是推动政府主导型行业协会构建完善的组织架构和规范的规章制度，形成与外部利益主体的良性互动与互惠合作，解决协会内部的委托代理问题及权力的分配和制衡问题，构建和谐、互信的外部关系，形成内外部治理结构的互补，增强协会的凝聚力和资源获取能力，促进行业协会治理和服务能力不断提升。

① See Schnurbein G. V.，“Patterns of Governance Structures in Trade Associations and Unions”, *Nonprofit Management & Leadership*，2009，20 (1)，pp.97-115.

## 三、研究意义

行业协会是民间集聚的一种形态①，作为行业内的自愿组织，其产生和存在有其必要性。行业协会生存环境的巨大变化引发了协会治理结构改革的诉求，因此，对政府主导型行业协会治理结构的优化研究具有多重意义。

### （一）理论意义

当前，我国对行业协会的研究取得了一定成果，相关研究涵盖了行业协会概念界定、产生和发展的动力、组织建设、职能定位、管理模式等各方面。对行业协会治理结构的研究也已有一定积累，主要运用治理理论、委托代理理论、利益相关者理论、资源依赖理论等对治理结构的内涵、构成及存在的问题进行了分析。随着我国行业协会的快速发展和社会变革，行业协会的组织建设在实际运作中矛盾不断凸显，新老问题叠加，现有理论成果在分析行业协会治理结构问题时仍暴露出许多不足，主要表现在：一是未对行业协会的类型进行细分，对治理结构的问题分析和对策建议都比较笼统，缺乏针对性。二是未对行业协会治理结构与外部社会政策环境的互动进行深入探索。组织社会学认为组织的生存和发展离不开一定的环境，与外部环境的有效互动才能实现组织的能动发展。三是对行业协会外部治理结构的分析仍主要从利益相关者的角度分析外部利益相关者对行业协会的监督，对外部治理结构中与党组织及其他社会组织的互动关系未给予足够关注。

因此，政府主导型行业协会治理结构的优化研究对于协会的顺利转型大有裨益。一是将行业协会划分为政府主导型和市场内生型两大类，并聚焦于政府主导型行业协会治理结构，分析该类型行业协会治理结构建设中存在的不足，并探索优化的路径及对策，进一步细化了对行业协会的研究。二是从组织社会学的角度，认为政府主导型行业协会治理结构离不开社会政策环境的影响，是协会内外部环境相互影响的统一体，应从整体上对政府主导型行业协会治理结构进行优化和完善，既要注重内部治理结构的建设，又不能

① 参见吴军民《行业协会研究综论：在国家与社会之间》，《理论与改革》2007 年第 4 期。

忽略外部治理结构，促进两方面的优势互补，实现政府主导型行业协会治理结构的整体优化。三是运用社会网络理论对政府主导型行业协会外部关系进行分析，进一步拓宽了行业协会治理结构的研究范围，使对行业协会外部治理结构的研究从对外部监督关系的探讨扩展到对协会与其外部利益主体之间互动关系的分析。从社会关系网络的角度研究行业协会的外部治理结构，为行业协会处理外部关系提供了一个可行的视角和逻辑框架，为研究如何促进行业协会的转型和发展提供了新思路。

（二）实践意义

随着政府主导型行业协会市场化改革的不断推进，一些发展能力弱的行业协会面临生存和转型危机，对协会的结构和制度规则提出严峻挑战。例如，内部机构设置的不科学、功能失调，机构之间权力分配制衡机制不健全，以章程为核心的各种规章制度细节缺失、亟须补充完善；外部监督成效有限，行业协会与利益主体的协调、互动不畅。这些问题严重制约着行业协会的有效运转和独特优势的发挥，因此，优化政府主导型行业协会治理结构具有非常显著的实践意义。

一是政府主导型行业协会治理结构的优化对协会获得政府与企业的信任和支持，促进协会的有序运作和发展具有现实意义。政府主导型行业协会，先天具有“继承”和“依靠”的秉性，破除其依附行政资源的“路径依赖”并非易事。在深化改革过程中，行业协会脱离行政资源供给后被直接推向市场，其资源获取方式和途径发生了巨大转变，资源收入结构变得更加单一、脆弱。政府主导型行业协会治理结构的优化和创新有助于增强其资源获取能力，摆脱对政府或大企业的依赖，实现独立自主。

二是政府主导型行业协会治理结构的优化有助于加快协会权力的回归。行业协会是政府功能拓展和转移的主要对象，也是国家治理体系的组成部分。对治理结构的研究有助于推动政府主导型行业协会按照市场化、社会化的方向不断改革，促进顺利转型，实现协会的依法自治和能动发展，提升行业协会承接政府职能转移的能力，使行业协会天生具有的权力回归到协会。

三是对外部关系的研究有利于明确政府、行业协会与企业之间的界限，找准政府主导型行业协会在社会网络结构中的价值定位，明确政府主导型行业协会的职能，进而发展出有形或无形的平等交换的规范，建立良性互动的外部环境，获得合法性社会地位，赢得更多社会资源和支持。

## 第二节 国内外研究综述

### 一、国外行业协会治理结构相关研究

#### （一）对行业协会治理问题的研究

1. 对行业协会治理的界定。一是从非营利组织与营利性组织治理的区别角度，以董事会的角色及运作为核心的探讨。① 例如，“治理是一种管理与监督的功能，当某一群体为了非营利的目的组织在一起，形成合法的法人团体时，治理便已开始发挥其功能”②；“治理一般是理事会和执行机构发挥作用的行动领域”③。二是从治理与管理的区别角度界定治理。指出“治理关注于政策和组织特性问题，着重解决组织的发展战略、未来的方向及组织使命的问题”④。三是从组织功能的角度，将治理界定为支持理事会的一套工具和机制，是确保完成非营利组织的宗旨、合法性和问责制，特别是非营利组织管理层为董事会与内、外部利益相关者之间的相互作用建立的业务准则。⑤

① See Young，D. R.，“The First Three Years of NML：Central Issues in the Management of Organizations”，*Nonprofit Management & Leadership*，1993（4），pp.3-22.

② See Gies，D. L.，Ott，J. S.，&Shafrits J. M.，“Governance：The Roles and Functions of Boards of Directors”，in *The Nonprofit Organization*：*Essential Readings*，Pacific Grove，California：Brooks/Cole Publishing Company，1990，pp.177-181.

③ See Saidel J. R.，“Expanding the Governance Construct：Functions and Contributions of Nonprofit Advisory Groups”，*Nonprofit & Voluntary Sector Quarterly*，1998，27（4），pp.421-436.

④ See Tandon R.，“Board games：governance and accountability in NGOs”，in M. Edwards，& D. Hulme（Eds.），*Beyond the Magic Bullet*：*NGO performance and accountability in the Post-Cold War World.* USA：Kumarian Press，1996，pp.53-63.

⑤ See Schnurbein G. V.，“Patterns of Governance Structures in Trade Associations and Unions”，*Nonprofit Management & Leadership*，2009，20（1），pp.97-115.

2. 对行业协会内部治理的研究。“治理既包括对内管理，也包含组织对外的联结活动，如对内确立组织使命和目标、管理财务、协调冲突；对外提升形象、筹款及与政府的合作关系等。”① “行业协会的治理机制是指同行业内企业联合起来，授予协会部分权力，用来维护行业共同利益、约束企业行为。”② 国外研究一般都非常重视董事会对内部治理作用，例如，在非营利部门，往往更注重组织内部治理的方法，这种方法的重点是侧重于董事会及其决策的政策结果。③ 美国法律和非营利组织准则都认为，董事会对组织的监管负有最终责任。④ 事实上，在许多情况下，非营利组织内部的治理都被视为董事会与首席执行官之间的关系。

3. 对行业协会外部治理的研究。资源依赖理论解释了政府与社会组织合作的基础。⑤ 不同视角下，行业协会与政府的关系也有很大差别。例如，“法团主义”视角认为“行业协会是处在强势政府控制之下的法团主义结构组织，是政府的工具⑥，而中介组织职能未得到充分发挥”⑦。市民社会视角认为“协会与私营经济领域为适应外部环境的变化而结合起来，协会是市场经

① See Herman R. D., Renz D. O., Heimovics R D., “Board Practices and Board Effectiveness in Local Nonprofit Organizations”, *Nonprofit Management & Leadership*, 2010, 7 (4), pp.373-385.

② See Greif A., Milgrom P., Weingast B R., “Coordination, Commitment, and Enforcement: The Case of the Merchant Guild”, *Journal of Political Economy*, 1994, 102 (4), pp.745-776.

③ See Miller-Steven K. L., Gable M. J., Antecendents to Nonprofit Advocacy: Which is More Important-Governance or Organizational Structure? , *Journal for Nonprofit Management*, 2012, pp.21-39.

④ See Herman R. D., “Are Public Service Nonprofit Boards Meeting Their Responsibilities?”, *Public Administration Review*, 2009, 69 (3), pp.387-390.

⑤ See Gazley B., Brudney J. L., “The Purpose (and Perils) of Government-Nonprofit Partnership”, *Nonprofit & Voluntary Sector Quarterly*, 2007, 36 (3), pp.389-415.

⑥ See Ray Yep, “The Limitations of Corporatism for Understanding Reforming China: An empirical analysis in a rural county”, *Journal of Contemporary China*, 2000, 9 (25), pp.547-566.

⑦ See Foster K. W., “Associations in the Embrace of an Authoritarian State: State Domination of Society?”, *Studies in Comparative International Development*, 2001, 35 (4), pp.84-109.

济领域自发形成的整合工具”。

概言之，非营利组织的治理问题得到了充分的讨论和分析。然而，大多数研究是基于服务类机构，如医院、准政府机构或社会服务活动展开的。① 多数学者把治理定义为处理这些组织的机制，并倾向于更广泛的范围，以便囊括所有的利益相关者。相比之下，很少有人致力于以会员为导向的组织②，很少关注如志愿者协会、行业协会或专业协会等会员组织。③

（二）对行业协会治理结构的研究

国外对行业协会治理结构的研究主要集中在对治理结构的界定、功能的研究以及对董事会的分析三个方面。

1. 对行业协会治理结构的界定。治理结构包括组织协调和参与的正式规则。依据不同的组织文化和组织结构，Kikulis et al.（1992）将非营利组织的治理结构划分为餐桌会议型、董事会类型及执行长官类型三种。非营利组织的治理结构与营利性组织在目标、所有权、剩余索取权、决策程序、问责制、制衡、民主、控制程序和促进公共或集体行动的内在激励措施等方面都存在很大差别。④

2. 对行业协会治理结构功能的研究。相关研究成果揭示了治理结构在多种情况下对行业协会管理的影响。治理结构不但可以影响组织及其附属机构的问责层级，而且集中和有代表性的结构使行业协会对政治的影响更大。⑤

---

① See Ostrower，F.，and Stone，M. M.，“Governance：Research Trends，Gaps，and Future Prospects”，in Powell，W. W.，and Steinberg，R.（eds），*The Nonprofit Sector：A Research Handbook*. 2nd Edition，New Haven：Yale University Press，2006，pp.612-628.

② See Friedman，A.，and Phillips，M.，“Balancing Strategy and Accountability”，*Nonprofit Management & Leadership*，2004，15（2），pp.187-204.

③ See Tschirhart，M.，“Nonprofit Membership Associations”，in Powell，W. W.，and Steinberg，R.（eds），*The Nonprofit Sector：A Research Handbook*. 2nd Edition. New Haven：Yale University Press，2006，pp. 523-541.

④ See Enjolras B.，“A Governance-Structure Approach to Voluntary Organizations”，*Nonprofit & Voluntary Sector Quarterly*，2009，38（5），pp.761-783.

⑤ See Coleman，W.，Grant，W.，“The Organizational Cohesion and Political Access of Business：A Study of Comprehensive Associations”，*European Journal of Political Research*，1988（16），pp.255-269.

另一项研究提供了新的观察视角，指出治理结构能影响个人和其他组织的关联感知和交互的方式。①

3. 对行业协会董事会的研究。对行业协会董事会的相关研究主要集中在三个方面：

一是关注于董事会与执行机构的权责分工，分析双方的互动关系并构建出各种治理结构模型。一种观点认为，董事会与执行机构是相互分开的，应当明确区分理事会和执行长的工作范围。“理事会作为领导者应关注于确立组织的政策，通过把握组织发展方向及价值观进行管理，但不能管理具体事项。董事会与执行机构之间明确的权责划分是必需的，也是必要的，董事会只需负责对组织目标进行设定，而执行机构在不干涉董事会的前提下，可以自主决定达成目标的程序和方法。”② 董事会的活动可被称为治理，而执行长的角色应被称为行政或管理。③ Kramer（1985）研究发现，“非营利组织的决策权力并非按组织规定由董事会集体行使，而是由少数人控制，如董事长、执行长等。董事会仅仅负责政策的核准，规划由执行委员会制定”④。

另一种观点认为，董事会与执行长是相互交叉、互相补充的。“董事会和执行长对于协会职能的有效发挥都起着关键作用。董事会与执行长在工作上并不是截然分开的：董事会只负责决策，执行机构负责无条件执行，双方是相互交叉、互相补充的”⑤，由董事会和执行长共同治理。在非营利组织的实际运作过程中，理事会职能的发挥与执行官的配合与否休戚相关。因

① See Standley，A.，“Reinventing a Large Nonprofit：Lessons from Four Voluntary Health Associations”，*Nonprofit Management & Leadership*，2001（11），pp.305-320.

② See Carver J.，“Boards that Make a Difference：A new Design for Leadership in Nonprofit and Public Organization（2th edition）”，New York：*John Wiley & Sons*，Inc.，1997，pp.21-78.

③ See HOULE C. O.，“Governing Boards：Their Nature and Nurture”，San Francisco：*Jossey-Bass Publishers*，1997，pp.72 -90.

④ See Ralph M.& Kramer D.S.W.，“Toward a Contingency Model of Board-Executive Relations”，*Human Service Organizations Management Leadership & Governance*，1985，9（3），pp.15-33.

⑤ See Drucker P. F.，“Lessons for successful nonprofit governance”，*Nonprofit Management & Leadership*，1990（1），pp.7-14.

此，理事会与执行机构的良性互动成为决定治理结构是否有效的关键所在。Saidel & Harlan (2010) 进一步以理事会与执行官在治理行动中角色层次的高低依据，概括了非营利组织的四种主要治理模式，即共享式治理（Shared Governance）、执行长主导的治理（Staff-Dominant Governance）、董事会主导的治理（Board-Dominant Governance）以及旁观者式治理（Bystander）。①

二是集中在对董（理）事会的角色的研究方面。多数研究成果以董事会的角色定位及运作程序为主要关注点对非营利组织治理进行探讨。② Brown & Guo (2010) 归纳了 13 种非营利组织理事会的角色，主要包括基金发展、财务监督、战略与计划、理事会成员活力、公共关系、提供指导、政策监督和专业知识等。③ 董事会对非营利组织负有最终的责任，代表组织与外界联系。④ 基于董事会在不同发展阶段呈现出不同的特征，可将非营利组织董事会划分为三种类型：业务型、管理型和顾问型。⑤ 而且，在非营利组织不同的生命周期，理事会也表现出不同的治理特征，其运行一般都要经历组建、治理和制度化三个阶段。⑥ Worth (2017) 将非营利组织理事会划分为选举产生型的理事会、混合型理事会（通常包括指定型、职权型和自我延续型）、自我延续型理事会和顾问型理事会及委员会，而且各自都有相应的优缺点。在不同情境下，理事会实际承担的角色职责存在显著差异。⑦

---

① See Saidel J. R., Harlan S. L., "Contracting and Patterns of Nonprofit Governance", *Nonprofit Management & Leadership*, 2010, 8 (3), pp.243-259.

② See Young D.R., "The First Three years of NML: Central Issues in the Management of Nonprofit Organizations", *Nonprofit Management & Leadership*, 1993, 4 (1), pp.3-22.

③ See Brown, W.A., and Guo C., "Exploring the Key Roles for Nonprofit Boards", *Nonprofit and Voluntary Sector Quarterly*, 2010, 39 (3), pp.536-546.

④ See Steane, Peter D., "Nonprofit Boards in Australia: A Distinctive Governance Approach", *Corporate Governance*, 2001, 9 (1), pp.45-58.

⑤ See Werther W. B., Berman E. M., "Third sector management: the art of managing nonprofit organizations", *Georgetown University Press*, 2001, pp.23-85.

⑥ See Mathiasen K., "Board Passages: Three Key Stages in a Nonprofit Boards's Life Cycle", Washington D.C: *National Center forNonprofit Boards*, 1990, pp.79-91.

⑦ See Worth, M. J., "Nonprofit Management: Principles and Practice (4th edition)", *SAGE Publications*, 2017, pp.151-156.

三是对董事会的激励和协调方面的研究。对董事会的激励、考核及评价是非营利组织治理的重要方面。① 然而，对非营利组织董事会的评价和考核相较于营利性组织而言具有一定的困难，而且没有利润目标的评价也会带来很大的偏差。② 此外，董事会和领导人之间的协作对于非营利组织的绩效也至关重要。③ Zhu、Wang & Bart（2016）研究发现理事会的决策程序对理事们参与战略决策具有正向影响。④ Aggarwal、Evans &Nanda（2011）指出组织追求的项目数量与理事会规模呈正相关关系，但理事会规模与管理层的薪酬激励呈负相关关系。⑤

总而言之，国外对行业协会治理结构的研究起步较早，研究成果也比较多，但多集中于对非营利组织的研究，具体针对会员制行业协会的研究相对较少。国外研究的重要特点是非常重视董事会（理事会）功能的探讨。

## 二、国内行业协会治理结构研究现状

近几年，国内关于行业协会治理结构的研究成果也逐渐丰富，涉及对行业协会治理结构的界定、组成及如何完善等各方面。

### （一）对行业协会治理结构的界定

国内学者们多用“治理结构”“法人治理结构”和“内部治理结构”等

① See Sandrich，Karen.，“A New Governance Framework”，*Hospitals and Health Networks*，2001，75（4），pp.48-50.

② See Schaffer，Bryan S.，“Board Assessments of Managerial Performance：An Analysis of Attribution Processes”，*Journal of Managerial Psychology*，2002，17（2），pp.95-115.

③ See Westphal，James D.，“Collaboration in the Boardroom：Behavioral and Performance Consequences of CEO-Board Social Ties”，*Academy of Management Journal*，1999，42（1），pp.7-24.

④ See Zhu，H.，Wang P.，and Bart C.，“Board Processes，Board Strategic Involvement，and Organizational Performance in For-profit and Non-profit Organizations”，*Journal of Business Ethics*，2016，136（2），pp.311-328.

⑤ See Aggarwal，R.K.，Evans M.E.，and Nanda D，“Nonprofit Boards：Size，Performance and Managerial Incentives”，*Journal of Accounting and Economics*，2011，53（1），pp. 466-487.

表示行业协会的治理结构，但基本上都认同治理结构是对行业协会的内部权力分配与制衡及运行机制等的制度安排。行业协会的治理结构有狭义和广义之分，狭义的治理结构关注协会内部的正式结构设置、权力分配与制衡；广义的治理结构除了关注行业协会内部的机构设置和制度安排，还关注协会与外部利益相关者的关系对协会治理结构的影响。① 概括起来，行业协会的治理结构即指“行业协会的权力配置关系及其运行机制，其核心内容是如何处理决策权、执行权和监督权之间的关系”②，是行业协会能够正常运行所依赖的一整套制度安排。

多数学者都认同行业协会治理结构包括内部和外部治理结构两部分（官有垣，2002；刘春湘，2006③；黎军和李海平，2009；李丹，2007；陆硕，2013；张良，2014），这两部分相辅相成，缺一不可。徐家良（2010）还提出从领导体制和管理机构两方面来讨论行业协会的治理结构，领导机构是会员（代表）大会，管理机构主要是理事会，但从行业协会权力的运作看，会长（理事长）、副会长或秘书长等主要负责人对协会具体事务拥有绝对的管理权力。④ 此外，我国有些学者也开始关注对行业协会理事会的研究。理事会是行业协会的决策及执行机构，是行业协会内部治理结构的核心组成部分。

（二）行业协会内部治理结构研究

行业协会的内部机构设置一般包括：作为权力机构的会员（代表）大会、作为决策机构的理事会（常务理事会）、作为执行机构的秘书处和相应职能部门及作为监督机构的监事会四种机构（李丹，2007；喻智慧，2009；石碧涛，2011）。行业协会的内部治理结构还包括运行规范和规则等制度安排。协会内部治理制度主要有民主选举、决策制度、内部管理制度、激励与

① 参见郁建兴、金常明、张伟林、宋晓清等《行业协会管理》，浙江人民出版社 2010 年版，第 62—63 页。

② 参见郁建兴、周俊、张建民《全面深化改革时代的行业协会商会发展》，高等教育出版社 2014 年版，第 122—123 页。

③ 参见刘春湘《非营利组织治理结构研究》，中南大学博士学位论文，2006 年。

④ 参见徐家良《互益性组织：中国行业协会研究》，北京师范大学出版社 2010 年版，第 120—125 页。

约束机制和监督机制等（张捷等，2009a）。[①]

受发展时间较短、官方色彩浓厚、市场环境不成熟、国家政策调整、行政化倾向等因素的影响，我国行业协会的法人治理机制不完善、治理结构不健全是突出问题[②]，其内部治理结构仍存在许多不足和有待进一步完善之处。行业协会普遍存在组织机构设立不健全、缺乏有效的内部监督机制、财务管理不规范、章程效力不足、执行层及大企业控制协会、民主化运行程度不高、治理不规范、内部管理制度供给不足、行政化或企业化色彩浓厚、监督救济机制缺乏、职能部门之间协调沟通不畅、模糊治理、运行效率低、会员大会行权能力丧失下的单极治理等问题（王书娟，2008[③]；王名，孙春苗，2009[④]；黎军和李海平，2009[⑤]；张冉，2007[⑥]）。这些治理问题会使行业协会背离会员利益、损害协会的民主性和代表性。[⑦] 彭敏（2014）还进一步指出"行业协会的内部治理存在制度设计与实际运作脱节的问题。在制度设计上，会员（代表）大会处于顶层；而在实际运作中，秘书处位于顶层，会员(代表)、理事会的权力被削弱"[⑧]。郁建兴等指出在后双重管理时代，我国行业协会发展的外部障碍已经消除，最大制约因素转向内部[⑨]，但同时也指出现有制度虽然规定了行业协会治理结构的基本内容，但并不说明行业协会能

---

① 参见张捷、张媛媛《商会治理的基本特征及中国的经验证据》，《经济管理》2009 年第 11 期。

② 参见马长俊《加强党的领导与行业协会法人治理相融合研究》，《社会主义研究》2018 年第 6 期。

③ 参见王书娟《论我国行业协会内部治理结构的完善》，《福建政法管理干部学院学报》2008 年第 2 期。

④ 参见王名、孙春苗《行业协会论纲》，《经济界》2009 年第 1 期。

⑤ 参见黎军、李海平《行业协会法人治理机制研究》，《中国非营利评论》2009 年第 1 期。

⑥ 参见张冉《我国行业协会组织治理研究》，《华中科技大学学报》（社会科学版）2007 年第 6 期。

⑦ 参见卢向东《"控制—功能"关系视角下行业协会商会脱钩改革》，《国家行政学院学报》2017 年第 5 期。

⑧ 参见彭敏《行业协会内部治理结构运行中存在的问题和解决途径——以 C 行业协会为例》，《学会》2014 年第 11 期。

⑨ 参见郁建兴、周俊、沈永东、何宾《后双重管理体制时代的行业协会商会发展》，《浙江社会科学》2013 年第 12 期。

够真正构建合法、合理的治理结构，目前我国行业协会商会普遍存在治理机构和章程形同虚设的现象，使得治理结构在形式上的意义远超过其实际作用。要解决这些问题就必须完善行业协会的治理结构，进而提升行业协会的服务能力。①

针对如何完善行业协会治理结构，学者们也从不同角度进行了探讨，并提出相应对策。例如，徐晞和叶民强（2008）指出行业协会治理结构的完善要确保权责分明，应该注重增强对理事会和监事会的隐性激励与约束，对秘书处的专职工作人员应强调显性的激励与约束。②黎军和李海平（2009）指出“完善协会法人治理应坚持自治与法治、民主与相互制衡的基本原则，应从协会治理结构和运行机制的微观制度建构入手”③。甫玉龙、史晓葳（2009）认为“服务职能是否充分履行”和“能否代表会员利益”是衡量内部治理结构的重要标准，而加强秘书处专职制、会员代表大会制和会长择优机制三方面的建设成为行业协会内部治理结构完善的有效途径。④戚枝淬（2016）指出“要对社会组织内部治理结构进行重构，从社会组织持续发展，提高社会组织参与社会治理能力方面考虑，社会组织内部治理结构法治化是必然选择”⑤，形成“刚柔并济”的内部治理机制。⑥

总之，行业协会的内部治理结构是一个相互影响的系统，不能只关注治理结构的某一部分，只有从整体上把握，从机构设置和制度构建两方面入手，实现内部治理结构的平衡及资源的最优化配置。⑦此外，还应充分发挥

---

① 参见郁建兴、周俊、张建民等《全面深化改革时代的商会发展》，高等教育出版社 2014 年版，第 160 页。

② 参见徐晞、叶民强《国外非营利组织法人治理研究进展》，《浙江工商大学学报》2008 年第 2 期。

③ 参见黎军、李海平《行业协会法人治理机制研究》，《中国非营利评论》2009 年第 7 期。

④ 参见甫玉龙、史晓葳《完善行业协会内部治理结构的探讨》，《中国行政管理》2009 年第 7 期。

⑤ 参见戚枝淬《社会组织内部治理结构法律问题研究》，《理论月刊》2016 年第 8 期。

⑥ 参见张青《刚柔相济：非营利组织内部治理模式的构建》，《改革与开放》2014 年第 3 期。

⑦ 参见孙春苗《论行业协会——中国行业协会失灵研究》，中国社会出版社 2010 年版，第 45—50 页。

特色机构专业委员会的功能优势。

（三）行业协会外部治理结构研究

近几年，对行业协会外部关系网络的关注程度逐渐提高，许多学者也注意到外部治理结构对行业协会的重要意义。如官有垣（2002）认为，如果把非营利组织看作是开放的系统，治理就分为对内管理和对外的连接活动。① 非营利组织治理结构的完善不能只关注内部组织结构设置和制度的完善，更要注重外部环境的改善，要积极发挥政府部门和法律监管以及社会公众、消费者、媒体以及第三方评估机构的监督作用。② 行业协会的内部治理结构和外部体制环境对协会的持续发展和健康运行具有同等重要的意义。③

对于行业协会外部治理结构发挥作用的方式，李丹（2007）认为制度和市场是行业协会外部治理结构实现的两种方式。制度侧重于解决外部的公平问题，致力于营造公平的环境，市场侧重于协会效率问题。张良、刘蓉（2015）认为"我国行业协会外部治理体系的重构必须回归到契约关系本质，合作是建立在契约主体对协会的认同和信任的基础上，良好的信任关系是赢得利益相关者认同的前提"④。陈剩勇、马斌（2004）指出行业协会要实现自主治理，一是要有较强的资源获取能力；二是要处理好与政府的关系；三是要有较高的社会认同度。⑤

此外，龙宁丽（2016）⑥、梁鑫华等（2016）⑦ 将对行业协会的研究范围从

① 参见官有垣《非营利组织的董事会角色与功能之剖析——以台湾地区地方性社会福利基金会为例》，两岸非营利组织公共事务学术研讨会论文集，2002 年，第 66—69 页。

② 参见刘春湘《非营利组织治理结构研究》，中南大学博士学位论文，2006 年。

③ 参见黎军、李海平《行业协会法人治理机制研究》，《中国非营利评论》2009 年第 7 期。

④ 参见张良、刘蓉《治理现代化视角下我国地方行业协会外部治理体系重构研究——以上海实践为例》，《华东理工大学学报》（社会科学版）2015 年第 4 期。

⑤ 参见陈剩勇、马斌《温州民间商会自主治理的制度分析——温州服装商会的典型研究》，《管理世界》2004 年第 12 期。

⑥ 参见龙宁丽《关于全国性行业协会网络关系结构的考察》，《中国社会组织》2015 年第 8 期。

⑦ 参见梁鑫华、徐晓林、栾丽霞《新常态下行业协会关系网络转型研究》，《中国行政管理》2016 年第 4 期。

内部扩展到外部，对协会外部关系的研究也由政府与行业协会的关系扩展到整个社会关系网络。这说明行业协会的外部非制度性关系框架和网络机制逐渐受到学者的关注。

（四）行业协会内、外部治理结构关系的研究

行业协会的治理结构、运行机制以及与政府的关系在协会的制度安排中发挥着不同的作用。① 治理结构是协会有效运行的基础和组织保障；运行机制是协会有效运作的制度保障；行业协会与政府的互动关系，是协会持续发展的必备条件。与其他组织相比，行业协会更需要强调内、外部的有机结合，二者相互补充，互为条件，相互促进。② 协会的内、外部治理结构共同构成行业协会治理的整体框架。在内、外部治理结构的关系上，外部治理结构的改善甚至是“首选项”③。

（五）行业协会治理结构研究的视角

1. 从合理分权角度的分析。多数学者都从行业协会内部权力合理分配这个角度进行分析，认为所有权、控制权与受益权分离是行业协会治理的前提。通过内部权力之间的相互分离、制衡，形成会员（代表）大会拥有最高权力、理事会（常务理事会）能够独立、科学决策、秘书处认真负责、监事会有效监督的组织架构。一般而言，行业协会的治理结构包括权力机构、决策机构、执行机构及监督机构四个层次，四种权力机构彼此独立、制约，又相互配合（徐晞，2009④；张良，2014；⑤ 徐家良，2014⑥）。

2. 从产权、剩余索取权角度进行分析。郁建兴等（2009）从受益权和

---

① 参见徐家良、张玲《治理结构、运行机制、与政府关系：非营利组织有效性分析——浙江省义乌市玩具行业协会个案》，《北京行政学院学报》2005 年第 4 期。

② 参见石碧涛《转型时期中国行业协会治理研究》，暨南大学博士学位论文，2011 年。

③ 参见张良、刘蓉《治理现代化视角下我国地方行业协会外部治理体系重构研究——以上海实践为例》，《华东理工大学学报》（社会科学版）2015 年第 4 期。

④ 参见徐晞《我国非营利组织治理问题研究》，知识产权出版社 2009 年版。

⑤ 参见张良《我国社会组织转型发展的地方经验：上海的实证研究》，中国人事出版社 2014 年版，第 156 页。

⑥ 参见徐家良《行业协会组织治理》，上海交通大学出版社 2014 年版，第 48—49 页。

剩余索取权的角度，提出了理想的商会治理结构分析框架，解释了各种动态因素持续影响商会治理，并促使协会治理朝理性化方向发展的方式。① 理想的商会治理结构主要包括：具有民主化、规范化及代表性的治理机构；拥有独立自主的社会治理环境；制定适当的、有效的会员进退机制。

3. 从法学角度进行法人治理结构的分析。不少学者从法学的角度对行业协会的法人治理结构进行了分析。多数学者都认同行业协会应建立一套类似公司法人治理结构的、较为健全的“内部法人治理结构”，借此提高行业协会的运行效率，完成行业协会的宗旨和使命（廉高波，2005）。② 比较完善、合理的行业协会法人治理结构包括会员（代表）大会、理事会、监事会、秘书长及相应的职能部门四个层次（金锦萍，2005）。有的学者从公法和私法融合的“第三法域”经济法的视角来考察和构建行业协会的结构和制度，实现协会内外部治理的完美统一。良好的行业协会法人治理结构的构建需要健全协会的结构设置、建立相关配套制度和运行规范，加强政府的非强制性的规则供给。

4. 从组织学角度的探讨。从组织学视角的研究旨在描述组织的现存特征及其相互关系，以便更好地了解组织的本质和运作。彭敏（2014）通过对制度层面和实际运作层面的分析，认为行业协会面临会员大会虚设、理事会弱化、秘书处强权三个主要问题。为此，应重置三个机构的权力层级，将理事会作为最高权力机构，以确保监督作用充分发挥；秘书处作为第二层，负责执行；会员大会处于最底层。③

## 三、研究述评

学者对行业协会的关注，源于改革过程中政府职能转移以及对社会管

① 参见郁建兴、宋晓清《商会组织治理的新分析框架及其应用》，《中国行政管理》2009 年第 4 期。

② 参见廉高波《浅议行业协会法人治理结构的建立与完善》，《生产力研究》2005 年第 8 期。

③ 参见彭敏《行业协会内部治理结构运行中存在的问题和解决途径——以 C 行业协会为例》，《学会》2014 年第 11 期。

理的重视。纵观国内外相关研究，有关行业协会治理结构的研究已有一定积累，已从概念的探讨深入到协会内部治理结构的行为模式、治理模型等具体内容，但也存在不足，具体来说主要有以下几方面：

一是现有成果对行业协会的内部治理结构进行了充分的研究，但多倾向于要么孤立地研究协会内部的组织结构设置问题，从机构的设置、权限等角度进行讨论，忽略了组织机构之间的动态关联、演进和运行策略；要么单独从行业治理视角展开研究，对行业协会的外部监管，外部与内部治理结构的相互关联和影响关注较少。

二是学者们关于行业协会治理结构对资源获取的影响达成了共识，但具体论述的较少。对外部治理结构的研究集中于对行业协会外部监督关系、协会与政府的关系，而对协会与其他利益主体的互动关系的研究未给予足够重视，或者仅停留在历史性的解释与角色错乱的描述工作，未从社会关系网络的角度深入分析协会与外部利益相关者之间的社会网络的构建及如何实现有效发展等问题。

三是缺乏对行业协会治理结构的针对性研究。虽然也有个别研究将内外部治理结构结合起来研究，但大多是对非营利组织的分析，未对不同类型非营利组织的特性进行有针对性分析，忽略了行业协会作为互益性会员制社团的特性，尤其是与行政部门有着深厚渊源的政府主导型行业协会，因而相关研究的适用性有待进一步验证。而且多数研究是对所有行业协会整体情况的分析，未对不同类型行业协会的治理结构进行具体分析，提出的对策建议也缺乏一定的针对性。在我国，虽然行业协会的治理结构都是以权力机构、决策机构、执行机构以及监督机构四个层次为基础，但在所有者代表、理事会结构、监事会及主要负责人来源、工作人员报酬等方面表现仍有不同。因此，由于行业协会生成途径的不同，不同类型行业协会的治理结构也表现出很大差异。此外，受时代背景的限制，对党组织嵌入行业协会治理结构的关注较少，虽然已经普遍认识到应确保党组织对行业协会的引领地位，但具体如何达成仍需进一步探索。

随着政府主导型行业协会脱钩改革的不断推进，行业协会的治理结构也因此面临巨大挑战。在动态复杂的社会环境中和既定制度的约束下，行业协会只有不断变革、完善组织的治理结构，才能不断获取组织发展所需资源，实现行业协会的健康发展。本书选取政府主导型行业协会作为研究对象，从内部和外部两维度深入分析其治理结构在实际运作中的问题，并在与市场内生型行业协会进行比较，充分借鉴不同类型法人的治理结构及国外行业协会治理结构的成功经验的基础上，提出优化政府主导型行业协会治理结构对策。在分析行业协会机构设置和运行规范的同时，也着重探讨行业协会的外部关系框架，并指出要加强内外部治理结构之间的联系和互补，从整体上构建制度化、规范化的政府主导型行业协会治理结构。

## 第三节　研究内容与研究方法

### 一、研究内容

#### （一）研究思路

制度化是组织和程序获得价值观和稳定性的一种进程。① 行业协会作为一种组织形式，需要通过有形的结构和组织运作实现其功能，通过一套内部或外部制度来协调组织与利益相关者的关系，保障组织决策的科学化和运作效率。理想的行业协会治理结构是“通过内部权威结构的安排，在会员（代表）大会、理事会、监事会与管理者和工作人员之间形成一种相互制衡的关系，从而形成对管理者行动的有效约束”②。

在社会转型时期，政府主导型行业协会应以自主能动发展为目标进行转型。因此，本书认为分析协会治理结构的逻辑应从内部组织建设和外部关系协调两个角度，完善内、外部治理结构存在的问题和不足，构建制度化、

---

① 参见［美］塞缪尔·P. 亨廷顿《变化社会中的政治秩序》，王冠华等译，三联书店 1989 年版，第 12 页。

② 参见许昀《行业协会的法人治理问题——基于法人行动理论的分析》，《中国社会组织》2008 年第 6 期。

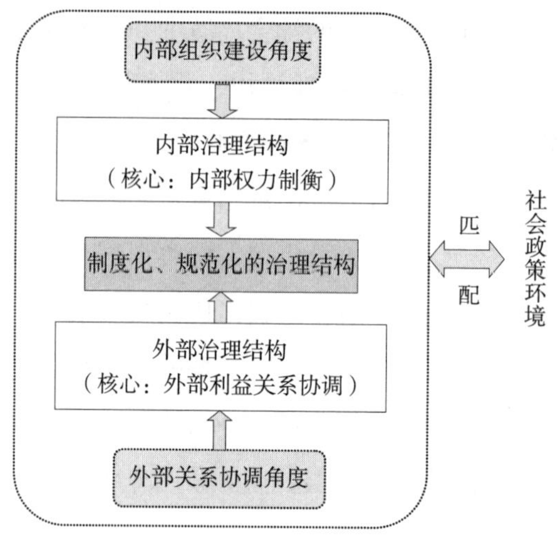


**图绪 –1　分析逻辑**

规范化的治理结构。在内部表现为行业协会内部治理结构，以有效的分权制衡为核心，以委托代理理论、法人行动理论为基础，目的是建立合理的分权制衡机制，提升协会运行效率；外部治理结构则表现为影响行业协会治理结构的外部关系框架，即与外部利益相关者的非正式制度关系，以协调、互动、回应与竞争关系为核心，以利益相关者理论、社会网络理论等为基础，目的是通过外部关系的协调来塑造一个良性的外部发展环境。此外，还应注意治理结构建设与政策环境匹配，以便有效整合各种资源，切实维护利益相关者的权益。

（二）分析框架

威廉森（Oliver E. Williamson）指出，“治理结构是人类为了减轻由于不确定性与有限理性和机会主义的结合产生的风险而构建的制度”①。企业治理的实现有赖于制度结构和市场结构，制度结构指组织的结构安排以及权力的行使过程，市场结构指通过市场的选择来实现企业的经营行为。②

① ［美］奥利弗 · E. 威廉森：《治理机制》，王健、方世建等译，中国社会科学出版社 2001 年版，第 2 页。

② 参见徐家良《新时期中国社会组织建设研究》，中国社会科学出版社 2016 年版，第 161 页。

行业协会的治理结构充分借鉴了公司治理结构。金锦萍指出，“非营利法人治理结构包括内部组织机构设置和运行规范两方面。”① 行业协会根据法律和章程的规定设置内部组织机构和规章制度，并合理分配内部权力，确保权力的有效制衡，以防止内部人或大企业控制协会以及发生“搭便车”行为，提高行业协会的运行效率。本书将这种内部的制度性安排概括为内部治理结构，具体体现为行业协会的内部机构设置和运行规范。

多数学者从内部治理结构这个角度进行分析，对行业协会治理结构缺乏整体的、统一的研究，或者局限于内部机构设置，未对运行规范进行深入全面探索，或者仅对行业协会的外部监督进行分析，忽略了特定社会网络结构特征对行业协会社会职能和资源获取能力的影响。而从组织社会学的角度看，组织的生存与效能的发挥很大程度上取决于其与环境的耦合模式。② 因此，本书也考察行业协会与政府、会员企业、社会公众及其他社会组织等利益主体的耦合关系，明确行业协会与这些利益主体之间的网络边界和关系定位，将这些外部关系网络称之为行业协会的外部治理结构，主要包括外部监督关系和联动关系。

为了研究和行文方便，本书从内部和外部治理结构两个维度探讨政府主导型行业协会的治理结构，通过案例分析归纳其在现实运行和改革过程中存在的不足，并尝试提出有针对性的对策建议。然而，治理结构的这两个维度并不是相互割裂的，而是相互关联、相互交叉的，两方面共同构成政府主导型行业协会治理结构的整体框架。

在此基础上，本书提出了分析政府主导型行业协会治理结构的基本框架，如图绪 –2 所示。

### （三）结构安排

本书主要以“治理结构”为核心，梳理政府主导型行业协会治理结构的应然与实然状况，并探索具有针对性的对策，依据治理的内容和作用的不

① 金锦萍：《非营利法人治理结构研究》，北京大学出版社 2005 年版，第 63 页。

② 参见崔月琴、袁泉、王嘉渊《社会组织治理结构的转型——基于草根组织卡理斯玛现象的反思》，《学习与探索》2014 年第 7 期。

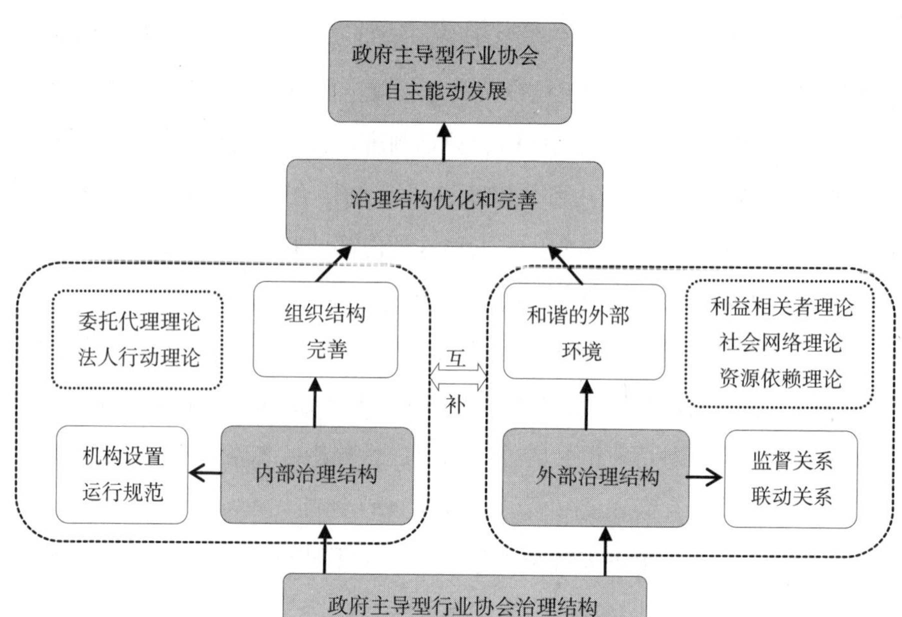


**图绪 –2　政府主导型行业协会治理结构基本框架**

同场域，将政府主导型行业协会治理结构划分为内部和外部治理结构两个维度。从具体实践出发，探讨行业协会内部、外部治理结构实际运作中存在的问题和不足，并与市场内生型行业协会治理结构进行比较，在充分借鉴比较成功的政府主导型行业协会治理结构改革经验、不同类型法人的治理结构及国外行业协会治理结构的成功经验的基础上，提出优化政府主导型行业协会治理结构对策。书的基本研究框架如图绪 –3 所示。

根据研究框架，本书主要从五个方面重点进行研究，具体结构安排大致如下：

第一章，政府主导型行业协会治理结构的理论分析。主要回答政府主导型行业协会治理结构“是什么”的问题；对政府主导型行业协会治理结构的相关概念进行界定，概括行业协会治理结构研究的理论基础，并在理论和文献分析基础上，构建政府主导型行业协会治理结构的基本分析框架。

第二章，分析行业协会治理结构的基础，解析我国政府主导型行业协会的制度情境和组织环境，从组织的制度环境及组织环境的角度去理解行业

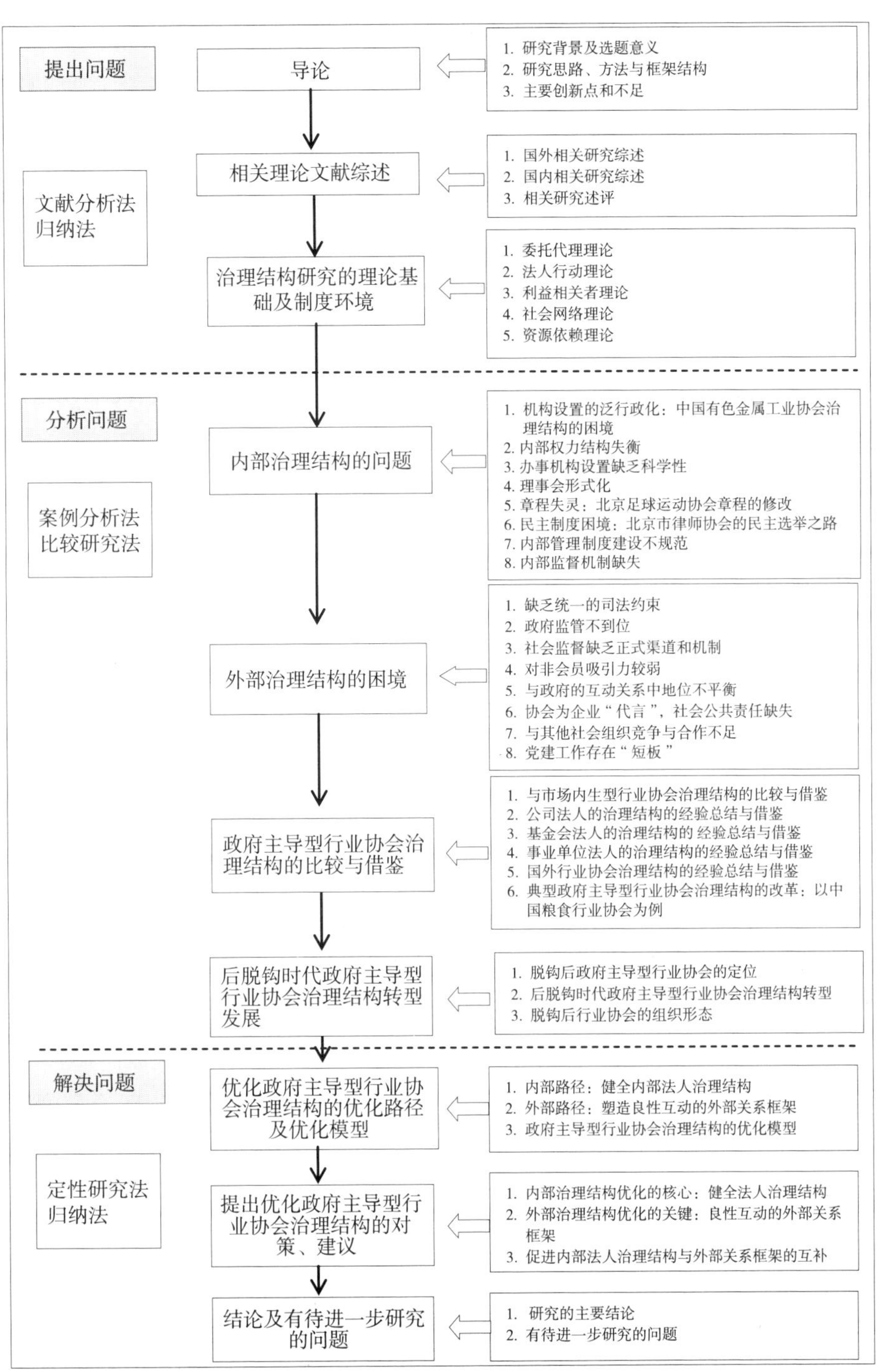
提出问题
导论
1. 研究背景及选题意义
2. 研究思路、方法与框架结构
3. 主要创新点和不足
文献分析法
归纳法
相关理论文献综述
1. 国外相关研究综述
2. 国内相关研究综述
3. 相关研究述评
治理结构研究的理论基础及制度环境
1. 委托代理理论
2. 法人行动理论
3. 利益相关者理论
4. 社会网络理论
5. 资源依赖理论
分析问题
案例分析法
比较研究法
内部治理结构的问题
1. 机构设置的泛行政化：中国有色金属工业协会治理结构的困境
2. 内部权力结构失衡
3. 办事机构设置缺乏科学性
4. 理事会形式化
5. 章程失灵：北京足球运动协会章程的修改
6. 民主制度困境：北京市律师协会的民主选举之路
7. 内部管理制度建设不规范
8. 内部监督机制缺失
外部治理结构的困境
1. 缺乏统一的司法约束
2. 政府监管不到位
3. 社会监督缺乏正式渠道和机制
4. 对非会员吸引力较弱
5. 与政府的互动关系中地位不平衡
6. 协会为企业“代言”，社会公共责任缺失
7. 与其他社会组织竞争与合作不足
8. 党建工作存在“短板”
政府主导型行业协会治理结构的比较与借鉴
1. 与市场内生型行业协会治理结构的比较与借鉴
2. 公司法人的治理结构的经验总结与借鉴
3. 基金会法人的治理结构的经验总结与借鉴
4. 事业单位法人的治理结构的经验总结与借鉴
5. 国外行业协会治理结构的经验总结与借鉴
6. 典型政府主导型行业协会治理结构的改革：以中国粮食行业协会为例
后脱钩时代政府主导型行业协会治理结构转型发展
1. 脱钩后政府主导型行业协会的定位
2. 后脱钩时代政府主导型行业协会治理结构转型
3. 脱钩后行业协会的组织形态
解决问题
定性研究法
归纳法
优化政府主导型行业协会治理结构的优化路径及优化模型
1. 内部路径：健全内部法人治理结构
2. 外部路径：塑造良性互动的外部关系框架
3. 政府主导型行业协会治理结构的优化模型
提出优化政府主导型行业协会治理结构的对策、建议
1. 内部治理结构优化的核心：健全法人治理结构
2. 外部治理结构优化的关键：良性互动的外部关系框架
3. 促进内部法人治理结构与外部关系框架的互补
结论及有待进一步研究的问题
1. 研究的主要结论
2. 有待进一步研究的问题

**图绪 –3 研究框架**

协会治理结构，从根本上揭示其缘起和演变的逻辑。

第三章，根据典型案例分析政府主导型行业协会治理结构运作过程中存在的问题及原因，主要是解决政府主导型行业协会治理结构“怎么样”和“为什么”的问题。具体而言，第二章分析政府主导型行业协会内部治理结构存在的问题。行业协会内部治理结构体现为内部机构设置和运行规范。通过相关案例分析及调查研究发现政府主导型行业协会机构设置和运行规范主要存在机构设置的泛行政化、内部权力结构失衡、办事机构设置缺乏科学性、理事会形式化、章程失灵、民主制度困境、内部管理制度建设不规范以及内部监督机制缺失等问题。

第四章，分析政府主导型行业协会外部治理结构的困境。政府主导型行业协会外部治理结构指影响政府主导型行业协会的外部关系框架，主要包括外部监督关系和协会与其外部利益相关者的联动关系。政府主导型行业协会外部治理结构存在缺乏统一的司法约束、政府监管不到位、社会监督缺乏正式渠道和机制、对非会员吸引力较弱、与政府的互动关系中地位不平衡、协会为企业“代言”，社会公共责任缺失、与其他社会组织竞争与合作不足、党建工作存在“短板”等问题。

第五章，政府主导型行业协会治理结构的比较与经验借鉴。首先，介绍了典型政府主导型行业协会：中国粮食行业协会的改革和创新。其次，与市场内生型行业协会治理结构、不同类型法人的治理结构及国外行业协会治理结构进行比较，并总结其结构建设的经验，概括出对优化政府主导型行业协会治理结构有借鉴意义的经验。

第六章，后脱钩时代政府主导型行业协会的角色定位，从理论角度阐释其转型发展的必要性，分析后脱钩时代行业协会的管理体制对协会治理结构的影响，并尝试概括政府主导型行业协会脱钩后合理、科学的组织形态及治理结构。

第七章，提出优化政府主导型行业协会治理结构的对策建议。主要解决“怎么做”的问题。分析优化政府主导型行业协会治理结构的路径选择，并在此基础上构建治理结构的优化模型。优化政府主导型行业协会治理结构的对策是：在内部健全法人治理结构；在外部构建良性互动的外部关系框架，并促进内部法人治理结构与外部关系框架的相互补充。

### 二、研究方法

在研究方法的选择上遵循的是提出问题—分析问题—解决问题的基本研究范式。在具体的研究中，采用的研究方法主要有：

一是文献分析法。主要采用归纳法与演绎法等，对我国行业协会的发展现状，相关研究视角和关注的领域进行分析研究。通过对文献的分析，有助于准确把握行业协会治理结构的研究现状以及研究动态，从而全面、正确地了解掌握所要研究问题。

二是访谈法。主要选取办公地点在北京地区的全国性行业协会及北京市行业协会作为调查点。之所以选择北京地区作为研究案例的主要来源，是出于对调查对象的典型性及可进入性的考虑。通过对协会主要负责人等进行访谈，可准确地了解政府主导型行业协会的治理结构的情况。

三是案例分析法。通过对特定政府主导型行业协会的个案分析，可以直观了解协会的发展情况，治理结构的现状、存在的问题等。而且，透过经典案例的剖析、归纳与总结，提出更有针对性、可操作性的意见和措施。

四是比较研究法。通过对脱钩改革前后的行业协会治理结构，不同类型行业协会及不同类型法人的治理结构、国外行业协会治理结构的比较研究，总结和归纳行业协会治理结构建设的经验，并借鉴可行的经验和方法优化我国政府主导型行业协会治理结构。

## 第四节　研究创新

本书的创新之处主要包括以下几方面：

一是对行业协会进行分类研究。本书将我国行业协会划分为政府主导型和市场内生型两大类，并主要对政府主导型行业协会的治理结构进行了探讨。已有对行业协会治理结构的研究多是以所有行业协会为研究对象，对不同类型的行业协会未细分。由于我国特殊的经济和社会背景，政府主导型与市场内生型行业协会在生成、动力和运作方面存在很大差别。对所有行业协会治理结构研究的问题和对策未必完全符合所有类型的协会。因此，本书在行业协会脱钩改革的转型时期，聚焦政府主导型行业协会的特点，深入细致分析其治理结构存在的不足，使相关对策建议更具针对性和适用性。

二是尝试构建以制度化、规范化的治理结构为目标的政府主导型行业协会治理结构优化模型。运用组织社会学相关理论，将内、外部治理结构相结合，将组织结构与运行规范结合起来，促进政府主导型行业协会在内部完善法人治理结构；在外部塑造良性互动的外部关系框架，不断优化政府主导型行业协会治理结构。

三是从社会关系网络的角度重新审视政府主导型行业协会的外部治理结构。对行业协会外部治理结构的探讨不再局限于外部主体对协会的监督，而是扩展到行业协会与其他利益相关者的联动关系。从关系网络的角度对政府主导型行业协会的外部治理结构进行探讨，为促进行业协会的发展提供了新的分析框架和范式，拓宽了对行业协会治理结构研究的思路和领域。

# 第一章　政府主导型行业协会及其治理结构概述

## 第一节　相关概念界定

### 一、行业协会

行业协会，对应的英文有“Business Association”“Trade Association”“Industry Association”“Employer Association”“Interest Association”以及“Trade Promotion Association”等，是市场经济国家普遍存在的促进经济领域各类互益型活动并提供行业性和社会性公共服务的社会经济组织形式。①

对于行业协会，不同国家、地区有不同界定：英国将行业协会界定为“由独立的经营单位所组成，用以保护和增进全体成员的合理合法利益的组织”②。美国的《经济学百科全书》中，行业协会是指“一些为达到共同目标而自愿组织起来的同行或商人的团体”。在日本，行业协会是指“事业者以

---

① 笼统地说，行业协会与商会没有区别，都属于互益性非营利类社会中介组织。虽然在某些细节上有些差别，但随着行业协会的发展，商会所具有的一些特点也反映在行业协会中。为了全面考察行业协会的整体状况，有必要将行业协会与商会统称为行业协会，在特殊的地方，再单独使用。参见徐家良《互益性组织：中国行业协会研究》，北京师范大学出版社 2010 年版，第 5—7 页。因此，本书讨论的行业协会包括商会。

② 参见贾西津、沈恒超、胡文安《转型时期的行业协会：角色、功能与管理体制》，社会科学文献出版社 2004 年版，第 9—10 页。

增进共同利益为目的而自愿组织起来的同行或商人的联合体"[①]。行业协会通常被描述为一个正式组织的群体，成员结构和自愿行动促进共同利益。[②]

国内学者也对行业协会概念和定义提出了不同看法，如王名、孙春苗认为，"行业协会是在市场经济条件下，以行业等具有关联性的多数企业为主体，在自愿基础上结成的以保护和增进会员利益为目标的非政府组织，并将行业协会界定为企业基于经济关联性和利益共同性而达成的结社，在本质上反映的是市场中以会员为单位组成的一定共同体或利益集团的共同利益，具有显著的经济价值导向"[③]。贾西津等指出，"行业协会是一种具有自发性、行业性、市场性、会员性、非政府性、非营利性和互益性的社会组织"[④]。张经将行业协会看成是"在中华人民共和国领土范围内，相同或相关行业的经济组织、个体商户、职业工作者、农业劳动者等市场主体，为实现一定经济目的而自愿组成，经法定程序成立的实行行业管理、监督、自律和相关市场服务的社会团体法人"[⑤]。徐家良对行业协会进行了比较完整的界定，"由相同或相近领域的经济组织或个人组成，通过沟通本行业企业、从业人员与政府的关系，协调同行业的利益，规范市场行为，提供行业服务，反映会员需求，保护和增进成员合法权益的非营利性社会组织"[⑥]。张良认为，"行业协会是由同业企业以及其他经济组织自愿组成、实行行业公共服务和行业自律管理的社团法人"[⑦]。徐晞指出，"行业协会的本质在于基于降低市场主体交

---

① 参见《行业发展与管理》编辑部《行业发展与管理》，经济日报出版社 1987 年版，第 57 页。

② See Schnurbein G V.，"Patterns of Governance Structures in Trade Associations and Unions"，*Nonprofit Management & Leadership*，2009，vol. 20（1），pp.97-115.

③ 参见王名、孙春苗《行业协会论纲 · 中国非营利评论》第四卷，社会科学文献出版社 2009 年版，第 2—3 页。

④ 参见贾西津、沈恒超、胡文安《转型时期的行业协会：角色、功能与管理体制》，社会科学文献出版社 2004 年版，第 11 页。

⑤ 参见张经《中国行业协会商会法民间建议稿》，中国工商出版社 2013 年版，第 1—2 页。

⑥ 参见徐家良《社会团体导论》，中国社会出版社 2011 年版，第 170 页。

⑦ 参见张良《我国社会组织转型发展的地方经验：上海的实证研究》，中国人事出版社 2014 年版，第 60 页。

易成为目标，以相同或近似行业企业为主体，依据国家有关法规和政策自愿组成的、自律性的会员制民间非营利组织”①。

此外，中央和各地方政府对行业协会也做了不同界定。如国家经贸委办公厅印发的《关于选择若干城市进行行业协会试点的方案》（1997 年）中将行业协会界定为“社会组织和自律性行业管理组织。在社会主义市场经济条件下，行业协会应该是行业管理的重要方面，是联系政府和企业的桥梁、纽带，发挥服务、自律、协调、监督的作用。同时，又是政府的参谋和助手”。上海市人民政府发布的《上海市行业协会暂行办法》（2002 年）中规定，“行业协会是指由本市同业经济组织以及相关单位自愿组成的非营利性的以经济类为主的社团法人”。

综合学术界以及政府部门对行业协会的界定，笔者认为行业协会是介于政府与市场和企业之间，由同业经济组织以及相关单位自愿组成，服务于行业共同事务，维护会员利益及行业利益的非营利组织，是我国社会组织的重要组成部分，是社会主义市场经济体制的重要参与者，属于我国《民法总则》规定的非营利性的社团法人。②

## 二、政府主导型行业协会

我国行业协会数量庞大，根据成员构成、活动范围、生成途径、与政府的关系以及治理模式等标准可划分为不同类型（如表 1–1 所示）。

我国行业协会具有典型的“官民二重性”，同时依赖于体制内和体制外两种资源，通过官方和民间两种渠道获得相应资源。徐家良指出，官办行业协会是指“由政府发起成立、承担政府处理公共事务特殊职能的行业协会”。一般具有由政府组建，有法律授权或政府委托，有一定数量的行政或事业编制，成立具有多重目的性等特征。③ 官办行业协会都具有较为严格的双重管

---

① 参见徐晞《海峡两岸行业协会的比较与合作》，社会科学文献出版社 2016 年版，第 9 页。

② 参见徐家良《行业协会组织治理》，上海交通大学出版社 2014 年版，第 6 页。

③ 参见徐家良《互益性组织：中国行业协会研究》，北京师范大学出版社 2010 年版，第 75、247 页。

理体制。综合不同的界定，笔者认为政府主导型行业是由政府组建或发起成立的，承担部分政府职能，有一定的公务人员，参照行政机构管理，对政府依赖性强的行业协会。

**表 1–1 行业协会分类**

| 划分标准 | 类型 | | |
| --- | --- | --- | --- |
| 生成路径① | 自上而下的官办 | 自下而上的民办 | — |
| 活动范围 | 全国性 | 地方性 | — |
| 成员构成 | 单一性 | 综合性 | — |
| 内部治理模式 | 政府主导型 | 大企业主导型 | 市场导向型 |

易继明指出，行业协会的类型划分应"顺应社会组织发展趋势和强化行业协会的主体意识，避免过分强调'官办'与'民办'之间的对立"，并根据"政会关系"之疏紧，将行业协会分为政府主导型和市场内生型两大类。② 张良根据内部治理模式，将上海市行业协会划分为政府部门主导型、大企业主导型和市场导向协商型三类。③ 政府部门主导型一般为传统体制下撤销的行政性公司或各类工业局改制建立的行业协会，以及政府严格监管行业所建立的行业协会；大企业主导型是产业特强行业以及具有自然垄断性质的企业建立的行业协会；市场导向协商型是按市场化运作机制建立的行业

① 学者们进行了不同的划分：一是认为有两种生成途径，即自下而上的民办途径和自上而下的官办途径，参见王名、贾西津《中国 NGO 的发展分析》，《管理世界》2002 年第 8 期。二是三种途径说，即自上而下、自下而上和外部输入或称作"官办、民办、官助民办"途径，参见康晓光《权利的转移——转型时期中国权力格局的变迁》，浙江人民出版社 1999 年版，第 110、219 页；徐晞《海峡两岸行业协会的比较与合作》，社会科学出版社 2016 年版，第 20—22 页；徐家良《互益性组织：中国行业协会研究》，北京师范大学出版社第 2010 年版，第 90—93 页。三是四种途径说，即体制外、体制内、体制内外结合、法律授权途径，参见余辉等《行业协会及其在中国的发展：理论与案例》，经济管理出版社 2002 年版，第 21—27 页。

② 参见易继明《论行业协会市场化改革》，《法学家》2014 年第 4 期。

③ 参见张良《我国社会组织转型发展的地方经验：上海的实证研究》，中国人事出版社 2014 年版，第 148 页。

协会。

综合以上分类方法，本书根据行业协会的产生途径及其与政府的关系将我国行业协会划分为政府主导型和市场内生型两大类。书中所指的政府主导型行业协会主要包括全国性行业协会、地方各级政府机构改革及政府部门主导推动产生的行业协会。

政府主导型行业协会是传统管理体制的产物，一般“具有共治编制，依靠公共财政，按照参公管理，体现权力意志”[①]。虽是名义上的社会组织，却承担着部分政府职能，在财政、人事和决策上受到政府部门的直接或间接领导，并参照机关事业单位进行管理。从 1979 年，原国家经贸委改组中国企业管理协会，成为我国第一家政府主导型的全国性行业协会[②]，截至2019年年底，直接或间接与各级党政机构有关联的政府主导型行业协会数量已达近 8 万家，其中全国性行业协会商会有 843 家。[③] 政府主导型行业协会是传统管理思维、计划经济与社会组织杂糅的结果，受益于改革开放的影响得到快速发展。政府主导型行业协会凭借官方背景和资源，以有别于政府的名义却履行政府的职能，在优化资源配置、为政府提供咨询、创新社会治理、服务企业发展、履行社会责任、加强行业自律等方面发挥着重要作用。但大部分政府主导型行业协会仍存在管办一体、政会不分、治理结构不全等问题，这与现代社会组织制度不符，不但影响社会资源的公平配置，造成政府主导型行业协会在资源获取上借由特权优势挤压其他规范发展的社会组织，而且由于自律和监督机制缺乏，还容易形成官僚习气，使得有些行业协会乱作为、不作为，加重会员企业的负担。因此，厘清政府主导型行业协会的职能边界，完善治理结构，加强综合监管，规范行业协会依法运行才能确保其职能的有效发挥。

---

① 参见马庆钰《实质推进官办社会组织改革》，《当代社科视野》2014 年第 11 期。

② 参见刘剑雄《改革开放后我国行业协会和商会发展的研究》，《经济研究参考》2006 年第 16 期。

③ 参见马庆钰《行业协会商会脱钩改革急需解决的关键问题》，《行政管理改革》2020 年第 12 期。

## 三、治理与治理结构

### （一）治理

治理在公共管理领域兴起是在 20 世纪 90 年代，主要用于分析与国家公共事务相关的管理活动中。罗西瑙（J . N . Rosenau）等认为，“治理是一系列活动中的管理机制，这些管理机制得到授权，能有效发挥作用”①。全球治理委员会（Commission on Global Governance）提出，“治理是或公或私的个人和机构经营管理相同事务的诸多方式的总和，使相互冲突或不同的利益得以调和并且采取联合行动的持续的过程。它包括有权迫使人们服从的正式机构和规章制度，以及种种非正式安排”②。治理一般包含作为最小国家、公司治理、新公共管理、善治、社会—控制系统和自组织网络六种不同用法。③由此可知，治理是一个比较宽泛的概念，它是指一定的主体，包括个人和组织，为了达到一定的目的而在一定的制度和规则下展开的行动过程，包括计划、组织、协调和控制等。治理意味着社会管理的重心从统治走向治理，从“善政”到“善治”。④治理的核心要素包括平等、协商、互信、合作等，更加强调多主体之间的互动合作、互惠共生关系。⑤

本书语境中要讨论的治理主要是基于作为公司的治理、作为社会—控制系统以及自组织网络的治理这三个方面的用法。作为公司的治理核心是如何通过制度规范组织内部的权力配置即内部治理结构问题；作为社会—控制系统以及自组织网络的治理倾向于将组织视为一个有机整体，关注组织与外部因素的协调和互动过程。⑥具体而言，一方面强调行业协会的内部主体性

---

① ［美］詹姆斯 · 罗西瑙等：《没有政府的治理》，张胜军、刘小林等译，江西人民出版社 2006 年版，第 5 页。

② 全球治理委员会：《我们的全球伙伴关系》，牛津大学出版社 1995 年版，第 23 页。

③ See Rhodes R.A.W.，“The New Governance：Governing Without Government”，*Political Studies*，1996，44（4）.

④ 参见俞可平《经济全球化与治理的变迁》，《哲学研究》2000 年第 10 期。

⑤ 参见张良《我国社会组织转型发展的地方经验：上海的实证研究》，中国人事出版社 2014 年版，第 19 页。

⑥ 参见郁建兴、宋晓清《商会组织治理的新分析框架及其应用》，《中国行政管理》2009 年第 4 期。

作用和内部运作，包括组织结构、运行制度以及决策与执行；另一方面强调政府、市场等外部条件对行业协会的基础性影响。

行业协会治理主要指通过合理的结构和规则约束规范利益主体的行为，确保协会有效运作和发展。行业协会治理包含两方面含义：一是行业协会作为公共管理的主体之一，成为社会治理的参与者，提供公共产品、服务及针对会员的俱乐部产品，体现的是治理功能；二是行业协会的组织治理，包括为外部治理和内部治理。外部治理在于利益相关者的关系协调；内部治理即通过合理有效的组织安排和权力分配，建立有效的法人治理结构去引导、控制和规范组织成员的各种活动。① 在内外部治理的关系上，内部治理权力的平衡有赖于外部良好的治理环境，有时外部治理环境的改善甚至是“首选项”。② 本书所讲的行业协会治理主要指其组织治理。

### （二）治理结构

治理结构（Corporate Governance），又称作公司治理、公司治理结构或公司法人治理结构等，被认为是解决企业由于所有权与控制权分离而产生的权力和利益分配与制衡及委托代理问题的一种有效制度安排和一整套法律体系和规范。杨瑞龙和周业安认为，企业治理结构本质上就是一个关于企业所有权安排的契约。从广义上讲，公司治理结构包括两个层次：一是内部治理结构，即通常讲的法人治理结构，包括治理主体，即谁参与治理；治理客体或治理对象以及治理手段。③ 二是外部治理结构，包括产品市场、资本市场和劳动力市场。从法学角度看，治理结构的核心在于通过明确法人的组织机构和运行机制，形成与利益相关者之间的权力相互制衡的关系。

非营利组织的治理结构与企业治理结构有一定的相似性。多数学者认为非营利组织的治理结构借鉴了公司的治理结构。④ 美国学者的研究验证了

① 参见俞可平《治理和善治》，社会科学文献出版社 2001 年版，第 2—4 页。

② 参见张良、刘蓉《治理现代化视角下我国地方行业协会外部治理体系重构研究——以上海实践为例》，《华东理工大学学报》（社会科学版）2015 年第 4 期。

③ 参见杨瑞龙、周业安《论转轨时期国有企业治理结构创新战略的选择》，《经济理论与经济管理》1997 年第 6 期。

④ 参见徐家良《新时期中国社会组织建设研究》，中国社会科学出版社 2016 年版，第 161 页。

公司与非营利组织在治理结构上存在相似的问题。例如 Gies、Ott & Shafritz（1990）指出，“非营利部门的许多治理功能与营利部门相似，是理事会为了治理免税组织所采取的集体行动”①。Blood R.（2005）也指出：“非营利组织非常类似于私人公司而不是任何其他现存的政治机构，从公司治理的角度研究非营利组织法人治理极为必要。”② 在国内，陈林首次借鉴公司治理理论，指出“非营利组织法人治理是以所有权、控制权与受益权分离为基础，以利害相关者协同为重心，以委托代理关系为主线，以公共责任为依归”③。非营利组织治理结构就是组织内部相互分权与制衡的关系，但又不仅仅局限于组织内部权力的合理配置，而是需要通过合理的外部监督机制规范和约束组织行为，适应组织内外环境变化的要求，进行自我调节，实现自我发展。④ 治理结构可以被看作是用以协调非营利组织决策层、执行层、监督层及利益相关者的关系。

也有学者提出不同意见，例如，德鲁克从相反的视角认为，“企业可以从非营利组织管理中获得启示”⑤。吴敬琏也认为，“法人这个概念，在中世纪就是指非营利组织。‘Corporation’这个词在中世纪就是指行会、教会、自由城市等非营利组织。由于这些组织不是自然人，所以它就要有一套治理机制。公司这种营利性法人治理的产生是18世纪以后的事情”⑥。无论是“由企业到非营利组织”，还是“从非营利组织到企业”，都说明公司与非营利组织都存在治理问题，在治理结构上可以在一定程度上相互借鉴。

---

① See Gies，D. L.，Ott，J. S.，&Shafrits J. M.，“Governance：The Roles and Functions of Boards of Directors”，in *The Nonprofit Organization*：*Essential Readings*. Pacific Grove，California：Brooks/Cole Publishing Company，1990，pp.177-181.

② See Blood R.，“Should NGOs be viewed as ‘political corporations’?”，*Journal of Communication Management*，2005，9（2），pp.120-133.

③ 参见陈林、徐宣《从企业法人治理到非营利组织法人治理》，《中共宁波市委党校学报》2003 年第 4 期。

④ 参见刘春湘《非营利组织治理结构研究》，中南大学博士学位论文，2006 年。

⑤ See Drucker P. F.，“Lessons for successful nonprofit governance”，*Nonprofit Management & Leadership*，1990，1（1），pp.7-14.

⑥ 参见吴敬琏《商会的定位及其自身治理》，《中国改革》2006 年第 10 期。

## 四、行业协会治理结构

郁建兴（2014）指出，“行业协会商会的权力配置关系及其运行机制，其核心内容是如何处理决策权、执行权和监督权之间的关系。完善的行业协会商会治理结构应向企业治理结构一样，‘三权’相对独立，且不受外来力量的干预”①。行业协会作为非营利组织需要建立相应的组织体制和管理机构，制定一套包括内部或外部、正式或非正式的制度和规范来协调各利益主体之间的关系，使组织有效运转。目前，我国对行业协会治理结构还未形成一致定论，常以“内部治理”“内部治理结构”“法人治理”或“法人治理结构”指代行业协会治理结构。行业协会治理需要通过治理结构设置和运行来实现。孙春苗指出，“行业协会治理结构主要指为实现组织宗旨而进行的制度设计，具体包括会员大会、理事会、常务理事会、秘书长及执行机构、监事会、专业委员会等”。徐晞认为，“行业协会治理结构就是法定组织结构与管理组织机构的整合，法律体系上的组织结构是基础和保证，是一种‘正义性’的规范，管理组织的运行状态即治理机制是关键和核心，是一种‘效率性’的根源。”社会组织治理结构是以三权（所有权、经营权和受益权）分离为前提，是决策机构、执行机构、监督机构以及利益相关者之间协调制衡机制的总和。②

综合借鉴公司治理理念以及对非营利组织、行业协会治理结构的相关界定，本书认为行业协会的治理结构既表现为内部会员（代表）大会、理事会、监事会、秘书处等机构的设置、权力分配与制衡的制度设计与安排，同时也表现为协会与外部利益相关者之间权利、责任、义务的关系框架。具体而言，行业协会治理结构的内涵可以从以下三个方面理解。

首先，行业协会的治理结构是基于制度层面的安排，是法定的组织结

---

① 参见郁建兴、周俊、张建民《全面深化改革时代的行业协会商会发展》，高等教育出版社2014年版，第123页。

② 参见徐家良《新时期中国社会组织建设研究》，中国社会科学出版社2016年版，第161页。

构。行业协会是我国《民法总则》中规定的非营利法人中的社会团体法人。《社会团体登记管理条例（修订草案征求意见稿）》（2016 年）增加了对组织机构和信息公开制度的规定，引导社会团体完善组织结构，规范各部门的相关权利和义务，健全内部监督机制，强化社会团体的民主决策、民主选举和民主管理，促进依法自治。①

其次，行业协会治理结构是一种有效的管理模式。行业协会内部是一个由理事会、监事会、秘书处和职能部门等组成的多元利益群体。行业协会的有序运行需要有一定的组织基础和制度保障，还要协调好各利益主体之间的关系。通过完善的机构设置和健全的规章制度使协会内部的决策权、监督权及执行权互相分离，实现部门之间的相互独立、分工协作与互相配合，增强行业协会的运行效率。

最后，行业协会治理结构是为实现协会宗旨而进行的制度设计，也是利益平衡的结果。行业协会作为社会网络结构的一部分，无法避免与其利益相关者发生互动关系，以此获得组织发展必要的资源。在与外部利益相关者的长期互动过程中形成一定的外部关系框架。在外部关系中行业协会协调和平衡各方利益，不断适应社会制度的变化，明确自身性质和定位，维护企业和行业的利益，推动组织的发展壮大。

## 第二节　行业协会治理结构的变迁

### 一、政府主导型行业协会历史演进

与市场经济发达的西方国家相比，我国的行业协会理事演进的道路比较曲折。我国行业协会的生成路径主要有两个方向：一是自上而下的路径，由政府部门直接转制或由政府主导组建而成，称为政府主导型行业协会。二

① 《中国政府网》，2016 年 8 月 1 日，http：//www.gov.cn/xinwen/2016-08/01/content_5096611.htm。

是自下而上的路径，是企业基于市场需求而自发组建的，称为市场内生型行业协会。[①] 学者依据不同标准对我国行业协会的演进历程也进行了归纳，例如，余晖根据体制改革的进程，划分为初始阶段（1978 年至 1992 年）和深化阶段（1992 年至今）；王名等把改革开放后转型时期的行业协会划分为三个阶段，即体制内快速增长的悸动期、体制内大量增长和体制外少量发育的突破期、体制外快速增长和体制内存量转型的时期[②]；景朝阳等将改革开放以来的行业协会划分为初步发展阶段（改革开放初期至 90 年代初期）、规范管理和新的发展高潮阶段（90 年代初期至党的十八届三中全会）以及后双重管理时期的发展高潮阶段（党的十八届三中全会至今）。每个时期的行业协会都呈现出不同的特点。最典型的是随中央机构改革，由原来的行业管理部门改制形成的，它们基本保持了原有部委的格局；更多的政府主导型行业协会或者是出于延续政府的职能的目的，或者是为了安置分流的人员组建的（如表 1–2 所示）。

**表 1–2　行业协会成立的时间和背景**

| 背景 | 时间 | 协会名称 |
|---|---|---|
| 计划经济时期，履行政府职能 | 1953 年 | 中国国际贸易促进会 |
| | 1954 年 | 中国渔业协会 |
| 1979 年开始，实行按行业组织、行业管理、行业规划的改革 | 1979 年 | 中国企业联合会、中国质量协会 |
| | 1980 年 | 中国包装技术协会 |
| | 1981 年 | 中国有色金属加工工业协会、中国食品工业协会、中国氯碱工业协会等 10 家工业行业协会 |
| 1984 年，中国政企关系改革开始，实行政企分开 | 1984 年 | 中国模具行业协会 |
| | 1985 年 | 中国橡胶工业协会 |
| | 1987 年 | 中国汽车工业联合会 |
| | 1988 年 | 中国机床工具行业协会；中国五矿化工进出口商会、中国纺织品进出口商会等 7 大商会 |

① 参见贾西津、张经《行业协会商会与政府脱钩改革方略及挑战》，《社会治理》2016 年第 1 期。

② 参见王名、孙春苗《行业协会论纲》，《中国非营利评论》2009 年第 1 期。

续表

| 背景 | 时间 | 协会名称 |
| --- | --- | --- |
| 撤销轻工业部和纺织工业部 | 1993 年 | 中国纺织总会、中国轻工业总会 |
| 政府经济职能转变，由微观转向宏观管理，由直接转向间接，由部门转向行业；2001 年，撤销国家经贸委所属的 9 个国家局 | 2001 年 | 相应成立中国行业联合会、中国物资流通协会、中国煤炭工业协会等 10 家综合性协会 |

我国最先设立的行业协会多是由政府经济管理职能转变和机构改革或转制而成，是经济和行政体制改革的产物。新中国成立后，我国行业协会经历了“从有到无”的变化。这一时期，由政府推动的行业协会数量很少，行业协会几乎完全瘫痪。1978 年改革开放，受政府行业管理职能转变的影响，政府主导推动产生的行业协会数量迅速上升。这类行业协会的主要职能是承接政府部分行业管理职能，会员主要是该行业的国有企业。行业协会对政府的依赖性较强，协会的组织结构依照政府机构设置，主要负责人由主管部门任命，工作人员也多是历次政府机构改革过程中分流出来的人员，经费和办公场所都由主管部门提供。如 2001 年的国务院机构改革，基本上是原班人马的整体转制①，并授予行业协会管理原来国家局管理的行业协会。

在顶层政策的引导下，我国行业协会的数量呈现出快速增长，从 20 世纪 80 年代末不足 1000 个，到 2014 年底，总量达到近 7 万个，每年增速达到 10% 到 15%，在社会团体中占比最大。这些行业协会中，至少 70% 以上都是“官办”性质，会长、副会长、秘书长等人多是公务员②，全国性行业协会商会有近 800 多家，共涉及 57 个业务主管单位③；广州市的 657 个社会

① 参见贾西津、沈恒超、胡文安《转型时期的行业协会：角色、功能与管理体制》，社会科学文献出版社 2004 年版，第 105 页。

② 商西：《全国 7 万协会商会超 70% 官办，12 省试点去行政化》，《南方都市报》2015 年 1 月 27 日，http：//finance.ifeng.com/a/20150127/13461035_0.shtml。

③ 参见程楠《全国性行业协会商会正有序稳步脱钩——访民政部民间组织管理局副局长廖鸿》，《中国社会组织》2016 年第 17 期。

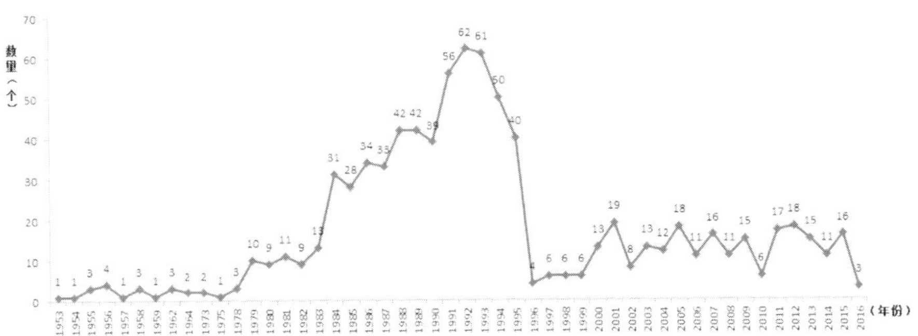


**图 1–1　全国性行业协会成立时间**

资料来源：根据龙宁丽《经济社团治理现代化：现状、问题及变革——一项基于全国性行业协会商会的实证分析》（载景朝阳、李勇、高成运等《中国行业协会商会发展报告（2014）》，社会科学文献出版社 2015 年版，第 66 页）整理。

团体中，有 2/3 过去由党政机关主导成立，行政色彩浓厚①。

从图 1–1 可以看出，全国性行业协会的数量在改革开放前后差别很大。自 1979 年开始至 1995 年，全国性行业协会得到迅猛发展。1996 年以后，全国性行业协会的发展开始步入稳定期。这 800 多家全国性行业协会拥有会员企业 427.9 万家，工作人员 1.6 万多人②，行业协会的自身能力不断增强，而且涵盖的行业范围不断扩大，布局也逐渐优化，总体上呈现良好的发展态势③。政府职能转变和市场经济的发展共同推动了全国性行业协会的迅速增长。与此同时，地方性行业协会也得到快速发展，其数量增长与地方经济发展呈现大体一致的特点。例如，在经济发达的北京、浙江、广东、上海等地的行业协会发展较快，而经济比较落后的地区行业协会发展的比较缓慢。

① 《行业协会“去行政化”之路缘何收效甚微》，2014 年 2 月 24 日，http：//news.163.com/14/0224/05/9LQV6G8200014AEE.html。

② 参见龚维斌、赵秋雁《中国社会体制改革报告 No.2（2014）》，社会科学文献出版社 2014 年版，第 148 页。

③ 参见景朝阳、李勇、高成运等《中国行业协会商会发展报告（2014）》，社科文献出版社 2015 年版，第 28—35 页。

## 二、政府主导型行业协会改革

我国政府主导型行业协会的发展和变革深受政府与市场关系的调整、政府经济管理职能转变和机构改革的影响。总的来看，政府主导型行业协会基本上经历了一个由“国家部门”到“总公司（总会）”，再到“工业局”，最后变成“协会（联合会）”的演变过程。[①] 政府主导型行业协会经历了从完全的政府行政管理过渡到公司化治理，再到行政与政府主导型行业协会管理并行，再到基本上全部由政府主导型行业协会管理，最后到政府主导型行业协会去行政化的变革过程，实现行业协会市场化、社会化和自主化的治理模式。随着我国市场经济体制的不断完善，出现了一批独立自主、公信力高、能力强的行业协会，这些协会在维护会员利益、协调行业纠纷等多方面发挥了难以替代的作用。但总体来看，我国行业协会的发展还处于初级阶段。

### （一）行业协会脱钩改革

马庆钰教授根据改革效果的差异把行业协会的脱钩改革划分为三个阶段：一是探索阶段：2005 年至 2012 年；二是徘徊阶段：2013 年至 2015 年；三是质性推进阶段：2015 年 6 月至今。[②] 2005 年 3 月，《关于行业协会商会改革与发展的若干意见》提出“行业协会要在职能、机构、人员、资产上与政府部门脱钩”；“行业协会的办事机构不得与政府机关部门合署办公，现职党政公务人员不得在行业协会兼任领导职务，已兼职的或退出公职或退出行业协会职务。行业协会使用国有资产的，要明确产权归属，实行无偿或有偿使用”，这标志着我国行业协会脱钩改革开始。此外，一些地方，如广东、山东、浙江、安徽、重庆也开始了改革的探索，但因利益关系复杂，且动员层次不高导致脱钩改革进展缓慢。2007 年，国务院颁布《关于加快推进行业协会商会改革和发展的若干意见》，要求“行业协会要切实解决行政化倾

---

① 参见徐家良《互益性组织：中国行业协会研究》，北京师范大学出版社 2010 年版，第 75—76 页。

② 参见马庆钰《行业协会商会脱钩改革急需解决的关键问题》，《行政管理改革》2020 年第 12 期。

向严重以及依赖政府等问题。要从职能、机构、工作人员、财务等方面与政府及其部门、企事业单位彻底分开；行业协会使用的国有资产，要明确产权归属，按照有关规定划归行业协会使用和管理。建立政府购买行业协会服务的制度，对行业协会受政府委托开展业务活动或提供的服务，政府应支付相应的费用，所需资金纳入预算管理。”这个文件的发布提高了改革的动员层次，对推动改革具有重要意义，但由于保障性制度配套未跟上，使得脱钩改革成效甚微。

党的十八大以后，政府再次启动推进政社分开、行业协会去行政化改革工作，并先后出台了一系列推动行业协会改革和规范发展的政策方案。例如，《国务院机构改革和职能转变方案》（2013 年）指出，“要逐步推进行业协会商会与行政机关脱钩，强化行业自律，使其真正成为提供服务、反映诉求、规范行为的主体”。这意味着长期以来对行业协会双重管理体制的突破，一元管理体制时代的到来。《中共中央关于全面深化改革若干重大问题的决定》（2013 年）对行业协会改革工作再次提出明确要求，“限期实现行业协会商会与行政机关真正脱钩，重点培育和优先发展行业协会商会类、科技类、公益慈善类、城乡社区服务类社会组织，这几类组织成立时可直接依法申请登记”。

2015 年 6 月，《行业协会商会与行政机关脱钩总体方案》（以下简称《脱钩方案》）的出台标志着脱钩改革正式启动。《脱钩方案》提出，“在机构、职能、资产财务、人员管理、党建和外事方面要做到‘五分离、五规范’。旨在明确政府、市场、社会关系，厘清各自的职能边界，促进行业协会成为依法设立、自主办会、服务为本、治理规范、行为自律的社会组织”。中组部、财政部等各有关牵头单位在认真调研的基础上，制定了有关脱钩后行业协会党建、外事、资产、办公用房等方面的配套文件。这些配套政策与脱钩总体方案、试点方案一起形成了系统完整的脱钩政策体系，高屋建瓴地指明了我国行业协会改革与发展的大方向，也明确勾勒出行业协会与行政机关脱钩的路线图与时间表。

经过脱钩改革试点，全国性行业协会的脱钩改革试点工作得到稳步、有序推进。参加第一批试点（2015 年 9 月—2016 年 9 月）全国性行业协会商会共 148 家；参加第二批试点（2016 年 9 月—2017 年 7 月）的共 144 家；参加第三批试点（2017 年 9 月—2018 年 4 月）的共 146 家。到 2019 年上半年，参加脱钩改革分批试点的 795 家全国性行业协会商会中已有 422 家完成脱钩，占已脱钩全国性行业协会总量的近 60%；参与脱钩试点的 1 万多家省级协会中有 5318 家完成脱钩改革，超过应脱钩协会总数的 50%。① 脱钩试点改革取得了阶段性成效，为脱钩改革的全面推行打下了坚实基础。② 同时，地方政府主导型行业协会的脱钩工作也陆续展开。据民政部负责人介绍，截至 2020 年底，中央层面有 729 家全国性协会商会完成了与行政机关的脱钩工作，地方层面有 7 万余家行业协会商会完成脱钩改革，完成率分别为 92% 和 96%。③ 脱钩改革切断了行政机关与行业协会的直接联系，明确了改革方向，强化了脱钩之后的政府监管和服务，推进了行业协会党建工作，释放了社会组织活力。脱钩改革成效初步显现，新型政社关系正在形成。

然而，即使政府主导型行业协会完成了与行政机构的脱钩，但在治理结构上仍存在一些不足。总体上看，目前有影响力、实力较强的政府主导型行业协会比例较小，而处于“僵尸状态”的占比很大。④ 相当一部分协会的治理结构不完善，例如，一是政府主导型行业协会的代表性较差，很多全国性协会的会员覆盖率不足 1/5，有的协会甚至更低；二是行业划分不合理，有些行业发展迅速，急需组建相应的协会却难以成立；而有的行业正在萎缩，协会却仍存在；三是协会能力不足，部分政府主导型行业协会仍未建立法人治理制度，组织结构不完善，民主制度落实不到位，违规现象时有发

① 发展改革委、民政部等十部委：《关于全面推开行业协会商会与行政机关脱钩改革的实施意见》〔2019〕1063 号。

② 《民政部召开 2017 年第四季度例行新闻发布会》，2017 年 11 月 9 日，http：//www.gov.cn/xinwen/2017-11/09/content_5238317.htm#allContent。

③ 《七万余家行业协会商会完成脱钩》，《经济日报》2021 年 7 月 29 日，见 http：//www.ce.cn/cysc/newmain/yc/jsxw/202107/29/t20210729_36759467.shtml。

④ 参见卢向东《“控制—功能”关系视角下行业协会商会脱钩改革》，《国家行政学院学报》2017 年第 5 期。

生，公信力不高。

如图 1–2 所示，协会的不规范和困境在一定程度上制约了行业协会的发展。新的政策环境对政府主导型行业协会治理结构提出严峻挑战，原有的运行模式不能适应改革后行业协会发展的要求，造成新老问题叠加。破解改革“两张皮”现象，必须寻求法治化的治本之策。因此，完善和优化政府主导型行业协会治理结构刻不容缓。

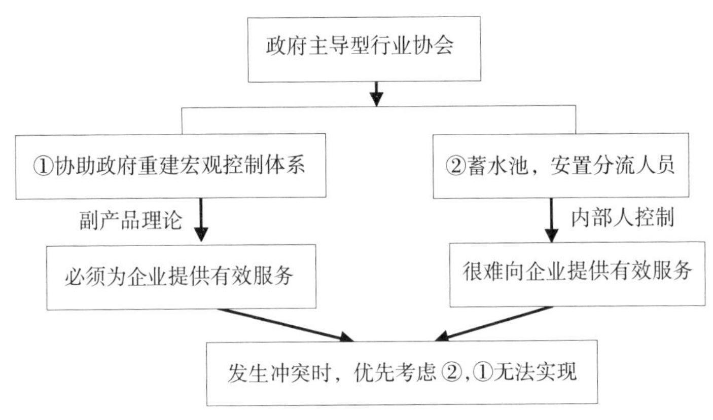


**图 1–2　政府主导型行业协会的困境**

资料来源：贾西津等：《转型时期的行业协会：角色、功能与管理体制》，社会科学文献出版社 2004 年版，第 130 页。

### （二）政府主导型行业协会治理结构的改变

马庆钰教授指出，“很多人已经干了很长时间，有级别，有待遇，有官方身份，带‘国’字头的协会商会负责人，不少是前司局级以上领导干部”①。政府主导型行业协会负责人多是由业务主管部门任命或推荐，部分协会长期依靠政府部门或行政力量开展工作，一些政府部门也习惯让行业协会承担部分行政职能，使协会逐渐形成行政化的组织结构及管理方式，例如协会的资产来源和运行依赖于政府部门；协会无人事自主权，领导层来源于主管部门的推荐或任命；日常活动按照主管部门的安排和指令进行；缺乏民主

① 商西：《全国 7 万协会商会超 70% 官办，12 省试点去行政化》，《南方都市报》2015 年 1 月 27 日，http://finance.ifeng.com/a/20150127/13461035_0.shtml。

决议制度等。行业协会缺乏独立性和自主性，制约着协会职能的发挥和业务的开展，有的行业协会甚至巧立名目违规收费，不但未能提供会员需要的服务，反而加重了企业的负担。

**表 1–3　脱钩前后政府主导型行业协会内部治理结构差异比较**

| 治理结构 | 脱钩前 | 脱钩后 |
|---|---|---|
| 章程 | 有统一范本，千篇一律、虚设 | 无太大变化 |
| 结构设置 | 会员（代表）大会、理事会、党组织、少数协会设监事会（监事） | 组织结构更规范 |
| 主要负责人 | 主管部门任命或推荐，政府部门人员担任，普遍存在超届、超年龄现象 | 行业内有威望的企业家担任，选举委员会推荐、会员大会或理事会选举，党组织审查，能按时换届 |
| 工作人员 | 政府、国企退休人员，或公务人员兼职 | 社会招聘 |
| 决策 | 政府主管部门 | 会员代表大会或理事会决策 |
| 监督 | 政府主管部门 | 内部设监事或监事会，外部综合监管 |
| 党建 | 比较分散 | 更加规范，由统一的社会组织党委管理 |
| 管理体制 | 双重管理：登记管理机关和主管部门 | 单一管理：登记管理机关 |

脱钩改革理清了政府主导型行业协会与政府部门的关系，摆脱了官方背景，有利于优化和完善内部治理结构，理顺协会发展的外部关系，使协会转到为会员和社会服务上来。脱钩改革倒逼行业协会不断优化治理结构和内部管理机制，与行政机构脱钩对行业协会原有的组织文化和运行模式带来巨大冲击，造成行业协会内部治理新老问题叠加，尤其对内部治理结构提出严峻挑战①，影响其在经济发展新常态中独特优势的展现和在国家治理体系中应有作用的发挥。脱钩后，行业协会内部的治理结构将发生巨大变化（如表 1–3 所示）。按照现代社会组织结构的要求，行业协会应该建立权责明确、制衡有效、运转协调以及产权清晰的法人治理结构；要建立健全以章程为核

① 参见倪咸林《行业协会商会脱钩后完善内部治理研究》,《行政管理改革》2016 年第 10 期。

心的内部管理体系；建立会员代表大会制度、理事会制度以及监事会制度，落实差额选举和民主选举制度；探索实行理事长（会长）轮值制，积极选举社会企业家担任理事长，推行秘书长聘任制；探索实施法定代表人述职、过错责任追究及主要负责人任职前公示制度；探索建立政府委派监事的制度。

此外，与行政机关脱离关系后，新成立的政府主导型行业协会治理结构较之前规范了许多，例如脱钩改革后成立的行业协会都要求设置独立的监督机构：监事或监事会。但仍存在许多不完善的地方，比如协会的章程依然是千篇一律，并未做到量体裁衣，基于协会的类别、主要功能突出协会的个性，章程的权威性不高，发挥不了实际的作用。有些协会的信用体系和信息公开制度仍不完善，存在道德滑坡、诚信失序现象。此外，在"人""财""物"分离的前提下行业协会的党建工作如何开展，如何为党建工作提供基础保障，充实行业党委和综合党委的工作力量都是摆在行业党组织面前的现实问题。

而且，政府与行业协会的行政隶属关系消解并非意味协会将自然而然地走依法自治、规范运作的道路。相反，如果没有相应的配套政策支持和监管，强大的制度惯性可能使协会重新走回依附政府的老路，或者因自身造血功能不足沦为大企业的附属机构。名义上是脱钩了，实质上仍通过其他方式与行政机关"藕断丝连"，又或者无法适应市场需求，只能苟延残喘，丧失了行会组织应有的作用。行业协会要想真正生存、发展下去，必须要抛弃长期养成的行政思维、权力思维，树立社会意识、市场意识、服务意识。而完善的治理结构是制约和规范协会行为，促进协会民主自治、民主管理、提供良好服务、赢得企业信任的重要环节。

## 第三节　行业协会治理结构理论基础

对行业协会治理结构有直接影响的相关理论主要有委托代理理论、法人行动理论、利益相关者理论、社会网络理论及资源依赖理论。

## 一、委托代理理论

委托代理理论（Principal-agent Theory）产生于20世纪30年代。该理论主要研究在利益发生冲突和信息不对称条件下，委托人如何找到能够激励代理人为委托人利益行动的最优契约的问题。① 委托代理理论的主要内容包括：一是存在两方以上的主体。授权者就是委托人，被授权者就是代理人。二是委托的前提是非对称信息的存在，包括发生时间和信息内容两方面的非对称。三是一方委托另一方主体从事相应的服务活动，并依据代理人提供服务的数量和质量给予一定报酬。四是双方要通过相关契约，对委托事务进行约定。五是委托方有权利和义务对被委托方进行监督。

委托代理理论对行业协会治理结构的意义主要有：一是为行业协会内部机构划分、权力的分配与制衡提供了理论基础。行业协会的权力来自会员企业的委托和授权。会员企业授权给行业协会，使行业协会拥有收取一定会费的权力，但同时要为会员企业提供俱乐部产品和服务。未与行政机构脱钩的政府主导型行业协会还接受政府的委托，行使行业统计、制定行业标准以及行业规范的职能。已完成脱钩的协会，通过政府购买的方式形成新的委托代理关系。

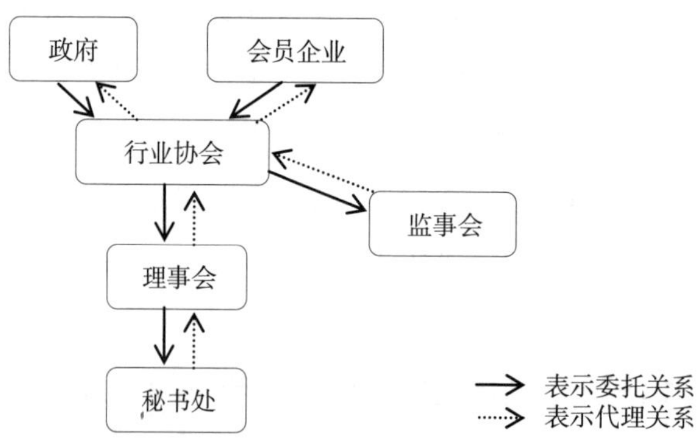


**图1–3　行业协会的委托代理关系图**

---

① 参见田凯《西方非营利组织治理研究的主要理论述评》，《经济社会体制比较》2012年第6期。

二是行业协会内部通过多重委托代理来实现协会的运行（如图 1–3 所示）。第一重是会员企业通过民主选举把一部分权利委托给作为代理人的行业协会。第二重是行业协会把会员委托的权利再委托给作为最终代理人的协会负责人和工作人员。这其中包括行业协会的会员（代表）大会委托执行机构理事会。第三重委托代理关系是理事会委托给协会的负责人和工作人员，由占据这些职位的管理者和工作人员最终代理行业协会行使相应的权利和义务。第四重委托代理关系是行业协会把监督权委托给监事或监事会，负责监督理事会及秘书处和职能部门的决策和执行情况。事实上，行业协会的宗旨和使命是通过作为最终代理人的管理者和工作人员的个人行动实现的。在行业协会的多重委托代理关系中，委托代理双方目标函数并不一致，委托人的公益性目的对代理人缺乏有效激励；而且委托方和受益人不统一，受益人在信息获取方面的缺陷，以及代理人所提供的服务难以测量，使得他们的监督也难以发挥作用，加之制度规范不完善，使监督成效甚微。因此，在治理结构中，理事会的独立决策与执行机构的协调就显得尤为重要。

三是行业协会处于被动监督状态。在委托代理关系中，行业协会接受政府和会员企业的委托和授权，委托方处于主动地位，而代理方（行业协会）则处于被动监督地位。因而，行业协会在治理结构的设置上就会受制于委托方，受委托方的监督和指导。此外，委托代理理论强调维护所有者的利益，而行业协会由于缺乏明确的所有者，在具体制度设计上不能直接照搬股权制企业的做法。

## 二、法人行动理论

法人行动理论（Corporate action）是科尔曼（James S. Coleman）研究并提出的，属于理性行动理论的一部分。法人行动者主要指社会网络系统中的企业、政府、社会团体等。法人在组织中建立规定权利与义务的制度和结构，并对自己的行动负责。

现代社会法人行动者具有以下特征：一是法人拥有独立的权利和义务，并对自己的行动负法律责任。二是法人行动是一种系统行动，而行动的基础是在内部交换活动中形成的各种利益。三是法人权力的所有者和行使者是不同的自然人，分别成为委托人和代理人。四是运用法律和税收政策加强外部管理是约束法人行动，促使其履行社会公共责任的主要手段。①

法人行动理论对行业协会治理结构的启示主要有：一是行业协会作为非营利的社会团体法人，其行为符合科尔曼所说的法人行动者的特征。行业协会是依法并通过法定程序成立的正式组织，需要建立一套既分权又能互相制衡的制度和组织结构来降低代理成本和代理风险，从而实现组织的使命。二是行业协会通过内部权力的转移，实现行业协会内部的委托代理和有序运行。三是该理论强调通过法律法规的形式，对组织的基本架构和制度规则作出明确规定，以此来规范行业协会的组织建设和运行。

## 三、利益相关者理论

利益相关者理论产生于20世纪80年代中期，源于对企业社会责任的讨论。美国经济学家弗里曼（1984）指出，“利益相关者是能够影响一个组织目标的实现，或者受到一个组织实现目标过程影响的人，不仅包括股东、债权人、雇员、供应商、顾客等直接影响企业活动的主体，还包括公众、社区、环境、媒体等间接影响企业活动的团体与个人”②。概言之，利益相关者即指获得直接或间接利益的人。

该理论诞生于企业管理理论，其关注的是在追求利益的过程中，需要考虑直接和间接利益相关者的利益。任何公司的发展都离不开各利益相关者的参与，企业追求的是整体利益，不能仅仅关注少数人的利益，要综合平衡各种利益相关者的要求进行管理活动。此外，由于利益相关者所拥有的资源不同，该理论还提倡对利益相关者进行划分，以明确活动的对象和活动范围。例如，Mitchell（1997）依据合法性、权利性以及紧迫三个方面对利益

---

① 参见李耀锋、吴海艳《一种开放的社会理论新思维——科尔曼的法人行动理论新探》，《国外社会科学》2009年第6期。

② See Freeman，R. E.，“Strategic Management：A Stakeholder Approach”，Boston：Pitman Publishing，1984，p.20.

相关者进行评分，根据分值将企业的利益相关者分为确定型、预期型、潜在型三种类型。①

该理论逐渐扩展到非营利组织。行业协会由于先天的“所有者缺位”，尤其需要关注利益相关者的协调。Young（2011）认为现行的行业协会治理结构没有在组织使命中给予被任命或选举的受托人利益，进而导致其存在搭便车行为，资源使用与组织使命的相关性不足等。利益相关者结构能够引入一种新动力，增加对理事会成员的激励，使理事会成员为了获取更多控制权而向组织提供需要的资源。②行业协会的服务对象由直接利益相关者扩展到间接利益相关者。因此，在构建行业协会治理结构时，构建内部的权力和制约机制是必要的，但同时也应该考虑利益相关者的角色和功能，协调好各方利益。目前，对行业协会外部利益相关者③的构成已基本达成一致，主要包括政府部门、行业内非会员企业、社会公众、其他社会组织④、消费者及第三方评估机构（如图 1–4 所示）。同时，Wellens & Jegers 也指出缺少对某些利益相关者的关注，且已有研究针对利益相关者的需求和目标的探讨存在矛

---

① See Mitchell R，Wood D. “Toward a Theory of Stakeholder Identifications and Salience：Defining the Principle of Whom and What Really Counts”，*Academy of Management Review*，1997，22（4），pp.853-886.

② See Young，D.R. “The Prospective Role of Economic Stakeholders in the Governance of Nonprofit Organizations”，Voluntas：*International Journal of Voluntary and Nonprofit Organizations*，2011，22（4）：566-586.

③ 利益相关者是指那些所有能够影响组织目标实现并受到组织运营过程影响的所有组织和个人。并进一步将其分为直接和间接利益相关者，前者如公司股东、公司债权人、企业员工、供应商等直接对组织目标实现有影响的个人或组织，后者如政府、公众、社会团体、媒体等间接对组织目标实现有影响的个人或组织。行业协会作为非营利性互益组织，其间接利益相关者主要指其外部利益相关者，主要包括政府、非会员企业、消费者、社会公众、大众媒体以及第三方评估机构。其中，政府占据主导地位。（参见徐家良《行业协会组织治理》，上海交通大学出版社 2014 年版，第 134 页）还有学者认为与行业协会关系密切的社会主体是以利益相关为核心的，是那些可影响行业协会目标实现或能够被行业协会实现目标的过程影响的任何个人和群体，主要包括政府、社会各类组织以及国际组织等。（参见张冉《行业协会组织边界与组织能力模型的构建研究——基于价值网络的分析》，《财经论丛（浙江财经大学学报）》2007 年第 5 期）

④ 这里指包括基金会、社会团体及民办非企业单位在内的社会组织，尤其是其他行业协会。

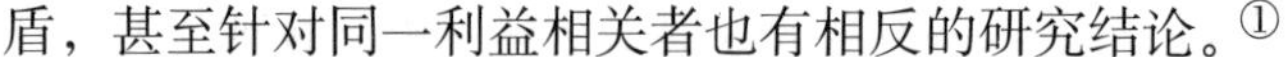

盾，甚至针对同一利益相关者也有相反的研究结论。①

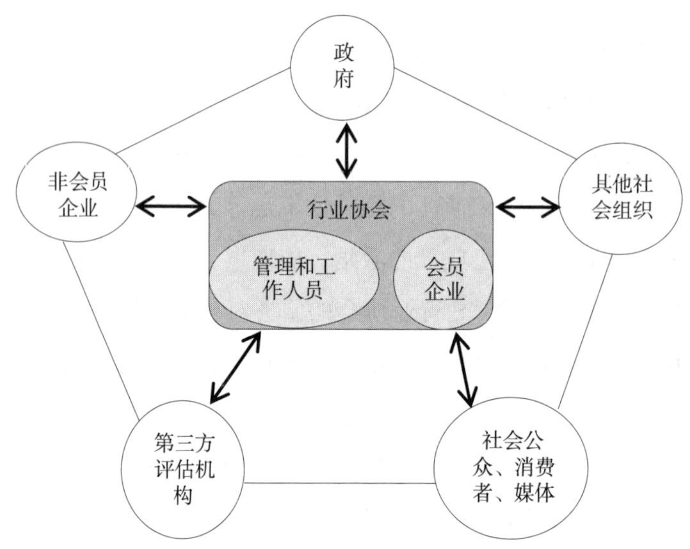


**图 1–4　行业协会主要利益相关者**

## 四、社会网络理论

社会网络是指基于各种类型的“关系”而构建起来的网络联系，这些联结行动者的联系或关系集合形成社会结构。②该理论认为社会资源嵌于社会网络之中，并可通过网络关系获得。关系和结构是社会网络的两大要素，关系主要探讨行动主体间的社会性联系，关注的是联系的密度、强度等，结构关注行动者在网络中的位置，探讨行动者之间的联系所体现的社会结构，并产生以获取资源为目的的竞争与合作。社会网络与资源的获取紧密相关，网络成员占有资源的差别性、关系的程度及行动者在网络结构中的位置等都

---

① See Wellens，L.，and M. Jegers.“Effective Governance inNonprofit Organizations：A Literature Based Multiple Stakeholder Approach”，*European Management Journal*，2014，32（2），pp.223-243.

② See Adler P.S.，Kwon S.W.，“Social Capital：Prospects for a New Concept”，*Academy of Management Review*，2002，27（1），pp.17-40.

影响着资源的流动效率和方式。

社会资本是社会网络理论的主要内容之一，根植于社会关系网络中，是嵌入在社会网络中的资源①，具体表现为通过联结关系获取资源的能力②。一方面，社会资本主要指互惠性规范、社会网络、认同和信任等，是在社会结构中的地位带来的资源，是促进经济增长和社会发展的重要因素；另一方面，社会资本是无形的，存在于社会结构之中，其形式有规范与惩罚、权威及信息网络等，通过人与人之间的合作来提高社会的效率和社会整合度。

社会网络理论对行业协会治理结构研究的启示主要有以下两方面。

一是行业协会通过会员企业的加入形成一个网络圈，会员加入协会这个网络，可以了解行业发展的最新状况，共享会员企业之间的资源，促进企业发展。会员对行业协会的信任关系，使其支持、并积极参与协会的活动，促进协会职能发挥。

二是网络治理的目的是协调行动者之间的冲突，协调成本的高低取决于治理结构对层级制方式的运用程度。关系网络中的信任是一种有效的治理机制。当行动主体之间存在信任时，不需要层级制的治理机制。③行动者的行为是嵌入在社会网络中，而嵌入的网络机制是信任。在契约不完善的情况下，信任可以有助于契约的顺利完成。由于信任的存在，行动者愿意承担一定风险进行合作。行业协会通过制定相关制度，规范行业和会员的行为，确保行业符合市场经济发展要求和政府管理的要求。社会网络关系中的规范和信任等要素在行业管理与发展中起着不可或缺的作用，促使协会朝着制度化、规范化方向发展。

---

① See Nan，Lin.“Social Capital：A theory of Social Structure and Action”，*Cambridge University Press*，2001，pp.29-52.

② 参见林南《建构社会资本的网络理论》，《国外社会学》2002 年第 2 期。

③ See Walter W. Powell，“Neither Market nor Hierarchy：Network Forms of Organization”，*Research in Organizational Behavior*，1990（12），pp. 295-336.

## 五、资源依赖理论

### （一）资源依赖理论的解释

早在20世纪40年代便出现了资源理论的萌芽，以塞尔兹尼克和扎尔德等人为代表。塞尔兹尼克于1949年提出，“组织受到外部影响的同时，与周围的环境不断相互作用下不断变化并不断适应周围环境的产物”①。汤普森研究了组织之间权力依赖关系，认为组织对外部环境的依赖会随着组织对外部能够提供资源的需求及可替代资源的变化而变化。②登斯指出“资源是使事件发生的能力”③，均体现了资源对组织的重要作用。随着组织间关系研究的相继展开，到20世纪70年代资源依赖理论正式形成，以费佛尔和萨兰奇科的理论为代表。费佛尔和萨兰奇科提出了四个重要假设④：一是组织最关心的、最重要的是生存问题；二是资源是维持生存必需的，但组织并不能生产这些必需的资源；三是组织必须与组织所处环境中的资源互动；四是组织的生存必须建立在具备控制与其他组织关系能力的基础上。其中重要性、竞争性和稀缺性三个决定性要素决定了组织对环境的依赖程度。此外，费佛尔和萨兰奇科还吸收了霍利的人类生态学的观点，对竞争性互依和共生性互依进行了区分，并指出了处理互依性的策略，如合并、合资、兼并、交叉董事会及联盟等。

资源依赖理论的核心观点包括：第一，组织是开放的系统，无法自给自足，组织的生存和发展必须建立在资源的基础上。但大量组织需要的稀缺资源都存在于组织外部。任何组织都对外部环境存在某种程度上的依赖，与外

---

① See Selznick，P.，“TVA and the Grass Roots：A Study in the Sociology of Formal Organization”，Berkeley：*University of California Press*，1949，pp.259-261.

② See Thompson，J.D.，“Organizations in action”，New York：*McGraw-Hill*，1967，pp.161-163.

③ See Anthony Giddens，“The Constitution of Society：Outline of The Theory of Structuration”，Berkeley：*University of California Press*，1984，p.170.

④ See Pfeffer J，Salancik G R.，“The External Control of Organizations：A Resource Dependence Perspective”，*Social Science Electronic Publishing*，1978.

部环境的资源交换是组织生存和发展的基础。这些资源包括原材料、信息及合法性的支持等。第二，组织依赖于环境，组织的生存和发展取决于对外部资源的交往、谈判和控制的能力，因此组织必须重视与控制稀缺资源的行动者互动。此外，组织的结构和功能也会受到外部资源的影响和制约。面对组织的依赖性和资源的不确定性，组织应该及时变革组织的结构以及运行模式，进而提高获取更多稀缺资源的能力。第三，组织应积极、主动进行环境管理和控制，采取各种战略以应对并降低来自外部环境的制约以及组织对外部环境的依赖。

资源依赖理论最大的贡献是揭示了组织与环境的关系，关注资源对组织的作用，环境对组织的影响以及组织对环境的回应是该理论的核心议题，组织通过处理与外部环境的关系来获得生存和发展的资源。组织从来就不会自动地凸现出来，它需要资源，包括物质、信息、能量和人员等的聚集和利用，组织的社会性决定了组织不能自给自足，组织的生存和发展必须依靠外部的资源，与外部要素进行交换。① 组织的资源动员能力和获得的资源数量决定组织的行为，通过自律、宣传、纵向合并或横向联合的方式控制需求、获取资源。在与环境的互动中，由于资源的稀缺性形成了组织对环境的依赖。

### （二）资源依赖理论对行业协会治理结构研究的启示

资源依赖理论让行业协会认识到可以通过主动寻找资源来改变组织的境遇，更加强调行业协会的主动性。行业协会与外部环境的关系是双向的：一是行业协会通过申请政府和社会资源，使组织能够正常运行；二是行业协会通过向会员和社会提供服务，发挥行业协会应有的职责。行业协会在服务的过程中需要包括资金、人员、活动场地等资源，以及具备有效使用资源的能力。行业协会对政府资源的依赖，既表现为对资源的汲取方面，又表现为对资源供给方的依附方面。目前，我国长期以来的“强国家、弱社会”社会结构导致行业协会在发展的过程中普遍面临资源困乏的困境，而且对政府资

① 参见马迎贤《组织间关系：资源依赖视角的研究综述》，《管理评论》2005 年第 2 期。

金过度依赖，受到政府很大影响，吸引社会资源的能力较弱。行业协会发展过程中不得不采取相应策略，提高与外部环境的互动能力，通过其他方式获取外部环境的支持，争取更多资源。有学者指出通过运用“嵌入性”的概念，利用组织特定的机制和策略，创造符合国家偏好的组织环境，达到有效利用外部资源的问题。[①] 随着行业协会“去行政化”改革，行业协会与政府的关系得以理顺，对政府资源的依赖程度大大降低。脱钩后的行业协会更多地转向社会，通过优化组织结构和治理结构，提供更优质的服务来吸引会员和社会资源。

---

① 参见刘鹏《嵌入性控制：当代中国国家—社会关系的新观察》，转引自康晓光等《依附式发展的第三部门》，社会科学文献出版社 2011 年版，第 120 页。

# 第二章　政府主导型行业协会制度环境分析

在现代社会中，组织结构实际上仍然是在高度制度化的环境中产生的。更确切地说，组织倾向于采纳为有关组织运作的合理化观念所界定、社会中业已制度化的策略和程序，以此增加组织的合法性及生存概率。[①] 只有从组织的制度环境及组织环境的角度去理解行业协会治理结构，才能从根本上揭示其缘起和演变的逻辑。

## 第一节　行业协会治理结构的基础

### 一、行业协会治理的特殊性

行业协会既是非营利组织，又是会员制组织，不仅要关注会员间的互益性，还要承担一定的公共责任、维护公共秩序和公共利益。这些责任的承担都是建立在完善的治理结构基础上的。而完善的治理结构也是行业协会避免被个人（企业）或少数人（少数企业）所把持的重要保障。

行业协会具有非营利组织的特性，其资产同样具有“公益”或“互益”的特质，不属于任何个人或集体，而是属于社会。[②] 贾西津指出，“非营利

① 参见［美］沃尔特 · W. 鲍威尔、保罗 · J. 迪马吉奥《组织分析的新制度主义》，姚伟译，上海人民出版社 2008 年版，第 45 页。

② 参见王名《非营利组织管理概论》，中国人民大学出版社 2002 年版，第 9 页。

组织的资产不存在一个完整产权的拥有者，其剩余索取权和控制权分离，非营利组织作为受委托人的控制权受到限制，而且受益权缺乏明确的主体。”[①]在行业协会中也存在受益人、委托人和受委托人分离的问题，导致行业协会的产权性质有别于私人产权和国有产权，呈现出“公益产权”的特征。

相较于营利性组织，行业协会在产权结构方面具有两个特性：一是行业协会的财产所有权受到一定程度的限制，不能随意转让或处理，同时由于存在的多重委托代理关系，其控制权被分散；二是行业协会必须遵循“非利润分配原则”[②]，其营利不能在所有者和运营者之间分配。这些特性使行业协会的产权存在一些难以避免的缺陷：首先，从所有权方面看，行业协会的所有权主体虚置。一是行业协会是基于公益性目的组建的组织形式，组建主体包括政府、会员企业和公民等。相应地，行业协会的资产来源也比较复杂，既有政府的支持，又有私人付费，还有民间捐赠。因此，在行业协会形成的过程中，其资产归属发生了转变。二是从行业协会的权能看，作为公益资产的实际占有者，行业协会并不具备所有权的主体资格。我国相当部分的非营利组织并未建立完善的组织结构，内部管理机制不健全，并不具备代替产权所有者有效行使代理权的资格和能力。[③]三是行业协会的服务对象为特定范围，其资产运作的受益人并不是特定对象，不享有剩余控制权。成员间的捐赠行为并不能令其享有剩余控制权和索取权，因而行业协会资产的受益人也不具备所有权主体资格。其次，从资产的使用角度看，一是行业协会的使用权受限。虽然行业协会实际占有组织财产，但这种资产是建立在资源基础上的包含捐赠者意愿和受赠者承诺的公益产权，不得挪为他用，及其基于资产所取得的收入，应当用于捐赠目的。二是受益权划分不合理。由于所有者虚置、使用权受限以及法律上未作明确规定导致行业协会不享有对利润的剩余索取权，行业协会的收益必须留在组织内部。由此产生的内部人控制问题直接影

---

① 参见贾西津《第三次改革——中国非营利部门战略研究》，清华大学出版社 2005 年版。

② See Hansmann，H.，“The Role of Nonprofit Enterprise”，*Yale Law Journal*，1980，89（5），pp.835-901.

③ 参见胡建锋《略论我国非营利组织产权制度的构建》，《湖北社会科学》2011 年第 7 期。

响着行业协会，使得行业协会非常接近于企业。三是行业协会的处置权也受到约束。我国法律规定，公益资产只能用于非营利目的，即使行业协会被撤销，其资产也不能在行业协会成员中进行分配。

行业协会由于所有者的不明确，剩余索取者缺位，即所有权和控制权的分离①，必然引出多重委托——代理关系以及非效率问题，也存在剩余控制权的行使导致某些利益集团的目标替代或背离行业协会目标，产生严重的代理成本。产权结构的特殊性决定了行业协会更需要合理、科学的治理结构，通过一系列制度安排规范资产的分配，进行有效治理以降低代理成本，克服“机会主义”行为。

## 二、行业协会治理结构的基础

行业协会属于《中华人民共和国民法典》规定的社团法人，是中国民间组织社会团体的一种，是非营利性机构。《民法典》第九十条规定：“具备法人条件，基于会员共同意愿，为公益目的或者会员共同利益等非营利目的设立的社会团体，经依法登记成立，取得社会团体法人资格；依法不需要办理法人登记的，从成立之日起，具有社会团体法人资格。”一般来说，社会团体法人是指为实现一定目的，由一定数量社员结合而设立的法人，其基本特征是以社员为成立的基础，属于人的聚合体。同时，《民法典》第九十一条规定：“设立社会团体法人应当依法制定法人章程。社会团体法人应当设会员大会或者会员代表大会等权力机构。社会团体法人应当设理事会等执行机构。理事长或者会长等负责人按照法人章程的规定担任法定代表人。”行业协会治理结构问题是形成于以下基础之上。

首先，产权的问题。行业协会的治理结构是以所有权与控制权的分离为前提，以对组织的剩余分配权为重心，以委托代理关系为主线，以维持公共责任及信任为依据。有别于公司治理，行业协会存在收益权、所有权和控

① See Eugene F. Fama and Michael C. Jensen，“Agency Problems and Residual Claims”，*Journal of Law and Economics*，1983，26（2），pp.301-325.

制权分离的产权问题。行业协会的会员企业通过缴纳会费将部分财产捐赠给协会，从而失去对财产的占有、处分和使用及经营管理权。行业协会取得这些财产后，可以经营管理、控制这些财产，但是对财产的处置以及所得利润不能进行私自分配，应交付受益人。但行业协会的受益人非常广泛，既包括政府、缴纳会费的会员、捐赠资产的企业或个人等等，因此，行业协会存在所有权、收益权和控制权分离的产权结构特征。只有构建合理的治理结构，形成一种权力制衡和约束机制，才能确保行业协会的使命和宗旨不会发生偏移。

其次，委托代理问题。行业协会内部存在“应当受益者”和“真正获益者”的偏差。企业将部分权利转移给行业协会统一管理、使用和占有，成为会员企业，在此过程中扮演委托人的角色。而行业协会扮演着代理人的角色，在运行过程中负责经营会员企业委托给行业协会的资产和一些权利，需要交纳会费和服从行规行约的约束。在实践中，由于信息不对称、结果不确定性以及契约不完备，行业协会也存在道德风险和逆向选择等代理问题，具体表现为效率低下、行业秩序混乱、人浮于事以及企业利益诉求无法满足等。为了解决委托代理问题，政府把行业协会看作是政府的派出机构，致使行业协会行政化、官僚化倾向明显。只有不断优化和完善治理结构和制度体系，才能约束作为代理者的行业协会规范运行，在最大程度上维护委托人的利益。

最后，利益相关者问题。行业协会的利益相关者包括理事会、会员企业、工作人员、其他社会组织、消费者、政府等主体。行业协会的使命和宗旨使其必须站在利益相关者的角度，承担相应的责任。脱钩改革，理顺了行业协会的外部社会网络关系，更加明确了其对利益相关者的责任。为此，在优化和完善行业协会治理结构时，应注意会员代表大会、理事会等内部利益的平衡以及监事会等制约机制的构建，同时也要考虑社会公众和政府部门的利益诉求。

## 第二节　行业协会的制度情境

### 一、行业协会治理结构的新制度主义阐释

组织制度学派主要从组织自身出发研究组织的功能和结构，依据内部的、封闭的系统理论对组织结构的现象进行分析和研究。① 新制度主义的组织理论着重组织与环境关系的研究，认为组织的制度不仅包括法律制度，还包括环境及文化等具有推动力和约束力的制度。组织社会学新制度主义摒弃了传统的“经济人”“理性人”假设，以“文化人”为基本假设，分析框架也由“正式与非正式制度—交易成本”转向“组织域—管制性制度和文化—认识制度”，认为制度的形成不是“理性人”的外生过程，而受到传统文化和习惯影响的内生过程。② 新制度主义还强调特定的社会期待和文化内涵是行业协会等社会组织产生和发展的基础和价值目标。③ 新制度中包含的文化、共享规则，主要包括习惯与文化等内生性规则及法令规章体系的外生性规则，能约束行为并提供秩序。④

社会的文化环境决定组织的运行与治理，行业协会的结构和规范只有与制度情境匹配才能具备相应的制度基础，主要体现为行业协会的合法性方面。美国学者迈耶和罗恩用“合法性”的概念分析社会组织对制度环境的依赖，指出组织的结构和管理机制必须建立在社会环境的基础上，符合原有的社会文化系统与习惯，并获得社会的普遍理解、认可或承认，进而获得社会合法性理论。基于新制度主义，行业协会要想增强资源获取能力、最大限度发挥

① See Scott, W. R., “Organizational Structure”, *Annual Review of Sociology*, 1975 (1).

② See Suchman, M. C. Edelman L. B., “Legal Rational Myths: The New Institutionalism and the Law and SocietyTradition”, *Law & Social Inquiry*, 1996 (4), pp.903-966.

③ See Meyer J. W. Rowan B., “Institutionalized Organizations: Formal Structure as Myth and Ceremony”, *The American Journal of Sociology*, 1977, 83 (2), pp.340-363.

④ See Scott, W. R., “Institutions and Organizations: Ideas, Interests and Identities”, California: *Sage Publications*, 2013, pp. 28-42.

其职能，其组织结构首先必须是合法的、合理的。只有行业协会构建合理、合法的组织结构和制度，行业协会的价值文化才能进一步被社会普遍认可。

我国政府自上而下推动和主导的制度环境及规则直接或间接影响着行业协会的生存和发展，最终塑造着行业协会的发展形态、角色定位及特征。在这里，行业协会的制度情境主要指用以规范行业协会行为与活动的正式和非正式制度①，包括行业协会所处的法律制度、党的政策和政府法规②、社会规范、文化期待、观念制度及管理体制等。③

## 二、我国行业协会管理体制的历史演进

我国行业协会的管理制度随着社会的转型历经数次变革，形成了一系列重要经验，经历了一个从放任到控制、从以非常规力量管理为主到通过以法律治理为主的过程。④ 回顾与审视我国行业协会管理制度的变迁过程，大致可分为三大阶段：复苏发展与分散管理阶段、整顿提升与双重管理阶段、改革完善与分类管理阶段。⑤

第一阶段：复苏发展与分散管理阶段（1978—1992）。这一阶段主要是适应改革开放实践和现代化建设的要求，逐步破除旧的管理体制，初步解决行业协会等社会组织的功能定位问题。与之相适应，这一阶段的管理制度以分散管理和放任发展为特点。改革开放以后，我国发展重心转向市场经济建设，而市场经济的发展首要问题就是释放市场活力、解放市场主体。在推进市场经济发展的过程中，单靠政府的强制力量难以满足社会多样化的需求，迫切需要政府转变职能角色，注重社会组织等社会力量的作用，放松对社会

---

① 参见陈成文、黄诚《论优化制度环境与激发社会组织活力》，《贵州师范大学学报》（社会科学版）2016 年第 1 期。

② 参见周红云《中国社会组织管理体制改革：基于治理与善治的视角》，《马克思主义与现实》2010 年第 5 期。

③ 参见周雪光《组织社会学十讲》，社会科学文献出版社 2003 年版，第 72 页。

④ 参见邓正来、丁轶《监护型控制逻辑下的有效治理对近三十年国家社团管理政策演变的考察》，《学术界》2012 年第 3 期。

⑤ 参见王名、孙伟林《社会组织管理体制：内在逻辑与发展趋势》，《中国行政管理》2011 年第 7 期。

和市场的管制，推进社会组织的发展。这一时期，我国社会组织得到了迅猛发展，尤其是行业协会等社会团体的数量激增。究其原因，除了社会发展的需求外，国家对社会组织管制的放松也是直接推动因素。但由于相关规章制度的缺失，造成社会组织管理无制度可依，长期处于失控状态。

第二阶段：整顿提升与双重管理阶段（1992—2002）。这一时期国家连续对社会组织清理整顿，社会组织的发展在数量上处于整体停滞的状态。但这一时期的社会组织与市场经济建设同步推进，对社会组织的管理制度有了极大改进，大量社会组织被纳入统一管理制度中，解决了社会组织如何做的问题。这一时期对社会组织的管理制度以归口管理和限制发展为主，管理方式上出现了“双重管理体制”，即社会组织除了要在民政部门登记，在登记注册审批和日常管理中需要有政府的主管部门负责把关。在制度设计上双重管理体制把政府与社会组织置于对立位置，通过业务主管部门和登记管理机构双重管理和限制行业协会的准入。这种管理制度实际上是简化了对社会组织的登记管理，转变成一种责任共担和政治把关的机制，主要的目的是为了规避责任与降低政治风险，而社会组织的发展则被置于其次。例如，1998年国家出台的《社会团体登记管理条例》和《民办非企业单位登记管理暂行条例》，明确将全部社会组织（社会团体、基金会和民办非企业单位）纳入统一的管理体制中，规定了申请登记的前置审批原则，要求社会组织登记前首先取得业务主管单位的同意。这一原则加强了对社团的管理和控制，提高了社团的登记门槛。同时，社会组织的管理机构得到完善和健全，民政部民间组织管理局于1998年正式成立，并对社会组织履行相应的执法监察职能，使我国社会组织的管理体制不断健全。

第三阶段：规范发展与分类管理阶段（2002年至今）。我国关于社会组织管理体制的确立虽然一定程度上发挥了约束和规范作用，但并不健全，长期的双重管理体制严重限制和阻碍了我国社会组织的成立和发展。这一阶段既延续了双重管理的思路，又在政策体系和服务职能方面有所完善和突破。国家对社会组织管理制度进行了改革和完善，出台了一系列相关规定。民政部率先于2005年对双重管理体制进行调整，慈善类社会组织可以无须找业务主管部门进行直接登记，这大大降低了慈善类社会组织注册登记的难度，促进了慈善社会组织的快速发展。2013 年，改革范围进一步扩大，行业协会商会类、科技类、公益慈善类和城乡社区服务类社会组织可以直接申请登记，激发了社会组织的活力，社会组织的数量也迅速激增。随着《基金会管理条例》的修订及社会组织的年度检查办法的出台，社会组织管理的规范化和法制化程度不断提高。2015 年，《行业协会商会与行政机关脱钩总体方案》和《行业协会脱钩管理办法》出台，进一步厘清了行业协会商会与行政机关的职能和边界，推进行业协会商会去行政化。2016 年，现行《民办非企业单位登记管理暂行条例》改名为《社会服务机构登记管理条例》。2017 年，《民法总则》将法人划分为营利法人、特别法人和非营利法人 3 类，其中非营利法人包括事业单位、社会团体、基金会、社会服务机构等。相关改革不断完善社会组织管理的制度和法律体系，推动社会组织的发展。总体而言，我国对社会组织的管理体制呈现出“先发展，后管理”的变化，行政干预和政治管理作用较大，是一种控制管理型体制。①

2016 年，《社会团体登记管理条例》的修订对行业协会的治理结构进行了规定。例如，其中第十条规定“成立社会团体，应当具备下列条件：(一) 有 50 个以上的个人会员或者 30 个以上的单位会员；(二) 个人会员、单位会员混合组成的，会员总数不得少于 50 个；(三) 有规范的名称和相应的组织机构；(四) 有固定的住所；(五) 有与其业务活动相适应的专职工作人员；(六) 有合法的资产和经费来源②；(七) 有独立承担民事责任的能力。”第

① 参见周红云《中国社会组织管理体制改革：基于治理和善治的视角》，《马克思主义与现实》2010 年第 5 期。

② 参考《社会团体登记管理条例》第二十六条：社会团体的资产来源必须合法，任何单位和个人不得侵占、私分或者挪用社会团体的资产。社会团体的经费，以及开展章程规定的活动按照国家有关规定所取得的合法收入，必须用于章程规定的业务活动，不得在会员中分配。社会团体接受捐赠、资助，必须符合章程规定的宗旨和业务范围，必须根据与捐赠人、资助人约定的期限、方式和合法用途使用。社会团体应当向业务主管单位报告接受、使用捐赠、资助的有关情况，并应当将有关情况以适当方式向社会公布。社会团体专职工作人员的工资和保险福利待遇，参照国家对事业单位的有关规定执行。

十四条规定："社会团体的章程应当包括下列事项：(一) 名称、住所；宗旨、业务范围和活动地域；(二) 会员资格及其权利、义务；(三) 民主的组织管理制度，执行机构的产生程序；(四) 负责人的条件和产生、罢免的程序；(五) 资产管理和使用的原则；(六) 章程的修改程序；(七) 终止程序和终止后资产的处理；(八) 应当由章程规定的其他事项。"第二十七条规定："社会团体必须执行国家规定的财务管理制度，接受财政部门的监督；资产来源属于国家拨款或者社会捐赠、资助的，还应当接受审计机关的监督。""社会团体在换届或者更换法定代表人之前，登记管理机关、业务主管单位应当组织对其进行财务审计。"但客观地说，这些规定还非常不充分，实践中对这些规定如何操作仍比较模糊。

## 三、制度情境下的行业协会治理结构

制度环境会形塑社会组织的结构形态①，行业协会治理结构的建构必须考虑我国的历史背景和制度环境。行业协会处在一个动态开放的系统中，其治理结构必然受到制度环境的多重影响，而且制度情境也被认为是行业协会外部治理结构的重要组成部分。国外学者多运用权变理论、资源依赖理论以及制度理论等去研究制度情境影响行业协会等非营利组织治理结构的内在机制。Bradshaw 认为非营利组织治理的有效性会因环境和制度情境的变化而不同。② 而且，John、Martijn & Alice (2016) 发现非营利组织的内外部情境因素对组织治理系统的有效性有显著影响，包括利益相关者的需求、理事会角色变动、理事会成员招募程序、筹融资协议、培训发展资源及理事会成员的技能等，进而指出采用权变范式探讨非营利组织的治理结构更有应用前景。③

---

① 参见张舜禹、郁建兴、朱心怡《政府与社会组织合作治理的形成机制——一个组织间构建共识性认知的分析框架》，《浙江大学学报》(人文社会科学版) 2022 年第 1 期。

② See Bradshaw, P., "A Contingency Approach to Nonprofit Governance", *Nonprofit Management and Leadership*, 2009, 20 (1).

③ See John, C., B. Martijn, and K. Alice, "Governance Challenges for Not-for-Profit Organizations: Empirical Evidence in Support of a Contingency Approach", *Contemporary Management Research*, 2016, 12 (1).

由于行业协会的组织特征及所处环境和与营利性组织相比更复杂、缺少同质性，因此，更需要运用综合性理论解释行业协会治理结构问题。如资源依赖理论和代理理论可以互相补充解释非营利组织绩效的不同方面。① Dixit & Sambasivan 基于制度理论、资源依赖理论、交易成本理论和种群生态学，构建了非营利组织模型，并探讨模型中涉及的制度同构、资源控制、不同主体之间的契约、适应变化的环境等构成要素。② 在此视角下，行业协会的治理结构不是静止的、一成不变的，而是随着制度环境的变化不断演变的。

（一）制度情境形塑行业协会治理结构

行业协会的制度情境既包括正式制度与非正式制度③，又包含宏观制度、微观制度、制度执行情境等不同层面④。根据影响逻辑和路径，制度环境对行业协会的影响主要体现在两个方面：一是制度情境从整体上对行业协会的行为和活动予以规范。宏观层面的规范主要来自于政府的大政方针，取决于地方政府对中央政府的大政方针的贯彻情况，包括国家对行业协会发展的态度，以及宪法和全国性法律对行业协会的制度性安排。它主要体现在制度文本中，以顶层设计的方式，从制度上规定行业协会的发展方向。微观层面的规范主要来自于地方政府对中央政府相关政策方针的具体落实，本质上是地方政府在制度环境下对行业协会的价值判断和具体制度安排。微观层面具体包含对国家层面行业协会发展政策的落实以及本地层面行业协会政策的选择，主要体现为地方政府在执行制度过程中的各种策略性行动。相比较而

---

① See Callen，J.L.，A. Klein，and D. Tinkelman，"The Contextual Impact of Nonprofit Board Composition and Structure on Organizational Performance：Agency and Resource Dependence Perspectives"，Voluntas：*International Journal of Voluntary and Nonprofit Organizations*，2010，21（1），pp.101-125.

② See Dixit，S.K.，Sambasivan M.，"An Integrated Multitheoretical Perspective of Public Healthcare Services Delivery Organizations"，*Public Organization Review*，2019，18（2），pp.1-17.

③ 参见陈成文《制度环境对社会组织活力的影响——基于贵州、湖南、广东三省的实证研究》，《社会科学研究》2020 年第 2 期。

④ 参见姜耀辉、刘春湘《社会组织制度环境：经验测量及其政策意义》，《湖南师范大学社会科学学报》2020 年第 3 期。

言，宏观制度情境比微观环境对行业协会的影响更为深远，宏观环境更容易产生影响逻辑，决定行业协会商会类社会组织的长远发展。二是制度情境影响行业协会的组织结构。改革开放以来，以国家法团主义制度安排建构的行业协会治理机制始终占据主导地位。在社会转型时期及社会秩序建构中，这些组织在社会团结和社会整合方面发挥了不可忽视的作用。然而，在遍布全国的行业协会中，主流行业协会多构建了自上而下型的行政化治理结构。在这种社会结构关系中，行业协会的组织结构也沿用了科层制结构，协会的领导往往拥有行政级别，行业的任务仍是按科层体系逐级下达。这种以行政化为主导的治理结构使行业协会仍延续着行政机构的管理职能，代表官方意志行使部分行政权力。权力是行业协会治理结构的核心要素，而其中的决策权又占据最重要的地位，如何有效分配协会内部的决策权决定着组织的合法性及成员的归属感。有效治理结构的实现有赖于制度化规则，而规则的建立又取决于内部决策程序的合理化和规范化。规范的治理结构可以保证行业协会成员共享决策权，有利于保障协会与会员的互助沟通，促进组织的内部协调、组织凝聚力以及成员归属感。

（二）制度环境"同化"行业协会治理结构

新制度主义理论指出任何一个组织都是一个受场域影响的有机系统，在同样的组织场域中容易形成组织治理结构的"同形性"①。组织结构的关键要素反映着和扎根于由法律制度、社会规范、文化期待、观念制度、专业标准等构成的广为接受的"社会现实"中，并导致了行业协会的"习惯性行为的类型化"。② 在组织场域的压力下，社会组织会不自觉地构建类似或相同的组织制度结构，且这种组织制度结构在相同的制度环境中会不断被学习、复制，导致组织结构趋于相似或同形。③ 因此，组织结构不仅是为了适应技

① See Meyer J. W., Rowan B., Powell W. W, et al, "The New Institutionalism in Organizational Analysis", Chicago: *University of Chicago Press*, 1991, pp.41-62.

② See Scott, W. R, "Institutions and Organizations: Ideas, Interests, and Identities", California: *Sage Publications*, 2013, pp.28-42.

③ See Zorn T. E., Flanagin A. J., Shoham M. D, "Institutional and Noninstitutional Influences on Information and Communication Technology Adoption and Use Among Nonprofit Organizations", *Human Communication Research*, 2011 (37).

术需要而设置的，还受到制度环境的规范和制约，拥有类似价值目标和文化传统的组织为了适应外部环境，接受在环境中被普遍接受的主导性的组织模型①，导致组织在治理结构和制度结构上产生“同形”或“趋同”。② 行业协会的制度同形主要表现在：第一，强制性同形，即相同目标价值及社会化的期望产生的正式或非正式、直接或间接的强制力使组织结构趋于相同。在特定的组织场域和制度环境下，组织为了获得社会的认同和支持，避免受到惩罚或排斥，必须制定符合法定规范的治理结构。③ 第二，模仿性同形，以同类组织的组织结构或形式为标杆，构造组织的治理结构，以求最大程度上获得制度环境的认可，降低不确定性带来的风险。可以看出，制度环境不仅通过制度规范的方式规定组织行为，还可通过榜样和模范塑造组织的情景认知及身份认同。第三，行业规范性同形，即由组织内在专业性要求而产生的专业规范和流程，进而形成特定的组织专业治理结构，如非营利组织的机构设置中并未设置类似于营利组织的股东大会。④

## 第三节　行业协会的组织环境

党的十八大以来，我国社会组织在承接政府职能的过程中得以快速增长，截至 2021 年 1 月，我国社会组织登记数量达到 90 多万家，按照当前的速度，我国社会组织的数量 2022 年将会突破 100 万家。⑤ 行业协会作为社

① See Zucker L. G.，“The Role of Institutionalization in Cultural Persistence”，*American Sociological Review*，1977（42）.

② See Meyer J. W. Rowan B.，“Institutionalized Organizations：Formal Structure as Myth and Ceremony”，*American Journal of Sociology*，1977（83）.

③ See DiMaggio P. J.，Powell W. W.，“The Iron Cage Revisited-Institutional Isomorphism and Collective Rationality in Organizational Fields”，*American Sociological Association*，1983（48）.

④ See Zorn T. E.，Flanagin A. J.，Shoham M. D.，“Institutional and Noninstitutional Influences on Information and Communication Technology Adoption and Use Among Nonprofit Organizations”，*Human Communication Research*，2011（37）.

⑤ 王勇：《我国社会组织登记总数已突破 90 万家》，2021 年 1 月 26 日，见 http：//www.gongyishibao.com/html/yanjiubaogao/2021/01/16660.html.

会组织的一种，其生存和发展离不开必要的权力基础和资源，行业协会的权力和资源来自组织的外部关系，而这些与行业协会直接有关的组织或个人，以及规制它们互相交换、分配资源或权力的规则体系一起构成行业协会的组织环境。① 行业协会实际的治理结构与形式上的章程中规定的法定的、制度化的治理结构有时大相径庭。行业协会在实际运行中更容易受到组织环境的影响，协会的社会资本、组织规模、服务产出和资金结构对其治理结构有很大影响。行业协会通过对其治理结构进行实质性调整以便更好地适应环境，进而提升其权威性及合法性，增强资源获取的能力。如果行业协会的领导及资源主要来自政府，理事会的决策权限就会受到制约，而且理事会成员的产生方式一般也会采取等额选举的方式或存在“走形式”的情况；如若行业协会的资源主要来自会费收入，那会长一般来源于会员企业，且一般采用差额选举的方式进行。行业协会作为行业共同利益的代表，主要与市场、政府和企业互动关系，其职能主要来自两个方面：一是法律和政府的授权；二是会员企业的授权。政府和企业是行业协会组织环境中起决定作用的外部关系，进而形成“影响逻辑”和“会员逻辑”。

## 一、“影响逻辑”下行业协会的组织环境

在“影响逻辑”下，行业协会通过组织的方式与政府互动，进而获取协会生存和发展的资源。② 政府对社会组织的影响、与社会组织的协作互动已成为备受关注的话题。③ 社会组织建设得以增强，社会组织活力得到有效激发，社会组织管理制度逐渐完善、新的制度环境正在形成。制度完善和顶层设计为社会组织的发展指明了方向。政府与社会组织之间呈现出一种复杂

---

① 参见宋晓清《行业协会商会治理结构研究》，浙江大学出版社 2018 年版，第 77 页。

② See Schmiter P. C.，Streeck W.，“The Organization of Business Interests：Studying the Associative Action of Business in Advanced Industrial Societies”，*MPIFG Discussion Paper*，1999.

③ 参见张冉、楼鑫鑫《中国行业协会研究热点与展望：基于知识图谱的分析》，《治理研究》2021 年第 1 期。

的相互依赖的特征。[①] 宽松的宏观制度环境和富有弹性的权力空间为社会组织的发展创造了有利条件，使其优势得以发挥。[②] 在公共危机和灾害治理中社会组织与政府通过密切合作，发挥了多元作用。[③④] 可以看出，政府与行业协会的关系、制度环境的完善程度直接影响行业协会功能的发挥和组织建设。

然而，政府在扶持和培育行业协会的过程中普遍存在重视外部体制环境建设、疏于内部治理结构建构的问题。[⑤] 尤其是对于政府主导型行业协会，政府的政策方向、态度和重点都会影响行业协会的建设。自上而下的生成方式使行业协会行政化现象严重，形成了以社团形式组织起来的利益同国家治理结构相联系的制度安排，即国家法团主义类型。[⑥] 由于这种制度安排，在上世纪末，自上而下形成了以各种行业组建的大量行业协会商会。在这种国家与社会的关系中，政府发挥着主导作用，一方面在政策上给予自主发展的空间；另一方面，又通过各种管理规定，严格规范行业协会的成立和运作，使其在人、财、物等方面仍依附于从属的政府机构，呈现泛行政化和官本位倾向。我国行业协会多产生于社会转型的特殊时期，管理上实行民政部门与主管部门双重管理的体制。长期以来，我国行政部门对政府主导型行业协会的帮扶和支持以提供资金、授予职能和提供场地等方式进行，对协会的内部事务交由协会自主管理，使得行业协会的“半官半民”色彩浓厚。主要表现

---

① 参见郁建兴《行业协会：寻求与企业、政府之间的良性互动》，《经济社会体制比较》2006年第2期。

② 参见陈书洁《合作治理中社会组织吸纳专业人才的制度环境与路径分化》，《中国行政管理》2016年第9期。

③ See Syal R.，Wessel M. V.&；Sahoo S.，“Collaboration，co-optation or navigation? the role of civil society in disaster governance in India”，*International Journal of Voluntary and Nonprofit Organizations*，2021（32），pp. 795-808.

④ 参见郁建兴、吴昊岱、沈永东《在公共危机治理中反思行业协会商会作用——会员逻辑、影响逻辑与公共逻辑的多重视角分析》，《上海行政学院学报》2020年第6期。

⑤ 参见高金德《深圳市行业协会商会组织法人治理结构研究——一个实证性的分析》，《社团管理研究》2015年第1期。

⑥ 参见顾昕、王旭《从国家主义到法团主义》，《社会学研究》2005年第2期。

为政府通过主管、指导等方式直接介入各种协会的内部管理与事务运作，使它们直接或间接处于政府组织的附属地位，难以真正依照自我管理、自我约束、自我发展的原则成长发育，阻碍了行业协会在公共管理中作用的发挥。

由于对行业协会内部治理结构建设的忽视、长期的政府监管缺失使得协会内部治理存在很多不足和缺陷，不规范现象大量出现。随着市场经济的不断完善，政社不分、责任不清、管办一体的弊端日渐凸显。脱钩改革后，行业协会的管理体制由双重管理转向民政部门的直接管理，阻碍行业协会发展的因素由内部转向外部。后脱钩时代，政府对行业协会的扶持有所弱化，行业协会对政府的依赖性减弱。在失去政府的资源后，行业协会的资源问题成为制约组织生存和发展的主要问题。因此，行业协会在脱钩之后更应该关注组织结构优化方面的问题，提升自身的资源汲取能力和服务能力。

## 二、"会员逻辑"下行业协会的组织环境

行业协会是整个行业利益的代表，目的就是要实现整个行业利益的最大化。因此，行业协会既要解决好为谁服务的问题，又要解决好如何服务的问题，还要解决好如何获取资源的问题。行业协会具有单个企业无法比拟的优势，行业协会供给的是企业自身无法自我满足的服务。

行业协会与会员企业的关系是行业协会的生存和发展的基础和前提，比其他外部关系更为重要。在法理上，行业协会是会员结社的产物，会员企业的支持可为行业协会提供合法性基础。因此，行业协会与会员企业之间的特殊关系会对行业协会产生独特影响。基于"会员逻辑"，行业协会向会员企业提供服务和产品，以便攫取维持协会生存和发展需要的资源。①

一方面，会员企业的授权是行业协会权力、合法性的基础和来源，行业协会应加强会员支持、夯实会员基础、保障会员企业的决策权。会员企业愿意提供财力等支持是行业协会的生存和发展的核心动力，及会员逻辑直接

---

① See Schmitter P C，Streeck W.，"The organization of business interests：Studying the associative action of business in advanced industrial societies"，*Mpifg Discussion Paper*，1999，47 (14)，pp. 3192-3200.

影响行业协会的生存和发展。行业协会能否提供个性化服务是决定企业入会动机和能否吸引会员的重要因素。行业协会通过会员逻辑增强对会员企业的吸引力，维持协会的生存和发展①，只有获得会员企业的支持和认可，行业协会才能顺利展开工作。而且，行业协会的吸引力、公信力和权威性主要表现为会员企业的覆盖率及参与度。因此，会员企业的支持、贡献和参与决定着行业协会的运行方式②，会员企业的支持和信任才能帮助行业协会创建公信力，离开会员的支持，行业协会就会丧失存在的基础。

另一方面，会员企业通过内部决策权共享影响行业协会的运行及治理结构的构建。行业协会的会员代表大会机构设置为会员企业提供了制度化沟通和参与渠道，满足利益诉求表达的需要，凸显行业协会的优势和组织内聚力，使决策过程更加规范、透明，增强会员企业的归属感及信任度。行业协会通过建立沟通协商的长效机制有效防止组织决策权被滥用和集中，导致权力垄断和决策偏差，进而降低行业协会对会员企业的过分依赖以及个别人或企业对协会的高度控制及垄断局面。

---

① See Bennett R J.，"The Logic of Membership of Sectoral Business Associations"，*Review of Social Economy*，2000，58（1），pp.17-42

② See Reveley J，Ville S.，"Enhancing Industry Association Theory：A Comparative Business History Contribution"，*Journal of Management Studies*，2010，47（5），pp.837–858.

# 第三章　政府主导型行业协会内部治理结构

## 第一节　政府主导型行业协会内部治理结构的构成

制度化是组织和程序获得价值观和稳定性的一种进程。[①] 行业协会作为一种组织形式，需要通过制度设计实现其功能，通过一套内部和外部规范来协调组织与利益相关者的关系，保障组织决策的科学化和运行效率。治理结构关乎行业协会内部的制度安排和权力配置，能实现行业协会内分权制衡与协调配合，推进行业协会凝聚力提升和规范化运转。[②] 内部治理结构是提升行业协会自主性和服务能力的重要保障，主要包括机构设置和运行规范两个方面。

### 一、机构设置

行业协会机构设置主要指行业协会的结构安排。行业协会治理结构是“通过内部权威结构的安排，在会员（代表）大会、理事会、监事会与管理者和工作人员之间形成一种相互制衡的关系，从而产生对管理者行动的约束”[③]。

---

① 参见［美］塞缪尔·P. 亨廷顿《变化社会中的政治秩序》，王冠华等译，三联书店 1989 年版，第 12 页。

② 参见毛佩瑾《社会组织的治理结构及其对政策参与的影响——基于 WL 行业协会的个案分析》，《江西社会科学》2020 年第 9 期。

③ 参见许昀《行业协会的法人治理问题——基于法人行动理论的分析》，《中国社会组织》2008 年第 6 期。

理论上来看，比较健全的行业协会内部机构包括会员（代表）大会、理事会（常务理事会）、监事会和秘书处四个机构，分别构成行业协会的权力机构、决策机构、监督机构和执行机构的组织架构。会员（代表）大会是由会员或会员代表组成，是协会的最高权力机构；理事会由会员（代表）大会选举产生，是协会治理结构的核心组成部分，是会员（代表）大会的执行机构，并负责组织发展和战略规划等重大问题的决策；监事会也是由会员（代表）大会选举产生，包括监事长和监事，负责对理事会的决策、秘书处的执行情况以及协会的财务等进行监督，并提出整改意见；秘书处及其职能部门是行业协会常设的办事机构，负责处理协会的日常事务，秘书处人员一般为专职工作人员。为了更好地执行行业协会的职能，规模较大的协会还会设立专业和专门委员会，以增强决策的科学性、专业性，提高协会的运作效率。比较理想的行业协会治理结构是通过内部机构的安排和设置，实现各部门之间的分权制衡和相互协调，实现协会内部的动态平衡和资源优化配置。①

## 二、运行规范

规范是稳定的规则与规章制度，是社会互动的基础，表现为地位关系以及角色期待的具体内容，为组织成员的活动提供协调一致、相互配合的行动准则。② 组织内的规范和规则约束着组织成员的独立行为，并促进组织的制度化，实现组织目标。

《脱钩总体方案》中指出，“要健全行业协会商会章程审核备案机制，完善以章程为核心的内部管理制度，健全会员大会（会员代表大会）、理事会（常务理事会）制度，建立和健全监事会（监事）制度。落实民主选举、差额选举和无记名投票制度”。因此，行业协会运行规范包括协会的章程和治理制度两部分。其中，治理制度包括民主选举制度、议事与决策制度、内部管理制度、信息披露制度、诚信与自律制度、监督机制。

---

① 参见孙春苗《论行业协会——中国行业协会失灵研究》，中国社会出版社 2010 年版，第 72 页。

② 参见于显洋《组织社会学》，中国人民大学出版社 2016 年版，第 122 页。

综合以上分析，本书认为政府主导型行业协会内部治理结构包括机构设置和运行规范两个方面。机构设置包括会员（代表）大会、理事会、监事会以及秘书处的职能划分和部门之间的制衡关系。运行规范主要指行业协会章程和治理制度两方面，具体如图 3–1 所示。

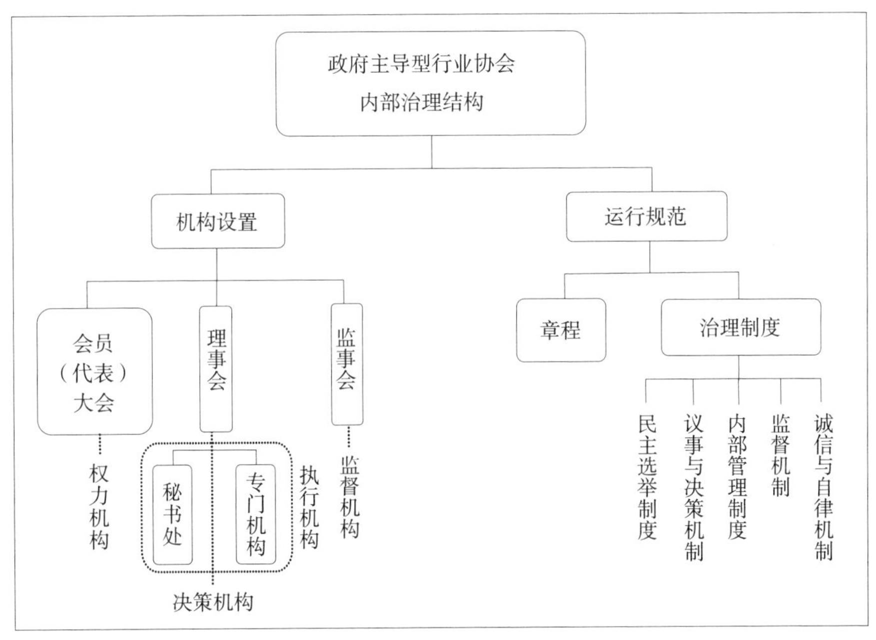


**图 3–1　行业协会内部治理结构的构成**

经过多年发展和不断改革，我国政府主导型行业协会的治理结构得到很大完善，但科学合理的治理结构仍未完全建立起来。例如，深圳市行业协会内部结构完整与不完整并存，只有六成理事会运作正常，八成以上会员代表大会未能依法行使职能、八成协会商会没有建立监事会。[①] 由此看来，行业协会治理结构还有很大改进的空间。

根据我国《中华人民共和国民法总则》（第九十一条）、《脱钩总体方案》《社会团体登记管理条例》（2016 年修正版）以及《社会团体登记管理条例》

① 《“行业协会商会内部治理经验交流”主题沙龙顺利举行》，2017 年 12 月 1 日，见 https://item.btime.com/wm/41qt0odn7e08p9qbkrpkam7vmsl。

（修订草案征求意见稿）（以下简称《征求意见稿》）等对行业协会内部机构设置及运行规范的相关规定，厘清政府主导型行业协会内部治理结构的应然情境。通过调研及查阅相关资料，发现政府主导型行业协会内部机构设置与运行规范存在的问题，进而提出优化的对策。

书中涉及的案例主要是办公会所设在北京地区的政府主导型行业协会，包括全国性行业协会和地方性协会，它们的共同特点是与政府在职能、机构、人事、财务、党建和外事等方面有密切联系，是“去行政化”改革的重点对象。资料获取的方式主要有：一是调查问卷，主要对全国性行业协会以及北京市行业协会在机构、职能、财务、人事、党建、外事等方面与行政机构脱钩的情况，协会脱钩改革面临的困难及政府的扶持政策（协会承接政府职能或购买服务）方面进行了解。二是访谈，主要通过个别面谈和座谈会等形式进行。访谈对象为协会的会长、秘书长或对协会比较了解的工作人员。内容涉及协会的组织架构、规章制度、领导组成、换届问题、会费收缴、财务制度、人事管理以及工作开展情况。三是行业协会的主页、档案文件及其他媒体信息等。

## 第二节　政府主导型行业协会机构设置

当前，行业协会组织结构设置的模式主要有：理事会缺失模式（秘书处过于强权）、法定模式（社会团体登记管理条例中规定的行业协会组织模式）以及法人治理结构模式。目前来看，多数政府主导型行业协会组织机构设置还属于法定模式，一般还是按照《社会团体登记管理条例》的规定，形成“会员（代表）大会＋理事会＋秘书处”模式的组织机构，仅有少数或脱钩后新组建的行业协会的机构设置相对健全，建立了类似公司的法人治理结构。当前，我国对行业协会组织机构设置做了比较全面、详细的规定，但很多规定并未得到有效执行，因而仍存在一些亟待解决的问题。

## 一、机构设置的泛行政化

脱钩前，政府主导型行业协会的经费、负责人等主要来自政府部门，政府的管理方式深深影响着行业协会的治理结构，许多政府主导型行业协会形成了类行政化的组织结构。虽然政府主导型行业协会在政府机构改革的推动下不断去行政化，逐渐朝市场化方向发展，但长期的双重管理体制使政府主导型行业协会的行政化色彩浓厚，即使完成脱钩的协会，告别了行政挂靠，但其组织架构，包括人事的产生程序、日常管理、决策等等，还未真正"还原"到纯粹社会组织的属性。

以中国有色金属工业协会为例①，该协会是政府机构改革的产物，属于典型的全国性政府主导型行业协会，经历了由政府机构到企业家政府，再到行业协会的历史阶段。2000 年 12 月，国务院发布了《国家经贸委管理的国家局机构改革和国家经贸委机关内设机构调整方案的通知》，决定撤销 9 个委管国家局，成立 10 个综合性全国行业协会。② 其中，国家有色金属工业局撤销，成立有色金属工业协会，有 60 余位工作人员保留公务员身份分流到协会工作。协会的组织结构为：会员代表大会、理事会、常务理事会、办事机构、分支机构、代管协会和学会以及附属事业单位。协会的日常办事机构有办公室（党办）、会员部、信息统计部、政策研究室、科技部、轻金属部、重金属部、稀有金属部、组织人事部、资产财务部、国际合作部、再生有色金属部等 12 个部门（如图 3–2）。

全国性行业协会脱钩改革试点从 2015 年开始，中国有色金属工业协会没有参加前三批的脱钩试点。依据 2019 年 6 月 14 日，国家发改委、民政部、中央组织部等在内的 10 部门发布的《关于全面推开行业协会商会与行

---

① 通过会员企业了解，中国有色金属工业协会网页，以及乔彦斌《全国性官办行业协会社会化路径研究》，国家行政学院硕士学位论文，2017 年。

② 《国务院办公厅关于印发国家经贸委管理的国家局机构改革和国家经贸委机关内设机构调整方案的通知》，《中国政府网》2010 年 11 月 12 日，见 http：//www.gov.cn/zhengce/content/2010-11/12/content_7694.htm。

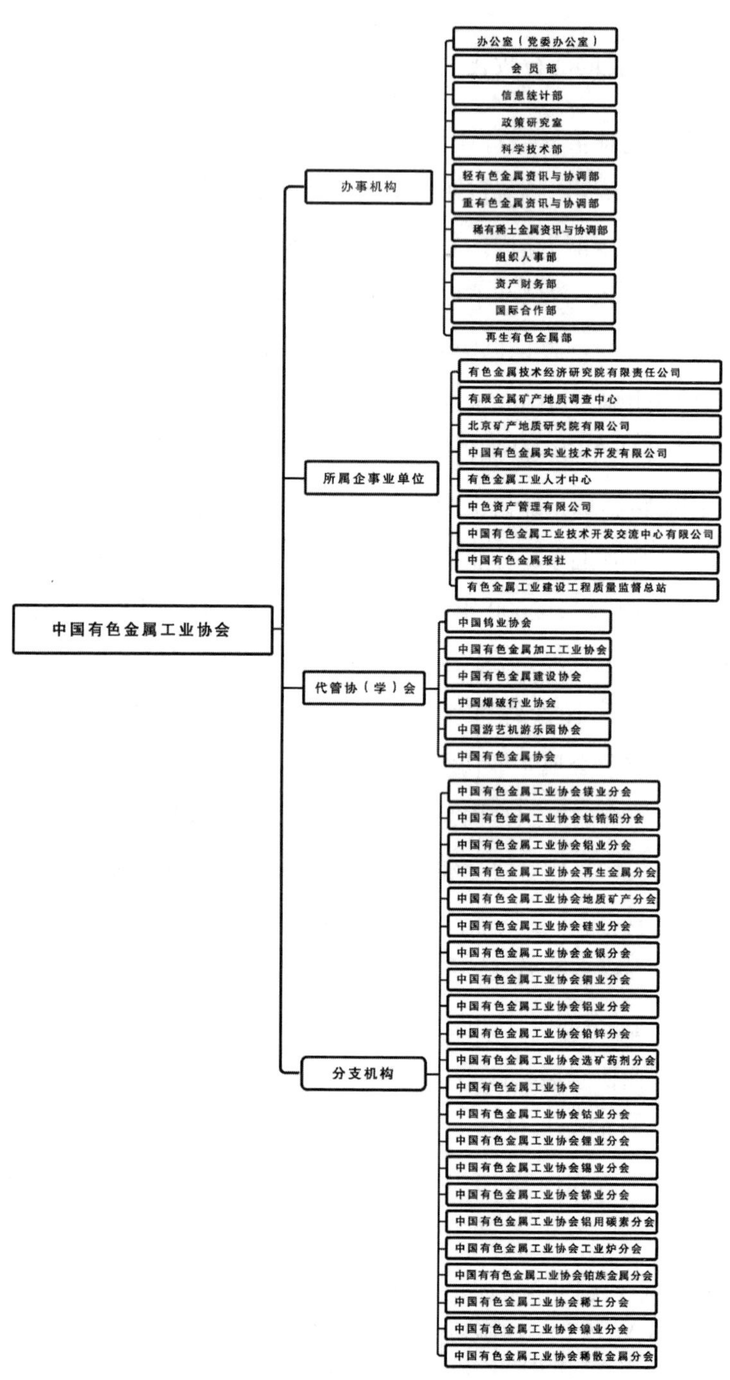


**图 3–2　中国有色金属工业协会组织结构图**

资料来源：中国有色金属工业协会，见 https：//www.chinania.org.cn/html/introduce/zuzhijigou/。

政机关脱钩改革的实施意见》（下称"《实施意见》"）要求，中国有色金属工业协会名列拟脱钩的 373 家全国性行业协会商会中，并按规定要求和时限在 2020 年底前完成了脱钩。

总体来看，即使完成了脱钩改革，但中国有色金属工业协会的治理结构也呈现出一些不足：

一是机构设置仍不够健全。目前，协会尚未建立独立的监督机构，包括监事或监事会，内部监督体系尚不完善。在距离完全按照章程办事方面存在瑕疵。从权力机构、执行机构和监督机构的权力分配与制衡来看，作为权力机构的会员代表大会作用不够明显，作为执行机构的办事机构权力较大，还有待完善。协会业务和功能定位已经逐步清楚，服务会员、行业、社会及政府的理念基本确立，但在与政府合作时，仍会有一些权责不明的问题。

二是协会的会员服务和业务拓展能力不足，影响力和认可度不高。以向政府提供服务为主要任务，向会员提供的服务和领域有限。协会长期以业务主管部门的下属单位自居，成为政府进行行业管理的帮手，或是政府安置分流工作人员的地方。目前，协会还未形成有影响力、切实符合会员需要的服务项目。此外，协会尚未建立应急和突发事件的协调和解决机制，协会不能及时出面维护会员企业利益，解决问题，使会员企业对协会的认可度不高。

三是运行上行政化倾向严重。协会依赖政府的思想依然很严重，主要依靠政府的扶持和职能安排运作，协会承担着大量政府的委托事项，还代管了一些事业单位、企业和协会。而且政府部门对协会干预过多，例如，协会 2016 年发文 400 余件，收文近 800 件，50% 以上的文件来自政府有关部门。

四是职能结构失调。在实践中，行业协会既要符合国家政策导向，又要根据业务主管部门的指示开展具体工作，还要符合行业发展和会员企业的需要。政府安排的任务必须要做，行业发展规划和标准制定之类的事要尽量做，而向会员提供服务的事能做多少就做多少，结果造成协会根本职能结构失调。

对于典型的政府主导型行业协会，中国有色金属工业协会受政府干预和影响比较严重。过度的行政化使协会在组织结构设置和职能发挥上缺少自主性，使协会职能发挥受到制约。然而，中国有色金属工业协会的问题在大部分政府主导型行业协会中也不同程度的存在。因此，扎实推进政府主导型行业协会与行政机关脱钩，完善治理结构，是提升行业协会发展水平和能力的必由之路。

## 二、监督机构缺失

几乎所有的政府主导型行业协会都设立了会员（代表）大会作为最高权力机构，理事会作为会员（代表）大会的执行机构、决策及领导机构，秘书处作为常驻办事机构，一些比较大的协会还设立了专业委员会和分支机构等部门。但有相当一部分行业协会未设立专门的监督机构。官方色彩浓厚的全国性行业协会一般都未设置完善的组织机构，监事或监事会缺失现象普遍，监督职能多由理事会或主管部门执行。有些行业协会甚至认为没必要设立监事或监事会，即使设立独立的监督机构的协会也做不到监事每次都列席理事会会议、常务理事会会议以及会长办公会议。在访谈的 21 家政府主导型行业协会中，只有 4 家设置了监事会，如，中国矿业联合会、北京市证券协会、北京市女医师协会、北京市足球运动协会，其他 17 家都未设置监事或监事会。①

此外，缺乏相应的惩罚机制，对协会是否设立独立的监督机构束手无策，使设立监督机构的规定流于形式。仅有个别已脱钩的全国性行业协会已经对组织机构进行了完善，设置了比较完善的组织结构，包括监事会的设置等。

地方上政府主导型行业协会的组织机构相对比较完整，多数都按要求设立了监事或者监事会，并履行检查监督的职权。但对行业协会内部监督机构的设置的规定各地并不统一，即使有的地方做了强制性规定，也并未得到有效的贯彻和执行。

---

① 资料来源：对 21 家政府主导型行业协会访谈。

## 三、内部权力制约机制失衡

首先，会员（代表）大会权力得不到保障，理事会职权弱化，秘书处偏于强权。①实际运行中，会长办公会、理事会、常务理事会存在越权现象②，秘书处人员掌握着资源使用、人员管理和机构运营方面的操控权；部分协会用会长办公会议代替常务理事会，常务理事会或理事会代替会员（代表）大会修改章程，制定协会发展规划、审查财务报告等；有的协会还存在理事会选举理事，常务理事会选举会长、副会长和秘书长等情况。

其次，会长职权过大。按照章程，协会正常的决策权力应依次是会员（代表）大会、理事会、常务理事会，而现实情况却是在会长会议后就作出决议。例如，中国旅游协会的治理结构与权限大小划分，如表 3–1 所示。

**表 3–1　中国旅游协会的治理结构与权限**

| 层级 | 制度规定的结构层级 | 实际运行的结构层级 |
|---|---|---|
| 第一层 | 会员代表大会 | 会长办公室 |
| 第二层 | 理事会 | 会长 |
| 第三层 | 秘书处 | 秘书长 |

资料来源：根据对中国旅游协会访谈内容整理。

权力结构的不平衡为行业协会管理者背离会员利益的行动提供了“自由空间”。由于代理人掌握着对资源的控制权，在委托代理关系中处于优势地位，代理人通过挪用协会财产、制定过高的会费标准、无限期连任及垄断外部联系等方式向委托人过度要价。代理人的这种有利地位打破了行业协会内部关系的平衡。

内部权力结构的失衡容易造成协会控制权的扭曲。一是“外部人控

---

① 参见彭敏《行业协会内部治理结构运行中存在的问题和解决途径——以 C 行业协会为例》，《学会》2014 年第 11 期。

② 参见徐家良、廖鸿、刘锋等《中国社会组织评估发展报告（2015）》，社会科学文献出版社 2015 年版，第 60—61 页。

制”，主要体现在政府主管部门对行业协会人事管理的干预，非会员企业或个人担任行业协会的重要职务。外部人控制既违背行业协会的自治原则，又剥夺协会内部管理权，严重影响着协会自主发展的能动性。

二是“内部人控制”。主要有两种情况：一种情况是大企业控制。由于会员企业的权利是按照对协会贡献的多寡划分的，协会中存在“差序格局”。大企业由于实力雄厚、资源丰富，能给协会带来更多贡献，如缴纳更多会费和赞助费，获取更多的投票名额，使行业协会的规则和制度更有利于大企业，进而抑制中小会员企业的利益和积极性，造成协会内部的矛盾和冲突。另一种情况是协会被少数人控制，尤其是管理层和执行层。行业协会内部存在多重的委托代理关系，每次委托代理都存在过度代理的可能①，代理人也会滥用委托人的权利为自己牟取私利。秘书处等执行机构的特殊地位使其占据更有利资源，形成对协会内、外部资源配置的垄断，以此影响协会决策。而且，会员企业与执行机构之间存在信息不对称，会员（代表）大会、理事会召开不及时，对执行机构的监督滞后等问题，导致理事或监事的监督权不能有效落实。执行机构滥用代理权力控制协会为自己谋利，使协会背离其成立的宗旨。

## 四、办事机构设置缺乏协调性

日常办事机构设置上，部分行业协会职能机构缺失或职责不清，存在工作人员身兼数职局面，严重影响工作效率。一些协会的办事机构还存在职能部门各自为政的现象，导致部门之间沟通协调不畅，影响职能有效发挥。大部分协会都缺乏行业智库、咨询机构的指导，专业化的服务能力和运营能力差。例如，中国有色金属工业协会目前有住会会长、副会长、副书记等共5人，协会秘书长为兼职，除个别领导分管两个部门外，其他领导各分管一个部门，为各自利益独自展开工作，彼此缺乏沟通及有效协调，遇事容易相

① 参见许昀《行业协会的法人治理问题——基于法人行动理论的分析》，《中国社会组织》2008年第6期。

互推诿，各自为政。这种部门管理格局也严重制约着协会的战略规划和管理能力，使协会缺少系统性的战略规划和管理。①

此外，秘书长职业化制度还未完全确立。事实上，政府主导型行业协会的秘书长多是选任制，有些还是兼职。部分协会秘书长既是本协会的副会长，又是其他协会的会长，如某协会，秘书长身兼数职，既无足够的精力管理协会，而且经常按照主管部门的意思行事，需要在各种利益中进行权衡，导致秘书处的执行效果大打折扣。

## 五、理事会形式化

理事会工作应该是战略性的，整合理事会成员的知识和经验用以解决组织面临的重大挑战，但实际情况却是理事会成为一群大材小用的人的大杂烩。② 究其原因，一是理事会的独立决策地位得不到保证，政府部门的监管与理事会的独立决策权失衡，理事会不能在业务主管部门的长期监管下保持独立性。协会没有人事任免权，理事长、副理事长等都是主管部门推荐或任命，理事会选举形式化，理事会的职权无法行使，成为名义上的理事会、橡皮图章。有些理事的行为方式过于中庸且低调，随大流倾向严重。

二是协会的实际领导层控制了整个决策过程，决策并非通过民主协商的方式，而是集权式，理事会成员对会长和秘书长的决策只能默许。执行层领导也可能成为理事会的障碍，由于害怕有实力的理事会而封锁信息，把一切设计好之后再告知理事会。

三是理事会议召开的周期过长。协会一般规定一年召开一次理事会，成员面对面交流的机会较少，需要协调的事项在会前都已经取得了一致意见，在会上仅是表决而已。

四是缺乏有效的问责机制，理事需要负较少的责任，承担较小的风险，

---

① 资料来源：协会会员企业提供的相关信息，中国有色金属工业协会网页，以及乔彦斌《全国性官办行业协会社会化路径研究》，国家行政学院硕士学位论文，2017 年。

② 参见［美］里贾纳·E. 赫茨琳杰《非营利组织管理》，北京新华信商业风险管理有限责任公司译校，中国人民大学出版社 2004 年版，第 51 页。

致使个别理事会成员对一些复杂问题也就没那么执着，不会全身心投入到工作中。例如，行业协会多将主持日常工作、协调分支机构及决定人员的聘用等众多职权集于秘书长一身，而缺乏有效的监督制度来监督理事会和秘书处权力的行使。协会基本的监督制度仅有会长对理事会负责，理事会对会员（代表）大会负责。然而理事会半年召开一次，会员（代表）大会更是每届召开一次，此种制度基本难以起到监督作用。

五是有些企业家或高级管理者加入行业协会理事会的部分原因是为了摆脱在自我认知方面或别人的评价方面的“经济动物”的形象。他们在理事会中扮演着不执法的警察角色，不对过于乐观的或考虑不周的提议提出反对意见。而且，由于协会缺乏经济激励而形成真空，理事会成员如果不是真正关心协会发展，自然不会为协会提供有价值的东西。

此外，理事会成员对组织的业务缺乏足够了解，因而回避那些需要专业知识的问题，例如会计“专家”可能不懂复杂的行业协会财务报表。

## 第三节　政府主导型行业协会运行规范的制定和执行乏力

### 一、章程失灵

行业协会章程是协会进行自治的基础。目前，我国政府主导型行业协会都有各自的章程，并依靠其章程开展工作。1998 年民政部制发的章程示范文本，内容主要包括组织的名称、性质、业务范围、会员、组织机构和负责人产生和罢免、资产管理、章程的修改程序及终止程序等章节。针对已脱钩的全国性行业协会，民政部于 2016 年出台了专门的《全国性行业协会商会章程示范文本（试行）》（适用于脱钩后和直接登记的行业协会商会），增设了对监事（或监事会）、分支机构、代表机构、内部管理制度和矛盾解决机制以及信息公开与信用承诺的相关规定。① 2021 年 12 月 31 日，民政部

① 《全国性行业协会商会章程示范文本（试行）》，2016 年 11 月 10 日。见 http：//www.sasaca.gov.cn/tg_detail.jsp？id=1563。

根据《社会团体登记管理条例》等法规政策，制定了《全国性行业协会商会章程示范文本》。相较于试行的《示范文本》，2021 年修订的《示范文本》有了进一步的修改和完善，如“第一，《示范文本》在总则关于管理部门的条款中增加了行业管理部门作为可选项，明确协会商会经行业管理部门同意，可以将其写入章程，以更好落实指导监管职责。第二，完善内部治理。对于理事会不能召集换届的，由党建工作机构会同行业管理部门、登记管理机关组织成立换届工作领导小组；换届工作领导小组酝酿提名负责人人选，应当充分听取行业管理部门等方面意见，主动与党建工作机构沟通。第三，健全理事会职权。第四，合理设定负责人人数上限。《示范文本》规定，协会商会负责人总数不得超过常务理事人数的 1/2（适用于设立常务理事会的协会）或理事人数的 1/3（适用于只设理事会的协会），且最多不得超过 40 人。第五，完善了负责人的任职条件。《示范文本》增加了负责人不得为失信被执行人的规定。同时，参照现行《社会团体章程示范文本》，对于确属行业需要等特殊情况的，允许履行合法程序后继续连任，增加了对负责人连任超过2届的具体要求”①。虽然最新的《示范文本》做了很大程度的修改和完善，对于加强行业协会的内部治理、强化规则意识、规范行业协会的行为发挥着基础作用，但仍然存在一些不足。

### （一）协会章程缺乏针对性和可操作性

章程作为行业协会的“根本大法”，是协会治理的核心。按照《社会团体登记管理条例》要求，行业协会在发起成立时都必须有自己的章程。政府也制定了统一的、标准化的行业协会章程示范文本，为行业协会的章程制定提供了重要参考，但同时也使行业协会的章程显得僵化、简单，突出了行业协会章程的共性却忽略了实际的差异性。名义上虽为示范文本，但实际效力却不止如此。因为章程是协会设立时民政部门重要的审查部分，也是审查行业协会是否合规的主要标准，是一种强制性规范。

① 《全国性行业协会商会章程示范文本》，2022 年 1 月 4 日，见 http：//xxgk.mca.gov.cn：8011/gdnps/pc/content.jsp？ mtype=1&id=15297。

政府主导型行业协会的章程虽说不同程度地结合协会的实际，但基本只是“换汤不换药”，未能跳出模式的框框，造成章程内容上的僵化，结构内容上的简单。统一的章程束缚了行业协会的发展，协会中的许多失衡与脱节，基本上都根源于章程的不完备、不细腻、不科学，缺乏可操作性和可诉性。

此外，多数行业协会的章程针对性较差。章程中的规定多是抽象性、原则性的，具体操作程序缺乏，操作起来困难，尤其是对内部会员企业的利益诉求和纪律处罚程序的规定太过简单，大多数章程没有具体详细的条款。例如，中国旅游协会某副会长指出：“统一的、标准化的章程的制定，束缚了协会的自由发展。章程的制定应当遵循量体裁衣的设计准则，在协会章程制定上，应给协会相应的自由。政府制定部门应书面征求协会意见，应当突出协会的个性。”①

（二）章程的制定和修改缺乏民主性

多数政府主导型行业协会的章程是在组建的过程中由协会的发起人制定的，他们是国家意志或极少部分协会成员的代言人，发起人反复征求国家社团管理部门以及主管部门的意见，而很少征求协会会员企业的意见，广大会员的权利未被充分尊重得以表达。

制定与修改章程时，规定全体成员都要参加，全体成员参加投票，实际上只是个形式，在一个小圈子内就决定了。一些章程多是在传达政府和国家的意志或体现小部分会员的意愿，章程的修改也多是出于国家管理的需要。由于章程缺乏具体指导性，使许多行业协会的章程被束之高阁。

（三）章程不完整、权威性不高，缺乏执行的制度保障

多数行业协会对党建工作的规定并未写进协会章程里，且缺乏对协会章程执行情况的处罚规定。在访谈的21家政府主导型行业协会中，只有中国矿业联合会的章程制定的相对较完备，章程中有关于党的组织建设、信息公开与信用承诺、内部管理制度和矛盾解决机制、分支机构、代表机构等相

① 资料来源：对中国旅游协会某副会长访谈。

关规定。[①] 总体上仍多为原则性、程序性规范，具体可操作性规范较少。

有些行业协会章程部分内容还来自主管部门的委托授权，有些行业协会把章程当摆设，根本没有按照章程规定的内容执行，起不到应有的规范和约束作用。例如，中国某协会的章程规定，“协会秘书长为专职，会长、秘书长不得兼任其他社会团体的会长、秘书长”。事实上，该协会秘书长还同时兼任本协会的副会长，并兼任其他行业协会的会长，而有的行业协会在脱钩之后并未能根据政策需求及时修改章程。

（四）北京市足球运动协会章程的修改

北京市足球运动协会（简称北京市足协）的章程也存在以上问题。2017 年该协会完成脱钩试点之后，协会对章程进行了修改。北京市足协成立于 1992 年 8 月 31 日，是由政府推动成立的，具有典型的半官半民性质。虽然是具有法人性质的社会团体组织，但北京市足协的组织机构和管理人员大多是由国家体育管理机关指定和任命的。脱钩改革前，北京市足协与北京市足球运动管理中心是两块牌子、一套人马，在内部机构设置、工作任务安排、财务和人事管理等多方面都接受北京市体育局的管理。章程修订之前，北京市足协执行的章程是经 2012 年 12 月北京市足协第六届理事会修改的，更多的体现体育部门的意志，部分内容还有来自北京市体育局的委托授权，会员的地区性和行业广泛性不足。

近年来，北京市足球改革发展的步伐不断加快，尤其是 2017 年参加了北京市行业协会第一批脱钩改革试点，与北京市体育局正式脱钩，不设行政级别，在多方面拥有自主权。为了满足足球市场的客观需要及现实工作的具体特点和情况，进一步贯彻落实党的十九大会议精神，营造良好的发展环境，2017 年协会对章程进行了修改，并经第七届第一次会员大会通过，新的章程充分体现改革方案的原则和要求，为北京市足协的自主发展提供了制度保障。[②]

---

① 《中国矿业联合会章程》，见 http：//www.chinamining.org.cn/index.php？ m=content&c=index&a=lists&catid=16&pc_hash=OWQb3V。

② 资料来源：对北京市足球运动协会秘书长访谈。

改革后，按照社团法人机制运行，实行财务公开，接受审计和监督。协会的领导由市体育行政部门代表、各区及行业足球协会代表、职业联赛组织代表、知名足球专业人士、社会人士和专家代表等组成。将各区及行业足球协会参照北京市足协管理体制调整组建，按照章程规定以会员名义加入北京市足协，接受协会行业指导和管理。设立党支部，隶属北京市体育局直属机关党委领导，接受北京市行业协会商会综合党委的指导。

## 二、民主制度困境

### （一）民主选举制度未得到有效执行

政府主导型行业协会领导人产生的途径主要有两种：一种是行业外产生模式，由政府官员担任或由会员企业民主选举产生；另一种是行业内产生模式，从行业协会内部培养选拔，由内部人员担任。

（1）领导人来源与产生程序不合规。政府主导型协会的主要领导都是来自政府部门、事业单位或国企，而且很多协会不是依章程选举主要负责人，而是采取主管部门或政府任命或推荐的方式。这种主要负责人的来源方式加剧了行业协会的行政色彩，影响了行业协会的民间性。有的协会则实行名不副实的选举制，或由行业内大企业（单位）负责人轮流做庄，协会领导成了一种荣誉而不是责任。

（2）脱钩前存在党政干部兼职或公务员兼职现象。公务员和官员兼任协会领导的现象比较普遍，即使有的协会领导人来自企业，也多是国有企业领导，很少来自私营企业。负责人偶尔还有超龄、超届现象，秘书长绝大多数是选举产生，秘书长专职占绝大多数。例如，截至 2017 年底，在北京市民政局登记的1398个北京市行业协会中，秘书长选举产生的有 1180 个协会，占总量的 84% 多，通过招聘产生的只有 218 个，只占不到 16%。其中，秘书长为专职的有 960 名，占 68% 多，兼职有 438 名，占不到 32%。北京市行业协会秘书长为专职的人数不超过三分之二。①

① 资料来源：北京市民政局统计资料。

(3) 领导班子任期较长。绝大部分政府主导型行业协会都非常重视负责人的稳定性。协会的会长（副会长）、理事（常务理事）、秘书长（副秘书长）等都实行任期制。任期一般为3—5年，4年或5年一届的居多，且可以连选连任，但基本都规定不得连续任职超过两届。

(4) 多数协会面临领导人产生问题。一是脱钩改革后，公务人员或国企人员和领导被分离，而新的领导还未被选举出来，造成领导职务空缺。二是按规定，国企领导和退休三年内领导，不能在行业协会担任领导职务或任职，让行业协会对领导人选择问题无所适从。领导人多是由主管部门任命或推荐的。脱钩后，自主选举，不知道该怎么选举领导人。三是按照协会章程的规定，协会的理事会成员都应由会员（代表）大会选举产生，可实际操作过程中，协会领导通过指派、提名负责人等方式影响协会，或从政府部门的退休人员中寻找。有些协会仍然希望有政府背景或行业影响力大的精英担任领导人，以便给协会带来更多资源。而脱钩后，政府公务员或国企领导干部不能兼任行业协会的职务，致使有些协会出现既无会长、也无理事长，连秘书长都不符合领导人任职要求，一时选不出合适人员担任，形成领导人断档期。

(5) 会员代表、理事、监事的产生方式不规范。现有的管理办法仅原则性规定“会员数量超过200的行业协会，可选举合理比例的会员代表，组成会员代表大会代替全体会员大会行使相关职权”，但如何选举、选举的程序都缺乏明确规定。对于理事和监事的产生，多数管理办法仅表示“理事、监事的产生办法、职责、任期等在章程中予以规定”，缺乏具体的实践指导性①，导致业务主管部门推荐、指定或委派理事或监事，或者按照对协会的“贡献”大小（即缴纳会费的多少）来确定。

## （二）民主决策制度不规范

政府主导型行业协会一般都制定了会员（代表）大会、理事会、常务

① 《天津市行业协会管理办法》，2017年11月29日，见 http：//www.tjxzxk.gov.cn/flfg/6300492.jhtml。

理事会、秘书处等议事与决策规则。协会章程明确规定涉及协会人、财、物等事项的决策必须由决策机构民主决策，更不能被个别人或少数人利用或掌控。为加强集体领导，有的协会还设置了由会长（理事长）、副会长（副理事长）和秘书长等组成的会长办公会制度，在章程规定的职权范围内，集体研究处理行业协会内部日常事务。此外，有的协会设置了监事或监事会，明确规定监事应列席相关会议，如理事会，监事会负责人应列席会员（代表）大会及会长办公会等。实际上，政府主导型行业协会的内部权力彼此制衡的治理格局仍未形成，具体体现在以下几方面。

1. 议事制度执行不畅

会员（代表）大会、理事会和常务理事会召开次数不合章程规定，会员（代表）大会不能及时召开①，基本是每届召开一次，或由理事会或常务理事会代替会员（代表）大会决策。理事会没有定期召开机制，大多是有需要才召开。而且，由于协会领导大多是享受荣誉而不是履行职责，因而行业协会的理事会、会长办公会议等议事决策活动难以正常开展，一些协会只是到了年检的时候才象征性开一次理事会，有些领导除了开会时去协会，平时基本不参与协会的日常管理活动。例如，中国矿业联合会虽然制定了议事决策的相关制度（表 3–2 所示），会员代表大会、理事会及常务理事会每年召开的次数都比较有限，决策制度的执行得不到保障。

**表 3–2　中国矿业联合会议事决策制度**

| 决策事项 | 决策机构 | 决策规则 | 召开规定 | 召开频次 |
| --- | --- | --- | --- | --- |
| 非常重要的事项 | 会员代表大会 | 到会会员代表的半数及以上 | 2/3 以上会员代表出席 | 每届召开 1 次 |
| 次重要的事项 | 理事会或常务理事会 | 到会理事的 2/3 以上 | 2/3 以上理事 | 每年至少 1 次、常务理事至少半年 1 次 |
| 日常事项 | 会长办公会 | 民主协商 | 会长、副会长、秘书长等 | 不定期或每半月 1 次 |

① 参见徐家良、廖鸿、刘锋等《中国社会组织评估发展报告（2015）》，社会科学文献出版社 2015 年版，第 60 页。

续表

| 决策事项 | 决策机构 | 决策规则 | 召开规定 | 召开频次 |
|---|---|---|---|---|
| 具体运作事项 | 秘书处 | 秘书长决定 | — | — |

资料来源：根据中国矿业联合会访谈内容整理。

2. 决策民主程度不高

有些行业协会负责人利用个人威望独断专行，进行集权式管理。理事会决策并非通过民主协商的形式，进行集体决策，往往是协会高层个别负责人或小范围内讨论决定以后，再通过理事会表决或通知理事会成员执行，使协会的民主决策机制仅停留在形式上，协会的决策也只能反映小部分或理事会成员企业的利益，忽视绝大部分会员的利益。

3. 表决方式不科学

多数政府主导型行业协会采用无记名投票表决的方式，但也有个别协会仍采用鼓掌或举手表决的方式，受人情关系的影响，碍于面子，无论决议的内容科学与否，是否有异议，一般都表示同意。而平时又缺乏相应的意见反映和表达机制，难以进行有效的表达与监督。多数协会都在章程中规定，特殊情况下可采用“通信开会”的方式，将需要表决的事项通过邮件等方式发给各理事，理事回复表决意见。

## 三、内部管理制度建设不规范

行业协会内部管理制度是正式化的内在规则。各种管理制度的形成是成员间相互博弈的结果，并以文字的形式确定下来，且有正式的执行机制。目前，政府主导型行业协会内部管理制度存在的问题主要有以下几方面。

### （一）会员管理不规范

一是行业代表性不强。入会的大中型企业多，而急需协会提供服务的中小企业吸纳较少，我国行业协会的会员覆盖率仅有40%左右[①]，不少全国

① 参见倪咸林《行业协会商会脱钩后完善内部治理研究》，《行政管理改革》2016年第10期。

性行业协会的行业覆盖率低于50%，有的甚至不足10%，行业代表性不足。[①]协会的会员多为国企及规模较大的民营企业，在内部治理上过度依赖企业家精英，使中小会员企业的利益得不到有效保障。会员企业大多局限在原部门系统内，意味着协会所收集行业信息并不能完全反映行业需求，制约协会综合协调职能的发挥。

例如，中国互联网金融协会是脱钩改革后首批成立的全国性行业协会，是央行牵头，会同银监会、证监会、保监会等官方机构共同组建的。该协会首批有437家会员，其中大多是传统金融机构，几乎占据会员总量的90%，例如银行业有84家，保险业有17家，证券、基金、期货共有44家，P2P机构只有几十家平台入围，而市场上正在运营的P2P平台有2000多家。[②]有人对协会的行业覆盖率不足1%，协会官本位和大企业主导的风格是否会影响互联网金融协会的定位，能否发挥真正效力提出质疑。实际上，企业入会有门槛，不是想申请就申请，交钱就允许加入协会，对平台成立时间、业务规模等都有要求。

二是存在违规收费现象。协会对企业的违规收费五花八门，如垄断性的市场"入门"费，在评比过程中乱收费。不少协会在缺乏依据、未经批准情况下随意自设项目乱收费，如信息服务费、考试注册费、维护费等。我国虽然规定行业协会实行自愿入会原则，任何单位和个人不得强迫他人或单位加入协会，不得依靠行政力量乱收费，会费标准应当予以明确，不合理的则要及时进行整改。但实际上，政府主导型行业协会凭借官方背景强制入会，通过各种名目向企业违规收费、乱摊派、乱评比现象比较普遍，会费标准的制定也比较随意，严重损害了会员企业的利益。例如，A协会是地方上的政府主导型行业协会，协会会长经常借开会之由，让会员企业B赞助其与家人旅游的费用，给会员企业B的回报是在行业评比中获得相应的奖项。

---

① 参见卢向东《"控制—功能"关系视角下行业协会商会脱钩改革》，《国家行政学院学报》2017年第5期。

② 参见《国字头互金协会成立的冷思考：协会覆盖率引争议》，2016年3月28日，见https://www.toutiao.com/i6266924175177286145/。

A 协会会长还借申请该协会副理事长单位之机，要求会员企业 B 缴纳一定的会务费、资料费。会员企业 B 为了与协会搞好关系，保证顺利通过行业协会审核，希望通过参会获得该协会副理事长单位资格，当即承诺给该会议赞助。此后，该会员企业 B 顺利获得了副理事长单位，并获得了其他有关荣誉。①

三是协会内部矛盾协调解决机制欠缺。内部矛盾协调解决机制是行业协会处理内部矛盾和纠纷，克服集体行动困境的重要保障。国外一般通过法律明确协会治理过程中形成的纠纷交由法院来裁决。② 我国在法律层面还没有相关立法，部门规定中对内部矛盾的协调问题也没有提及，只有少数协会建立了民主协商和内部矛盾解决机制。例如，中国矿业联合会规定，如果协会内部发生矛盾不能经过协商解决的，可以通过调解、诉讼等途径依法解决。③ 但大部分政府主导型行业协会并未设置相关渠道。例如，中国快递协会规定每届（4 年）仅召开一次会员代表大会，期间并没有设立供会员企业表达意见、提出政策建议的渠道和机制，使协会内部产生的争议投诉无门，会员之间的沟通缺乏保障机制，极大地影响着协会的规范运行。④

四是差序格局影响会员企业的利益分配。行业协会内会员的地位并不是平等的，而是依据为协会的贡献大小形成相应的差序格局，有的会员处于协会核心地位，有的会员则被边缘化。一方面，部分协会负责人、行业精英以及核心会员共同控制协会、获取利益。精英企业家作为行业内有影响力的人物，更有机会掌管并控制协会，如果缺乏合理的激励机制，精英企业家很可能自我激励，利用协会为自己牟取私利。另一方面，普通会员在协会中的利益得不到保障，在协会中表达自身利益诉求的机会少，得到的专业性服务

---

① 对 A 协会会员企业的访谈，A 代表协会，B 代表协会的会员企业。

② 参见高金德《深圳市行业协会商会组织法人治理结构研究——一个实证性的分析》，《中国社会组织》2009 年第 1 期。

③ 资料来源：中国矿业联合会网站，见 http：//www.chinamining.org.cn/index.php？m=content&c=index&a=lists&catid=16&pc_hash=OWQb3V。

④ 参见徐家良、廖鸿、刘锋等《中国社会组织评估发展报告（2015）》，社会科学文献出版社 2015 年版，第 196 页。

较少，甚至根本没有。

（二）财务管理制度不健全

目前，政府主导型行业协会的财务管理运行大致存在以下几种状况。

一是财务管理不规范。政府主导型行业协会基本都建立了规范的《非营利组织会计制度》，但在财务会计和资产管理方面仍存在较多问题，主要表现为发票的使用和财务报告不规范；重大财务活动不及时向理事会报告；签章和收据使用不规范；费用管理规定不明确；财务和会计人员不合格等问题。①

在调研的 145 家全国性行业协会中，有 140 家协会执行民非会计制度，142 家银行账户未独立，141 家协会进行单独建账、独立核算。但涉企违规收费现象仍较普遍，协会通过设置评比、表彰活动违规收费。例如，2018 年 1 月，民政部通报了 29 家全国性行业协会涉嫌违规涉企收费的线索，对严重违规行业协会进行处罚。中国建筑装饰协会在 2013 年至 2016 年间，违规开展中国建筑装饰行业百强企业评价推介、中国建筑装饰设计机构五十强企业及中国建筑装饰优秀专业化设计机构评价、建筑装饰行业科技示范工程、科技创新成果、优秀项目经理申报等评比表彰活动，并在评选过程中违规收取费用，违规所得共计 431 万余元。中国水利电力质量管理协会在 2014 年至 2016 年间，违规开展全国电力行业质量奖评审活动并收取费用，违法所得计 11 万余元。民政部对中国建筑装饰协会作出警告并处没收违法所得 431 万余元的行政处罚，对中国水利电力质量管理协会作出警告并处没收违法所得 11 万余元的行政处罚。②

二是会费管理混乱。会费制定标准不科学，档次较多、标准过高，多数政府主导型行业协会的会费标准都是按照会员在协会中的级别确定，而不

① 参见徐家良、廖鸿、刘锋等《中国社会组织评估发展报告（2015）》，社会科学文献出版社 2015 年版，第 60 页。

② 参见《民政部对中国建筑装饰协会、中国水利电力质量管理协会违规涉企收费行为作出行政处罚》，2018 年 1 月 16 日，见 http：//www.mca.gov.cn/article/zwgk/tzl/201801/20180100007530.shtml。

是“以支定收”，往往超过应收会费标准收取，会费的收缴率较低。有的协会一次性收缴多年的会费，有的协会按照会费缴纳的多少确定是否成为理事单位。

**表 3–3　中国矿业联合会会费标准**

| 会员级别 | 会长单位 | 主席团单位 | 团体协会 | 常务理事单位 | 理事单位 | 会员单位 |
|---|---|---|---|---|---|---|
| 会费（万元 / 年） | 50 | 10 | 0.5 | 2 | 1 | 0.5 |

资料来源：中国矿业联合会会网站。http：//www.chinamining.com.cn/cma/Join.asp.

**表 3–4　中国互联网金融协会会费标准**

| 会员级别 | 副会长单位 | | 常务理事单位 | | 理事和监事单位 | | 普通会员单位 | | 个人会员 |
|---|---|---|---|---|---|---|---|---|---|
| 性质 | 营利性 | 非盈利 | 营利性 | 非盈利 | 营利性 | 非盈利 | 营利性 | 非盈利 | |
| 会费（万元 / 年） | 100 | 40 | 80 | 30 | 60 | 20 | 20 | 1 | 不收费 |

资料来源：参见《揭网贷行业协会乱象：会费千差万别、协会良莠不齐》，《北京商报》2016 年 4 月 11 日，http：//www.xinhuanet.com/2016-04/11/c_128882329.htm。

从中国矿业联合会及中国互联网金融协会的会费标准可以看出（见表 3–3 和表 3–4 所示），协会的会费标准较高，且都是根据在协会的职位来划分会费的多少，会员企业经营效益不好的情况下很难缴纳大笔的会费。这种会费标准不但加重了会员企业的负担，也增加了协会会费收缴的难度。近年来，由于经济形势下滑，企业生产经营困难，申请减免会费、不交会费的企业数量大幅增加。协会代管企业的运营成本上升，投资收益大幅下降。政府职能转移和购买服务的配套政策落实还不够完善，政府购买服务收入占总收入的比例相当有限。在多重因素影响下，协会的筹集资金能力呈下降趋势，难以保证协会的持续发展。①

① 资料来源：对中国矿业联合会某负责人访谈。

### （三）人事管理制度不完善

1. 协会工作人员紧缺且结构不合理。目前，政府主导型行业协会人员匮乏已成普遍共识。据有关调查，一半以上的全国性行业协会在脱钩前的专职工作人员只有1—10名①，有的部门甚至连1名专职人员都没有。而且，由于政府主导型行业协会工作人员主要是退休返聘人员以及政府或会员企业派遣人员，平均年龄偏大。

**表 3–5 社会团体职工数量及年龄结构**

| 年份（年） | 社团数量（个） | 年末职工数（人） | 社团平均职工数（人） | 年龄结构（%） | | | |
|---|---|---|---|---|---|---|---|
| | | | | 35 岁以下 | 36—45 岁 | 46—55 岁 | 56 岁及以上 |
| 2008 | 229681 | 2855858 | 12 | 27 | 44 | 21 | 8 |
| 2009 | 238747 | 3356506 | 14 | 28 | 41 | 20 | 11 |
| 2010 | 245256 | 3960704 | 16 | 28 | 38 | 25 | 9 |
| 2011 | 254968 | 3630298 | 14 | 25 | 38 | 26 | 11 |
| 2012 | 271131 | 3469467 | 13 | 25 | 38 | 24 | 13 |
| 2013 | 289026 | 3531635 | 12 | 26 | 37 | 24 | 13 |
| 2014 | 309736 | 3736265 | 12 | 25 | 38 | 24 | 13 |
| 2015 | 328500 | 3901849 | 12 | 25 | 40 | 23 | 12 |
| 2016 | 335932 | 3959949 | 12 | 25 | 39 | 24 | 12 |
| 均值 | — | 3600281 | 13 | 26 | 39 | 23 | 11 |

资料来源：依据《中国民政统计年鉴》2009 年至 2017 年统计数据整理。

表3–5反映了社会团体的工作人员数量普遍偏少②，平均为13人，且以中年人居多，青年工作人员较少，仅占26%。作为社会团体的一种，行业协会也面临类似情况。

2. 人事管理机制面临巨大挑战。一是由于行业协会中缺乏有效的负责

① 参见倪咸林《行业协会商会脱钩后完善内部治理研究》，《行政管理改革》2016 年第 10 期。

② 由于没有单独针对行业协会的数量统计，这里用社会团体职工数量情况来反映行业协会的人事结构情况。

人考核制度、晋升和奖惩制度，加之工作人员的工资水平不高，不能为专职人员缴纳保险等问题，难以吸引、留住优秀人才。而且行业协会对工作人员的专业性和素质要求都比较高，更加剧了行业协会招聘人才的难度。二是行业协会的物质激励有限，极大限制了行业协会人员的稳定。例如，中国粮食行业协会参照国家事业单位的标准确定工作人员的工资和福利待遇水平。脱钩后，多项福利都没有了，很难吸引优秀人才加入。协会目前专职工作人员只有 18 人，其中，还有 2 名退休人员，打算招聘 2 名大学生，但因为编制取消，北京落户指标没有了，招聘也没成功。①

3. 人员行政化问题普遍。目前，不少政府主导型行业协会仍占有行政编制，享有行政或事业单位待遇。在政府机构转为行业协会的过程中，人员流向形成一定的偏好，"最优秀人才去党政机关，其次是国有企业，再次是科研院所，最后才是行业协会"②。截至 2013 年 3 月，北京市共有 1060 个行业协会，公职人员在兼职的人数占协会在职人员的 5%。③

**表 3–6　全国性行业协会脱钩前人员情况**

| 统计事项 | 协会数量（家） | 比例（%） | 数量（人、个） |
|---|---|---|---|
| 存在公务员兼职任职的协会 | 25 | 17 | 78 |
| 存在领导干部不符合规定兼职任职的协会 | 17 | 12 | 46 |
| 有事业编制的协会 | 7 | 5 | 143 |

资料来源：根据对 145 家全国性行业协会商会基本情况调研资料整理。

从表 3–6 可以看出，脱钩前，仍有部分全国性行业协会存在公务员、领导干部不符合规定在行业协会兼职任职及有事业编制的情况。在协会兼职任职的公务员有 78 人，其中，政府官员有 46 人，"省部级"有 2 人、"厅局级"44 人，说明公务人员在协会兼职的情况比较普遍。政府官员不仅出

---

① 资料来源：对中国粮食行业协会某负责人访谈。

② 参见马庆钰《治理时代的中国社会组织》，国家行政学院出版社 2014 年版，第 103 页。

③ 参见陈俊宇《行业协会"去行政化"为何这么难》，《中国社会组织》2014 年第 6 期。

席协会的活动，还是协会决策的直接敲定者。政府公务员或官员兼职的比例虽然不大，但也影响到行业协会的独立性和自主性。2015 年民政部颁布的《全国性行业协会商会负责人任职管理办法（试行)》就明确规定，“全国性行业协会商会负责人不设置行政级别，不得由现职和不担任现职但未办理退（离）休手续的公务员兼任。领导干部退（离）休后三年内，一般不得到行业协会商会兼职”。脱钩后，在行业协会兼职、任职的公务人员将被清退，有利于增强行业协会的自主性和民间性。

除了以上管理制度，比较大型的协会基本上都设立了分支机构，但有的协会对分支机构的管理并不规范，未纳入协会的统一管理系统，不能发挥出分支机构的功能，反而借机违规收取高于标准的会费，主要表现为未经会员（代表）大会或理事会通过就违规发展会员并收取会费。

## 四、内部监督机制缺失

行业协会的监督机制包括内部监督和外部监督。内部监督主要指协会的自我监督和信息披露制度，具体包括理事会运用考核权和任免权对执行人员的监督、监事会对理事会以及执行人员的监督、组织内部规章制度对工作人员违规行为的监督，还有组织使命和理念等的道德监督。

1. 行业协会内部自我监督机制不健全

行业协会的自我监督主要包括监事会监督、理事会监督和组织内部规章制度对违规行为的监督四个方面。一是监事会由会员（代表）大会选举产生，对理事会和秘书处等执行机构行使监督权的专门机构，它通常以对组织财务活动的监督为重点，对于违规行为，监事会有权要求相关部门或个人纠正。二是由理事会代为行使监督权。三是在领导层换届选举方面，党组织对行业协会会长（理事长)、副会长（副理事长)、秘书长（副秘书长）等候选人进行审查，审查合格后方可进行选举。此外，党组织必要时出席行业协会的会员（代表）大会、理事会或会长办公会，对协会的运行状况以及财务使用情况进行监督。四是组织通过完善内部规章制度强化自身监督。

目前，多数政府主导型行业协会的监督机制并不健全。多数协会并未建立独立的监督机构，如监事、监事会或者监督小组等部门，而是由主管部门或理事会代行监管之职，内部监督体系尚不完善。即使设立监事会或监事的协会也存在监督者不独立、监事会履行职责时资源缺乏、监事自身能力缺失等问题。一是许多协会监事由理事或负责人兼职，且监事会对协会信息来源渠道不畅通，对业务活动缺乏必要的了解，对违法违规行为无法采取强有力的制止措施。二是行业协会的所有者缺位，会员企业与协会之间没有明确的产权关系，从而导致会员企业与理事会、秘书处之间的委托代理关系缺乏强制性约束力。会员不像企业股东按股权表决，不能有效监督并约束理事会。①三是监事的专业能力有限，多侧重于纪律监督，对专业性较强的决策、财务管理、业务执行等监督无能为力，监督实效不佳。

此外，理事会对管理层制约乏力。行业协会的非营利性质决定其利润不能进行分配，每个会员的地位是平等的，缺乏有效的利润激励。加之对管理层评价指标的不明确，绩效考核难，对其决策执行以及监督缺乏动力，使管理层成为虚拟的代理人。理事会召开的不确定、内部决策层与执行层未分离、监督的形式化，实际掌权的理事会对自身的监督是无效的监督，最终导致内部监督基本失灵。

2. 信息披露制度执行乏力

信息披露制度是内部监督的重要部分，也是外部监督的内部基础。行业协会应当向社会公开章程、负责人、组织机构信息，以及接受使用社会捐赠情况和重大变更信息等。协会进行信息披露的方式主要有协会主动公开信息和依申请公开信息两种。② 主动公开主要指通过协会刊物、网站、年度报告等形式，定期向公众提供最基本、关键的信息；依申请公开信息指向协会申请，依据不同群体的需要提供信息。

目前，多数规模较大的全国性政府主导型行业协会都制定了行业信息

① 参见黄少卿、浦文昌《“民间商会法人治理研讨会”会议综述》，《经济社会体制比较》2012 年第 4 期。

② 参见金燕华、陈冬至《我国行业协会信息公开制度探讨》，《中国行政管理》2008 年第 7 期。

公开办法，建立了协会自己的官方网站，通过协会网站、刊物、微信、微博、手机等信息平台向会员和社会公众公开协会的组织结构、章程、领导、理事会成员、会员信息以及一些活动信息等内容。但公开内容简单，信息不能及时更新，内部管理制度、会费及财务信息未公开等问题仍普遍存在。多数地方性的政府主导型行业协会的网站建设仍比较滞后，有的协会甚至没有组织的网页。

# 第四章　政府主导型行业协会外部治理结构

行业协会作为企业自愿组合起来的联合体，本质上决定了其不能是封闭的，而应根植于社会系统内并成为其中一部分。行业协会与政府是现代化治理体系中的重要主体，在社会治理结构中地位不同，职能也有所不同。社会治理的转变推动了社会系统中行动主体关系的变革，对协会角色功能和位置结构的重塑提出客观要求。

## 第一节　政府主导型行业协会外部治理结构的构成

行业协会的外部治理结构主要指与其外部利益相关者在协会决策和运作过程中所扮演的特定角色。① 对于行业协会外部治理结构的构成，学者们提出了不同见解。大部分研究都认同外部监督对行业协会治理结构的重要意义，但对行业协会与外部利益相关者之间联动关系的研究仍未达成一致意见，有的学者倾向于强调政府作用，有的学者则同等对待。例如，李丹等（2007）指出行业协会外部治理结构主要通过制度和市场两种方式实现，制度的作用侧重于对行业协会外部公平环境的营造，市场的作用侧重于效率机制的发挥。② 张良等提出以信任为基础重构行业协会的外部治理结构，并指

① 参见张良、刘蓉《治理现代化视角下我国地方行业协会外部治理体系重构研究——以上海实践为例》，《华东理工大学学报》（社会科学版）2015 年第 4 期。

② 参见李丹、王锐兰、李海燕《浅议我国行业协会的治理结构》，《科学与管理》2007 年第 2 期。

出“行业协会的外部信任来源于包括政府部门、消费者、新闻媒体、其他社会组织及上下游交易者等”①。商会的非正式制度包括声誉、交情、信任等关系资本。应善于利用非正式制度安排来弥补法人治理中规范性的正式规则和物质资源的不足。

综上所述，政府主导型行业协会在行使职能的过程中与外部利益主体形成了多元耦合的关系。行业协会外部关系的协调以提升行业协会的合法性和关系资本，增强协会的信任和认同为目的，主要包括两方面：一是外部监督关系，包括法律、政府部门监管和社会监督（社会公众、消费者、大众媒体、第三方评估机构等）；二是联动关系，主要包括行业协会与政府、党组织之间的互动关系，与社会组织、行业内非会员企业以及社会公众的竞争、合作、互动与互惠共生关系（如图 4–1 所示）。

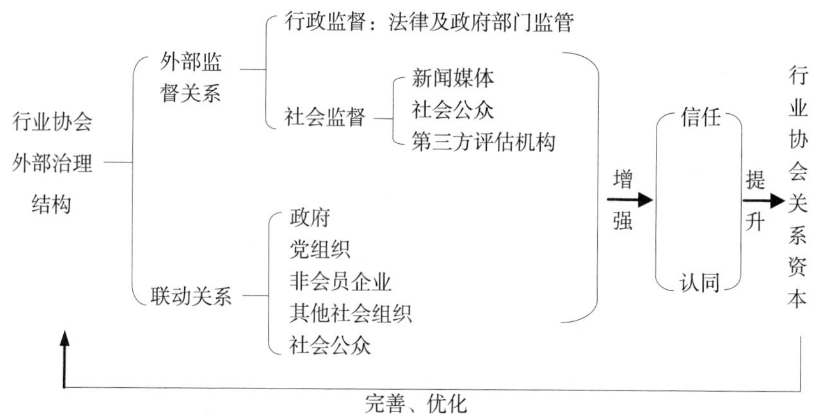


**图 4–1 行业协会外部治理结构构成**

## 一、外部监督关系

行业协会作为互益性组织，除了维护会员利益，还要代表行业利益，履行一定的社会责任。在会员和行业的利益与整个社会利益发生冲突和矛盾

① 张良、刘蓉：《治理现代化视角下我国地方行业协会外部治理体系重构研究——以上海实践为例》，《华东理工大学学报》（社会科学版）2015 年第 4 期。

时，行业协会所掌握的“公权力”有可能出现某种程度的“异化”，导致权力被滥用。① 外部监督是行业协会外部组织机构和人员对协会及其管理者的行为进行监督和约束的机制。行业协会的外部监管制度主要包括两个方面：法律规制、政府部门监管；社会公众、第三方评估机构以及新闻媒体组成的社会监管②，如图 4–2 所示。

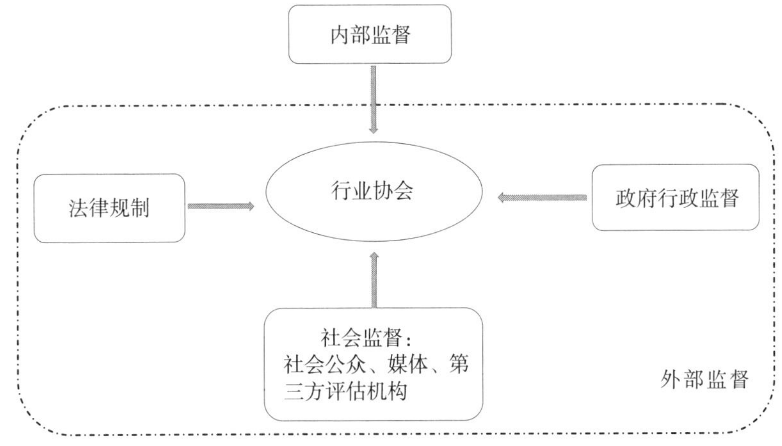


**图 4–2　行业协会多元化监督管理体系**

资料来源：根据张良《我国社会组织转型发展的地方经验：上海的实证研究》，中国人事出版社 2014 年版，第 82 页改编。

### （一）法律规制

法律通过具有普遍约束力的法律文本规定行业协会的权力与义务，对行业协会的活动进行规范和限制，并赋权给政府部门执行对行业协会的监管。法律规范主要包括宪法、法律、行政法规、地方性法规及规章。如《中华人民共和国民法总则》（2017 年）规定了行业协会成为法人应具备的条件。《中华人民共和国反垄断法》（2007 年）要求“行业协会应加强行业自律，引导本行业的经营者依法竞争，维护市场竞争秩序”，而且要求“行业协会

① 参见张良《我国社会组织转型发展的地方经验：上海的实证研究》，中国人事出版社 2014 年版，第 82 页。

② 参见石碧涛、张捷《行业协会的自律与他律机制关系探析》，《中国社会组织》2010 年第 1 期。

不得组织本行业的经营者从事该法禁止的垄断行为”，否则将给予相应处罚。《社会团体登记管理条例》（2016 年）对社会团体的成立、登记管辖、监督管理以及违规处罚等内容进行了规范，为行业协会的成立和运行提供了法律依据。不过该条例的管辖范围比较宽泛，对于行业协会显得过于笼统，缺乏可操作性指导和有针对性规范。

一些地方政府也制定了专门针对行业协会的地方性法规和规章，如广东省的《广东省行业协会条例》（2005 年）和上海的《上海市促进行业协会发展规定》（2002 年）等。这些条例和办法对行业协会的成立、机构设置与职责、管理和监督等都作了详细的规定，为行业协会的高效运作提供了可行性指导。

（二）政府行政监管

里贾纳・E. 赫兹琳杰指出，“政府监管是指在市场经济条件下，为实现一定的经济和社会目标，通过各种正式的或非正式的制度安排，营造行使公共权力、制定和执行公共政策所得来的良好的制度环境和运行机制，以实现对公共事务的有效管理、整合和协调的持续互动过程”①。我国政府对行业协会的监管主要包括成立监管和行为监管两种。

1. 成立监管

政府部门主要依据《社会团体登记管理条例》对行业协会的成立进行监督，民政部门作为登记管理机构对行业协会的成立负有监管责任。《社会团体登记管理条例》（2016 年）在“成立登记”这一章中规定“申请成立社会团体，应当经其业务主管单位审查同意，由发起人向登记管理机关申请登记。筹备期间不得开展筹备以外的活动”。此外，还对成立社会团体应当具备的条件、发起人应当向登记管理机关提交的文件、准予登记或不批准登记的情况作了明确规定。

---

① 参见［美］里贾纳・E. 赫兹琳杰：《非营利组织管理》，中国人民大学出版社 2000 年版，第 28—33 页。

2. 行为监管

对于行业协会的管理，我国实行分类管理的原则。《社会团体登记管理条例》（2016 年）规定："全国性的社会团体，由国务院的登记管理机关负责登记管理；地方性的社会团体，由所在地人民政府的登记管理机关负责登记管理；跨行政区域的社会团体，由所跨行政区域的共同上一级人民政府的登记管理机关负责登记管理。"

脱钩前业务主管部门负责对行业协会进行监管，除了审查协会的组织机构设置、规章制度、财务管理外，还包括重大事项的报告制度。脱钩改革后，业务主管部门不再负责管理行业协会的人事、资产、党建、职能和外事等问题，协会更加自主化和市场化，这给政府部门的监管手段和方式提出了更高要求。2016 年，十部委联合印发了《行业协会商会综合监管办法（试行）》，规定"要健全专业化、协同化、社会化的监督管理机制，切实加强事中事后监管，将原来行政化准入的管理方式，转变为党的领导、政府部门综合监管与服务以及协会自治自律相结合的新型综合监管模式"。

近年来，会员企业对行业协会的违规收费现象反响强烈，政府部门对协会的违规收费行为加大了检查和惩处力度。例如，2015 年 1 月至 2016 年 6 月，北京市工程建设质量管理协会违反相关规定，在开展评审过程中，违规收取咨询服务费，共获得 202.1 万元收益。对此，协会的会长及相关负责人员都受到了相应处分。① 2017 年 8 月 21 日，国家发改委公布了 8 起行业协会违规收费案件。② 2017 年 9 月 12 日，民政部社会组织管理局通报了 29 家全国性行业协会涉嫌违规涉企收费线索。③

① 参见《国务院办公厅关于督查问责典型案例的通报》，《中国政府网》，2017 年 6 月 15 日，见 http：//www.gov.cn/zhengce/content/2017-06/15/content_5202737.htm。

② 参见《国家发展改革委曝光行业协会违规收费案件》，《政策研究室子站》，2017 年 8 月 21 日，见 http：//www.ndrc.gov.cn/xwzx/xwfb/201708/t20170821_858316.html。

③ 参见《民政部：29 家全国性行业协会涉嫌违规涉企收费》，《人民网》，2017 年 9 月 12 日，见 http：//society.people.com.cn/n1/2017/0912/c1008-29531239.html。

（三）社会监督

行业协会的准公共性使其提供一定的准公共物品，公共物品的“溢出效应”会对社会系统产生影响。[①] 而且，行业协会代表的“普遍的私益”可能与公共利益发生矛盾，把协调职能转变成共谋的能力，对会员企业过度保护、限制竞争，对非会员企业则排挤、抵制。因此，行业协会的社会责任要求其必须接受广泛的社会监督，政府主导型行业协会尤甚。协会应及时通过多种公开渠道向社会公开行业协会运行的有关信息，接受社会监督。

社会监督指由国家公共权力机关以外的组织和公众对协会活动的合法性和有效性进行不具有法律效力的监督。社会监督是实现对行业协会监督的重要形式，可以有效弥补行政监督的不足。社会监督的主体主要是协会的外部利益相关者，包括第三方评估机构、新闻媒体、社会公众及其他社会组织等。

第三方评估是“通过政府购买的方式，选择具备一定资质和专业能力的评估机构，对参加评估的各类社会组织进行评价，是完善社会组织综合监管体系的重要内容”[②]。2015年，民政部首次对社会组织全面推行第三方评估机制，创新前置评估公示程序，突出党建工作，全面强化评估整改。第三方评估机制有利于加强对协会的事中事后监管，充分发挥专业评估机构的优势，使评估结果更具专业性和公信力。

社会公众和新闻媒体通过对违法和违规行为进行公开曝光，形成强大舆论。社会监督虽然不具有国家监督所具有的强制性，但在监督主体、内容、范围、方式和途径上的多样性和灵活性，使其成为行业协会外部监督的有机组成部分。在某些特定情景下，社会监督还可能引发和启动政府监管机制的运行，甚至产生强制性的法律后果。

---

① 参见张高陵《行业协会商会社会责任研究》，《中国社会组织》2010年第10期。

② 参见徐家良《中国社会组织评估发展报告（2016）》，社会科学文献出版社2016年版，第2页。

## 二、联动关系

行业协会作为一种自组织，不能脱离社会系统的影响，社会关系网络的重要性在某种程度上甚至超越了正式的制度安排。行业协会的治理结构就像是一张网，需要用信任、情感、资讯编织，也需要用规章、制度、战略来形成一张稳固且富有弹性的网。社会网络结构主要由以政府为代表的“公领域”、以企业为代表的“私领域”以及以社会组织为代表的“公共领域”三部分构成，三个领域之间的结构特征决定着行业协会的地位和能力。①

张冉根据行业协会的活动区域或不同活动形态，将协会的组织边界划分为实体边界、行业边界和社会边界三种。社会边界是“基于行业协会对外所能触及的且发生价值交换的各类社会关系所形成的非物质性边界，是一种获得、交换与吸收的作用”②。行业协会通过社会边界形成自己的社会关系网络，包括与政府、行业内非会员企业、其他社会组织、社会公众等利益主体形成的多元耦合关系，影响着协会治理结构的构成和具体形态，进而影响协会各种资源的获取。

徐家良用“圈理论”解释了政府、市场和第三部门之间的互动关系。③第三部门、政府与企业组成三个圈，这三个圈彼此互动，形成不同格局，如图 4–3 所示。

两个圈相交的部分表现为双方的合作，即“核”。除了“核”以外，也会呈现出别的关系，如竞争、不合作或制约关系。要保持两圈之间的合作，需制定相互遵守的规则，促进双方有效互动。

---

① 参见杨海涛《转型期中国行业协会的社会结构网络定位》，《中国经济问题》2011 年第 6 期。

② 参见张冉《行业协会组织边界与组织能力模型的构建研究——基于价值网络的分析》，《财经论丛》（《浙江财经大学学报》）2007 年第 5 期。

③ 参见徐家良《第三部门资源困境与三圈互动：以秦巴山区七个组织为例》，《中国第三部门研究》2012 年第 1 期。

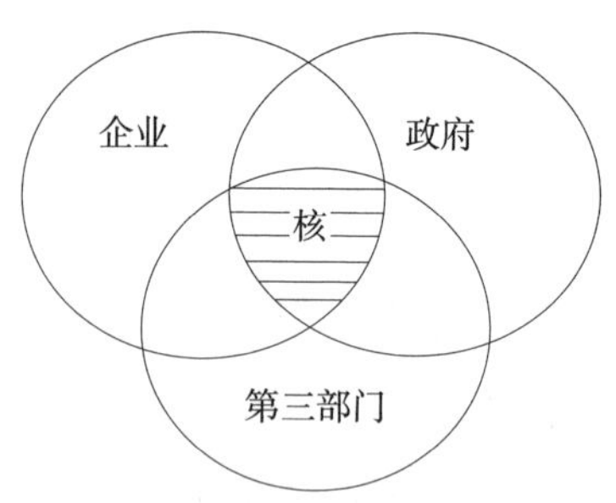


**图 4–3 “三圈”互动关系图**

资料来源：徐家良：《新时期中国社会组织建设研究》，中国社会科学出版社 2016 年版，第 76—77 页。

（一）行业协会与政府之间的互动关系

影响政府主导型行业协会治理结构的外部关系中，协会与政府部门之间的合作关系、协会与非会员企业和其他社会组织的“竞合”关系以及协会对社会公众的公共责任等关系最为重要，其中最受关注的是行业协会与政府之间的合作关系。

国外学者对政会关系做了大量理论阐释和模型构建。从组织类型学的角度，政会之间的互动可以划分为不同模型：一是“竞争与合作的理论模式”。该模型包括政府支配模式、非营利组织支配模式、政府与非营利组织双重模式及合作模式。① 二是纳吉姆（Najam）的“4C 模型”。政府与非营利组织之间的互动关系可划分为合作（Coopration）、冲突（Confrontation）、互补（Complementarity）和笼络吸纳（co-optation）四种类型②，如图 4–4 所示。

三是政府与非营利组织关系的连续谱模型。该模型由克斯顿（Coston）提出，随着政府对多元化制度接受程度的逐渐提升，政府与非营利组织呈现

① See Gidron，Benjamin，“Government and the third sector：Emerging Relationships in Welfare States”，San Francisco. CA.：*Jossey-Bass Inc Pub*，1992，p.18.

② See Najam A.，“The Four-C's of Third Sector-Government Relations：Cooperation，Confrontation，Complementarity，and Co-optation”，*Nonprofit Management & Leadership*，2000，10（4），pp.375-396.

|  |  | 目标 |  |
|---|---|---|---|
|  |  | 相似 | 不相似 |
| 偏好的策略 | 相似 | 合作（cooperation） | 笼络吸纳（co–optation） |
|  | 不相似 | 互补（complementarity） | 冲突（confromtation） |

**图 4–4 政府与非营利组织 4C 模型图**

资料来源：Najam A.，“The Four-C's of Third Sector-Government Relations：Cooperation，Confrontation，Complementarity，and Co-optation”，*Nonprofit Management & Leadership*，2000，10（4），pp.375-396。

从压制到合作的多种关系类型（如图 4–5）。① 四是“SCA 模型”。依据该模型，政府与非营利组织的关系可划分为抗衡型、补充型和互补型三种。② 五是整合与分离模式。依据沟通和交往、财务和控制把政府与非营利组织的互动关系分为分离依附型、整合依附型、分离自主型与整合自主型四种类型。③ 六是布林克霍夫（Brinkerhoff）模型。依据相互依赖性和组织身份将政府与非营利组织关系划分为合同关系、合作伙伴关系、延伸性关系、操作性和逐步吞并性关系。④

概言之，以上阐释模型无一例外都尤为关注政府与非营利组织之间的冲突或合作关系，政会之间既有合作又有冲突，合作是行业协会与政府关系

① See Coston J M.“A Model and Typology of Government-NGO Relationships”，*Nonprofit & Voluntary Sector Quarterly*，1998，27（3），pp.358-382.

② See Dennis R. Young.“Alternative Models of Government-Nonprofit Sector Relations：Theoretical andInternational Perspective”，*Nonprofit Policy Forum*，2000，29（1），pp.149-172.

③ See Kuhnle S. & Selle P.，“Government and Voluntary Organizations：A Relational Perspective”，*Aldershot*，*Hants*，1992，p.30.

④ See Brinkerhoff Jennifer M.“Government-nonprofit Partnership：A Defining Framework”，*Public Admin*，2002（22），pp.19-30.

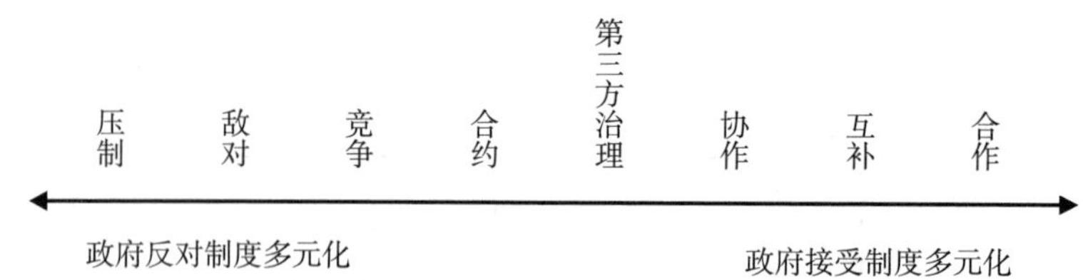


**图 4–5 政府与非营利组织关系的连续谱图**

资料来源：詹少青、胡介埙：《西方政府——非营利组织关系理论综述》，《外国经济与管理》2005 年第 9 期。

的一种基本形式，合作意味着双方可以相互促进，实现互助共赢。在当今世界的许多领域，做成事情的关键问题就在于如何实现组织之间的协调，只有通过行业协会与政府的合作，避免冲突，才能共同解决难题，实现优势互补。

我国行业协会是与市场经济的成熟和政府职能的不断转换相适应的渐进的发展过程：一方面，政府职能转移，为协会的发展提供了机遇；另一方面，协会主动弥补政府提供服务的空白，拓展自主能动发展的空间。① 对于政会关系，国内学者也进行了广泛的探讨，总结起来，主要集中在以下几种观点：一是认为协会是政府与企业间的“桥梁和纽带”，既协助政府进行行业管理，传达政府政策，又代表会员利益，向政府反馈行业的需求。② 近年来该观点越来越受到质疑，认为这将导致协会角色冲突和职能发挥受限，协会的实际功能远远超出“上传下达”桥梁作用，中介角色抑制了协会的自治性和民间性。③ 二是认为政府主导型行业协会当前运行体制的延续有其必要性，这样可以拓宽行业协会的资源渠道。这一研究路径强调政会关系的非对等性，双方之间更倾向于协会对政府的单向依赖及政府对协会的监管。④ 三是强调政

① 参见张良《我国社会组织转型发展的地方经验：上海的实证研究》，中国人事出版社 2014 年版，第 27 页。

② 参见黎军《行业组织的行政法问题研究》，北京大学出版社 2002 年版，第 9 页。

③ 参见张建民《全面深化改革时代行业协会商会职能的新定位》，《中共浙江省委党校学报》2014 年第 5 期。

④ 参见刘红祥《依赖、认同与监督：转型期行业协会与企业、政府的关系——基于南京 X 行业协会的个案分析》，《中共宁波市委党校学报》2013 年第 1 期。

府与行业协会关系的多样化与复杂性。① 国家与社会之间，不是单向的“嵌入”② 或“赋权”③ 关系。行业协会一方面嵌入到国家政治体系中，追求政治合法性；另一方面又扎根于社会，寻求社会合法性。④ 更进一步说，社会组织在资源、合法性、制度支持方面嵌入于国家，而国家的意志与目标也嵌入在社会组织的运作中，使国家与社会双方的权力都得到提升和强化。⑤

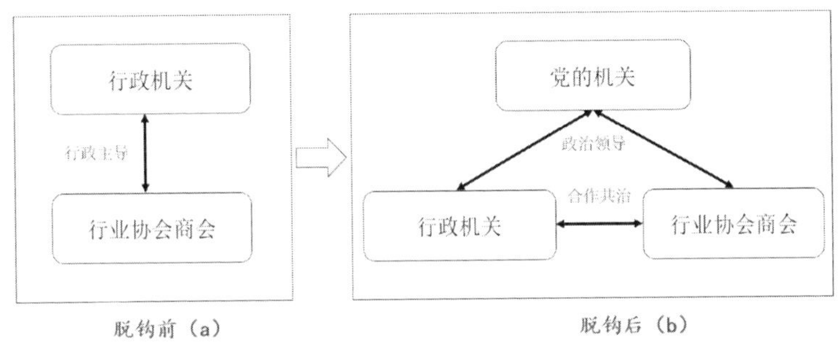


**图 4–6　脱钩改革前后的政会关系**

资料来源：马长俊：《解构与重构：行业协会商会脱钩改革的政会关系变迁研究》，《行政管理改革》2020 年第 2 期。

近年来，行业协会的转型发展与政府职能转变是良性互动的过程。社会治理不再强调以政府为中心，行业协会为辅的失重型的治理结构，而是政府与行业协会在平等基础上的合作型治理结构，政会合作是行业协会转型发展的题中之义，也是社会建设的重要价值取向。⑥ 尤其是脱钩改革后，政会

① 参见龙宁丽《国家和社会的距离：寻求国家社会关系研究的新范式——基于对全国性行业协会商会的实证分析》，《南京社会科学》2014 年第 6 期。

② 参见管兵《竞争性与反向嵌入性：政府购买服务与社会组织发展》，《公共管理学报》2015 年第 3 期。

③ 参见敬乂嘉《控制与赋权：中国政府的社会组织发展策略》，《学海》2016 年第 1 期。

④ 参见张紧跟《NGO 的双向嵌入与自主性扩展：以南海义工联为例》，《重庆社会主义学院学报》2014 年第 4 期。

⑤ 参见纪莺莺《从“双向嵌入”到“双向赋权”：以 N 市社区社会组织为例——兼论当代中国国家与社会关系的重构》，《浙江学刊》2017 年第 1 期。

⑥ 参见张良《政社之间应为“竞合”关系》，《上海人大月刊》2010 年第 8 期。

关系完成了以“行政主导”的结构向“政治领导与合作共治并进”重构。①由于长期以来的双重管理体制，使行业协会采取高度依附的策略，属于对协会治理结构的建设，未能形成协会内部各机构分权制衡的内部治理格局，治理规则和管理制度较为缺失。脱钩改革推动政府与行业协会关系的重构，增强政府的法制化权威，而协会也面临调整具体组织安排和制度设计的迫切需求。本书认为，在去行政化改革和转型时期，行业协会与政府之间的关系更符合“双向嵌入”“互相补充”的特征，体现为双方更为密切和频繁的互动与合作关系。

（二）党组织对行业协会的引领

社会组织是党建工作的重要领域和阵地。社会组织党建实施了十几年，相关的政策制度也较为丰富，尤其是党的十九大之后，党建工作成为我国行业协会的一大特色及制度趋势。行业协会的党建工作是引领协会保持正确政治发展方向的根本保证，是巩固党的执政地位的内在要求。

政府对行业协会等社会组织的党建工作非常重视，也制定了一系列相关规定。例如，1996 年，《关于加强社会团体和民办非企业单位管理工作的通知》指出，“在社会团体和民办非企业单位中建立党组织，接受挂靠单位、业务主管部门党组织或所在地方党组织领导”。1998 年，《关于在社会团体中建立党组织有关问题的通知》中规定，“社会团体常设办事机构专职人员中凡是有正式党员 3 人以上的，应建立党的基层组织”，并且对党组织的设置形式和要求也做了具体说明。《关于加强社会团体党的建设工作的意见》（2000 年）提出“要建立健全社会团体党的组织、理顺党组织隶属关系，要明确社会团体党组织的主要职责，要做好党员的教育管理工作。社会组织党组织是党在社会组织中的战斗堡垒，发挥政治核心作用”。党的十六大报告中进一步明确要将发展社会组织纳入到党的基层建设中，要求“加大在社会团体和社会中介组织中建立党组织的工作力度”。党的十八大报告中再次

① 参见马长俊《解构与重构：行业协会商会脱钩改革的政会关系变迁研究》，《行政管理改革》2020 年第 2 期。

明确提出，“应加大社会组织党建工作的力度，扩大党组织的覆盖面”。2015年，中共中央组织部印发了《关于全国性行业协会商会与行政机关脱钩后党建工作管理体制调整的办法（试行）》，进一步明确了脱钩后党建工作具体管理办法，做好党组织的移交工作，保证党建工作力量，加强组织领导和工作指导。

党组织对行业协会的影响主要表现为党建工作的制度化过程对行业协会治理结构的形塑作用。一方面表现为党组织建设对行业协会的政治引领。行业协会的使命贯穿于治理的整个过程，有助于指明行业协会的价值取向，明确协会的定位及责任。如果行业协会的使命得到改变，则说明协会正在经历制度化过程或正在被形塑。党组织嵌入前，行业协会的宗旨主要在于服务会员、维护会员利益、促进行业共同发展等方面；随着党建工作的制度化，行业协会在服务会员的过程中更加注重对社会公共服务的责任。2018年，民政部发布了《关于在社会组织章程增加党的建设和社会主义核心价值观有关内容》，提出“各地民政部门在社会组织登记管理工作中，及时要求社会组织在章程中增加党的建设和社会主义核心价值观有关内容”。制度构建所包含的价值判断或主导思想会直接影响行动主体关于利益和目标的界定。[①] 在制度的形塑压力下，党组织制度构建过程中反映出的价值判断影响着行业协会对使命的界定，行业协会将党建的政治要素纳入到组织章程和管理制度中，使行业协会通过与党组织的政治关联，获得关键性稀缺资源，如合法性确认、财政资金拨付、项目委托等。因此，本书把党组织建设纳入到行业协会治理结构中，在协会治理中充分发挥引领和指导作用，监督行业协会的决策和运行，保证协会保持正确的发展方向。

① See Stone A，Campbell J L，Hollingsworth R，et al.，“Governance of the American Economy”，*American Political Science Review*，1993，87 (1)，p.208.

**表 4–1 党组织嵌入前后行业协会使命的变化**

| 组织使命的表现 | 嵌入前 | 嵌入后 | 意义 |
|---|---|---|---|
| 宗旨 | 为会员服务 | 为会员和为社会服务 | 组织使命纳入更多政治因素 |
| 业务范围 | 经济业务 | 经济业务和承担社会责任 | |
| 办会原则 | 会员对组织的要求 | 执政党和会员对组织的要求 | |

资料来源：张丹婷：《党建背景下完善商会内部治理结构的研究——基于广东省 H 商会的分析》，暨南大学硕士学位论文，2020 年。

另一方面，党组织嵌入行业协会也会影响到协会的组织结构。推动行业协会党组织建设与治理结构相衔接是统一党的领导与协会依法自治，牢固树立党组织在行业协会中的政治核心地位的重要方式。组织结构受到制度条件的强烈影响，且与政策环境密切相连，环境越复杂，相应地组织内部管理结构就会更精细、更复杂。要实现党组织对行业协会的思想指引、政治引领和组织领导，必须要转变协会的组织形态和运行方式，调整协会的内部治理结构，使党组织成为行业协会内部治理的新主体。我国在法律上并未像发达国家那样对行业协会的治理结构有明确的法律规定。《中华人民共和国民法通则》只是将行业协会认定为社团法人应建立法人治理结构，但对建立一个什么样的法人治理结构并未作出明确规定。其他管理条例中有关于社会团体的治理结构的零星规定，但并未对行业协会治理结构的构建进行具体规定。此外，学界对行业协会治理结构的构建也并未包括党组织这一主体。但实际上，随着党对行业协会的政治影响越来越明显，党建的制度规则和结构力量不断增强，党组织已经深深嵌入到行业协会的治理结构中，使行业协会治理结构进一步细化。

2015 年，《关于加强社会组织党的建设工作的意见（试行)》（以下简称《意见》）明确要求“凡有三名以上正式党员的社会组织，都要按照党章规定，经上级党组织批准，分别设立党委、总支、支部，并按期进行换届。规模较大、会员单位较多而党员人数不足规定要求的，经县级以上党委批准可以建立党委”。行业协会党组织设置成为硬性要求，标志着行业协会党建工作的制度化。同时，《意见》还明确了“社会组织中设立的党组织，对本单位和直属单位党组织的工作进行指导”，“社会组织党组织是党在社会组织中的战斗堡垒，发挥政治核心作用”，社会组织党组织的基本职责包括“保证政治方向、团结凝聚群众、推动事业发展、建设先进文化、服务人才成长、加强自身建设”。由此可以看出，行业协会党组织相对独立于协会原有管理主体，包括会员代表大会、监事会、理事会及秘书处等机构，发挥政治引领作用，有利于引领行业协会正确发展方向，帮助协会健全各项管理制度和章程，激发协会活力，促进其在国家治理体系和治理能力现代化进程中更好发挥作用。

（三）行业协会与其他社会组织的竞合关系

在公共领域，协会作为重要的一种新的主体，与其他社会组织之间存在不同的利益诉求。由于利益的差异性，分散的个体往往以“集体的行动”来谋取单个个体无法实现的目标。协会与其他社会组织之间既存在冲突和竞争的可能性，也有为了利益共同合作的必要。因此，双方之间除了监督关系，存在着合作与竞争关系。双方在相互博弈的过程中，双方的关系也随之不断调整，使各种社会组织在社会网络结构中的地位和作用保持相对的稳定和平衡。政府职能的转移使行业协会承担更多行业管理和服务职能，迫切要求加强社会各方面的协调与合作，客观上要求行业协会与其他社会组织密切协作，共同解决问题，实现双方的发展。

然而，由于我国产业划分在名称和范围上存在不一致现象，部分行业存在两个或两个以上的行业协会。协会之间存在职能交叉，服务和活动也有一定重合。行业协会背后是政府的支持，这种实质上“一业多会”的现象造成了行业协会之间形成不正当的竞争，就会出现一家企业往往被迫加入多家协会，增加企业负担。因此，协会之间以及与其他社会组织之间应保持一种适度的、合理的、有序的竞争，同时增强彼此的合作，发挥第三部门的优势，承接政府转移的职责和功能，提供多种社会服务。

### （四）行业协会与会员企业的双向依赖关系

行业协会与非会员企业存在双向依赖关系①，协会依赖企业存在和发展，企业依赖协会提供相关服务，维护企业利益。

一方面，行业协会是行业内的企业自愿组织起来维护自身利益、协调矛盾的组织。企业的认可和支持是行业协会存在的前提和发展的基础。一是协会的职能一部分来源于法律法规的授权和政府职能转移，获得政治合法性，一部分是企业的授权，并获得社会合法性。企业的认同、信任和支持是协会权力的根本来源，是协会获得公信力，增强吸引力和凝聚力，提高会员覆盖率的基础。二是会费是行业协会最主要的资金来源渠道。然而，我国行业协会整体的会员覆盖率仍较低，大部分协会的会员以国有企业为主，且基本上是原系统内的，代表性较差。提供的服务不能满足企业的需求，难以吸引行业内非会员企业尤其是中小企业入会。会员覆盖率较低直接影响协会的会费收入和资金来源，使一些协会陷入生存危机。

另一方面，企业和协会之间是一种交换关系，企业加入协会，缴纳会费、履行相关义务，进而获得协会提供的俱乐部产品和服务。企业作为独立的经济体，有时难以应对激烈的市场竞争，出于“抱团发展”的需要，企业在纠纷裁决、利益表达和维护、信息沟通等方面依赖行业协会。行业协会以行业利益代表者的身份通过游说、谈判、协商等方式与政府部门进行博弈，反映行业的利益诉求，协调各产业之间的发展，影响政府决策和政策。此外，协会还通过其权威性及相关惩戒措施，对行业内企业的经营行为进行监督和约束，维护行业的整体利益。因此，在协会与非会员企业的双向依赖关系中，协会应不断增强其服务能力、平衡企业间的利益，吸引更多非会员企业加入协会。这样既可以保障非会员企业的利益，使非会员企业得到更好发展，又可以增强协会的资源获取能力，实现双方共赢。

---

① 参见刘红祥《依赖、认同与监督：转型期行业协会与企业、政府的关系——基于南京X行业协会的个案分析》，《中共宁波市委党校学报》2013年第1期。

（五）行业协会与社会公众的良性互动关系

行业协会介于社会公众与企业之间，协调双方的冲突与矛盾。行业协会的持续发展离不开社会大众和公共舆论的支持，社会公众对行业协会职责的履行具有重要影响。因此，行业协会应该建立与社会公众的良性互动关系，争取更多的支持。

行业协会与社会公众的互动，不仅可以降低对行业协会的监督成本，有效防止协会作出违背市场规律、破坏行业和经济发展的行为，还可以增强行业协会的社会责任感。对于行业协会来说，社会公众是利益相关者，协会作为企业的聚集体，应该承担相应责任，对利益相关者负责。一方面，公众通过支持会员企业进而支持行业协会的工作，因此，社会公众的认可和支持是协会服务的重要衡量标准；另一方面，行业协会可以监督和督促会员企业，为消费者提供优质的服务和产品，更好地为社会公众服务，在公众的合法权益受到伤害时，协会发挥会员管理的职能，协调和督促相关企业对不正当行为负责。

总之，行业协会与外部利益相关者在互动博弈过程中形成了多元的耦合关系①，并生成行业协会的价值网络，进行着价值交换②。行业协会通过与外部相关利益者的价值交换，可以获得相应的关系资本，即社会资本。行业协会与外部利益相关者的关系资本对治理结构产生了无法替代的作用，对于互益性组织而言，非制度性关系管理的成功与否，是组织未来发展的关键一环。这些关系的协调给行业协会创造了有利条件，增强外部利益相关者对行业协会的信任。

---

① 一般来说，某两个事物之间如果存在一种相互作用、相互影响的关系，那么这种关系就称“耦合关系”。

② 参见张冉《行业协会组织边界与组织能力模型的构建研究——基于价值网络的分析》，《财经论丛》（《浙江财经大学学报》）2007 年第 5 期。

## 第二节 政府主导型行业协会外部监督体系不健全

由于行业协会作为非营利组织缺乏商业领域的强制性责任机制，有些行业协会存在功能定位不清、服务意识不到位等现象，为了经济利益，违背非营利原则，乱评比、乱收费，借机敛财，增加会员企业的负担。有的协会惯用政府力量，通过行政指令方式，干预企业正常经营，充当政府权力的延伸。有些协会肆意破坏市场规则，甚至为了行业利益进行价格垄断、结成利益联盟。行业协会的联合性隐含着限制竞争的可能性。① 因此，除了维护会员企业和行业利益，行业协会还应承担一定的公共责任。否则，行业协会就可能成为某一利益主体的代表，而损害其他主体的利益。外部监督是规范协会行为、确保协会履行社会公共职责的有效手段。

行业协会的外部监督主要包括法律及政府部门监管和社会监督。行业协会的外部监督主体主要包括政府、其他社会组织、社会公众、第三方评估机构、媒体以及消费者等。在外部监督主体与行业协会监督与被监督的博弈过程中，最理想的情形是在没有监督的情况下行业协会也自觉履行职责，但这种状态需要强烈的社会责任感、完善的法律体制以及有效的制度安排作为保障。在法律不健全的情况下，对协会的监督主要还是依靠政府部门。实际上，对行业协会的外部监督还比较有限。

### 一、缺乏统一的法律约束

相关法律直接规范协会的构建和运作，是确立协会合法地位最重要、最直接的依据。我国针对行业协会的专门立法长期滞后②，还未有一部统一的行业协会立法。目前，行业协会管理的主要依据是《社会团体登记管理条例》(2016 年 2 月 6 日修正版)。但这个《社会团体登记管理条例》也未对

① 参见孟雁北《反垄断法视野中的行业协会》，《云南大学学报》(法学版) 2004 年第 3 期。

② 参见傅昌波、简燕平《行业协会商会与行政脱钩改革的难点与对策》，《行政管理改革》2016 年第 10 期。

行业协会治理结构的设置提出明确规定，存在许多不完备的地方，制约着行业协会治理结构的规范化和制度化发展。

一是现有对行业协会的法律规定的层次不高。目前，我国最高层次的关于行业协会的规定为《社会团体登记管理条例》，该条例仅是政府法规层面，缺少法律那样的强制性和约束力。虽然各部委也都制定了一系列相关文件，一些地方政府也出台了一些关于行业协会管理的地方性规章，但这些规章制度不足以有效规范行业协会有序运行和发展。

二是缺少特定法律法规。《社会团体登记管理条例》是针对所有类型社会团体的，有些规定不一定特别适合行业协会的特点，尤其是对组织的性质、职能等内容的规定。《社会团体登记管理条例》从资产、会员和负责人等多方面对社会团体进行设立限制，比较注重事前的监控。这种"一法统揽"和单行法缺失的现象，使行业协会在行业管理、协调行业矛盾过程无法可依。

三是法律规定不一致，相互矛盾。例如《脱钩总体方案》中指出，"鼓励选举企业家担任行业协会商会理事长，探索实行理事长（会长）轮值制，推行秘书长聘任制"。而《行业协会负责人管理办法》中又指出秘书长可以选任。再比如，《征求意见稿》中多次提到"行业协会的成立和注销等需要经业务主管单位审查同意"，并明确规定了业务主管单位对社会团体履行的职责（第四十八条），加强业务主管部门的管理。《行业协会商会综合监管办法（试行）》中也指出，"完善政府综合监管体系，切实加强事中事后监管，落实'谁主管、谁负责'原则，各行业管理部门要按职能对协会商会进行政策和业务指导，并履行相关监管责任"。"加强主管部门管理"的规定与行业协会去行政化改革的理念相违背，脱钩之后行业协会与业务主管单位脱离关系，应加强事中事后监管，而加强业务主管单位的管理又回到事前监管。

## 二、政府监管不到位

对政府主导型行业协会的监管主要通过事后监管方式进行，而许多协会会议纪要、档案资料不完全，致使监管主体无从监管。目前，对行业协会的登记管理由双重管理体制转变为直接登记制，行业协会的登记条件更为宽松，登记管理机关和其他管理部门对行业协会成立的审查也相应地放松。对行业协会的监管转向事中事后监管，通过对行业协会的年检以及上报材料进行审查，对于内部管理不完善的行业协会则无从审查。即使协会的材料档案比较规范，也无法避免协会为了应付检查而做表面文章，无法真实了解协会的实际运行状况。我国政府对行业协会监管主要靠行政权力，在单个监督主体权力过大又缺乏制衡的条件下，权力的滥用和寻租不可避免。

一是监督信息不对称。政府部门对行业协会运行的监督主要通过协会上报的资料、会议记录以及负责人的汇报等方式。因而，对协会的运作很难做到充分监督。出于某种利益关联，政府部门对协会难以形成有效的监督。

二是政府部门的监管能力有限。根据相关数据统计，全国各级社会组织登记管理机关合计只有 3362 个编制，依法登记的社会组织（含行业协会商会）达 51 万多个，平均每个人要管理 150 多个社会组织，平均下来省级部门不到 9 人，地市级不到 3 人，县级不到 1 人。① 截至 2021 年底，全国社会组织数量已超过 90 多万个，在不增加机构、人员、经费的情况下，给登记管理机关的监管提出更大挑战。

三是监管方式行政化。未脱钩的政府主导型行业协会依旧由业务主管部门进行管理和监督，业务主管部门对业协会负责成立审查，指导并监督协会依据其章程开展活动。这为政府监管方式提供了一种直接的、行政化的手段和方式，这样的监管方式使协会缺乏自主性和独立性，变成行政职能的一种延伸。当前，监管方式缺乏创新，重登记、轻管理、监管不到位等问题在各地一定程度上依然存在。

四是综合监管导致多头监管，部门间的职责不清，出现管理缺位和管理真空。脱钩后对行业协会的监管由单一管理变为多头管理，而监管规章却没有进行细化，不同规定之间还存在内容上的冲突，造成监管虚化。对行业

---

① 参见范清宇《关于行业协会商会与行政机关脱钩后加强监管问题的思考与建议》，《中国民政》2014 年第 11 期。

协会负有监管职责的部门多，登记管理机关、行业管理部门及政府职能部门都对行业协会负有监管责任。财政、税务、市场监督等部门将成为重要的监管主体，财务审计、免税资格及非市场行为等成为行业协会监管的重点和难点。总体来看，目前这些涉及多部门的专业监管都比较薄弱，“有利可图”的方面就抢着去监督、检查，无利可图的就相互推诿，无人监管。综合监管相当于多头管理，易造成监管缺位，最后谁都不管，使行业协会处于无人监管的状态。在法律约束还不能完全有效的时候，行业协会的功能就容易异化。例如，中国质量协会指出，政府各部门对协会的管理缺乏统合性，违背协会的发展，应按法律规范管理，遵循协会的规律，不能仅依照政府的利益进行管理。①

## 三、社会监督缺乏正式渠道和机制

目前，对行业协会的社会监督处于被动地位，缺乏强制性规定和制度化渠道保障行业协会的社会监督成为常态。新闻媒体对行业协会的关注和曝光是监督的方式之一。但新闻媒体的关注缺乏全面性、持续性，更多的是单向性引导，报道协会的负面事件。现有行业协会信息公开平台不完善，无法保证社会大众对行业协会进行有效监督，使公众缺乏对协会的客观认识，失去对行业协会的信任感，一定程度上损害协会的公信力。媒体的官方倾向，使其报道缺乏必要的专业性和独立性，也影响其监督作用的发挥。

此外，第三方评估机制存在发展不平衡、独立性不强、专业化水平不高以及评估机制不健全的问题。② 对行业协会的第三方评估从2015年才开始，时间短，缺乏丰富的实践经验。对第三方评估的实施方式、考评的有效性以及对第三方考评机构的考核等都需要不断检验和完善。第三方评估是政府在管理方式和工具上的创新，是一种有效、必要的外部制衡方式，能有效弥补政府部门对行业协会评估的缺陷。目前，我国的第三方评估由于起步晚、

---

① 资料来源：对中国质量协会某负责人访谈。

② 参见徐家良《中国社会组织评估发展报告（2016）》，社会科学文献出版社 2016 年版，第 2—3 页。

数量少、实力还较弱等原因，存在评估“走过场”、评估报告实用性差等问题。所以，应理性看待第三方评估的作用，循序渐进，逐步推动相关制度的完善。

## 第三节 政府主导型行业协会的联动关系协调不畅

### 一、对非会员企业的吸引力较弱

行业内非会员企业是协会会员的潜在来源。利益是影响企业入会意愿并遵守协会相关章程、规则和制度的重要因素。在协会中，企业入会并积极参与协会的活动，首要目的就是追求企业发展所需的物质性利益。比如，中小企业因为实力相对薄弱，在竞争中处于弱势，只有选择加入协会，依靠团体的力量才能解决单打独斗的难题。[①] 而且，企业加入协会能够有效降低交易成本，获得更多话语权，更有机会参与或影响行业规则的制定和修改，同时获得更多行业信息及合作机会。

然而，在行业协会与非会员企业的博弈过程中，非会员企业一般处于劣势。行业协会通过进行行业信息统计、提供信息咨询、协调组织间的矛盾等提供针对会员企业的俱乐部产品和服务，非会员企业无法享受，进而实现对非会员企业制约。实践中，政府主导型行业协会主要执行的是企业管理职能，其服务职能常常被忽视，行业利益得不到保障。在潜意识里，企业认为行业协会增加了企业负担，而不是给企业提供了服务，使得企业对协会缺乏认同和信任，不愿入会或选择退会。行业协会对非会员企业的吸引力较弱，具体表现在以下几方面。

第一，协会的行业覆盖率较低。我国行业协会遵循自愿原则，企业拥有是否加入行业协会的自由，但在实际操作中这一原则似乎成了掩人耳目的摆设，并没有得到充分体现。当前，我国中小企业加入行业协会的比率不

---

① 参见李颖慧《谈行业协会制度建设》，《合作经济与科技》2014 年第 15 期。

高，协会的会员覆盖率和代表性都比较低。政府主导型行业协会对大中型企业吸纳得多，而急需协会服务和支持的中小企业会员数量较少。我国行业协会的会员覆盖率一般在40%左右①，很多全国性行业协会的覆盖率都低于50%，有的协会甚至不到10%②，仍有大部分企业出于各种原因未加入行业协会，行业代表性较差。例如，中国互联网金融协会对网贷行业的会员吸收率不足1%，会员覆盖率低，直接导致中国互联网金融协会的代表性不高，协会的自律管理职能也大打折扣。行业协会可能被大企业把持，制定的决策也可能偏向大企业，从而忽视中小企业的合法权益和社会公共利益。③

第二，行业协会的社会影响力不足。目前，我国行业协会虽然有一定的规模，但总体还处于初级阶段，发育还很不健全。多数政府主导型行业协会并非由企业自发组建、自主运行的，对企业的吸引力不强。行业协会不能及时有效地与非会员企业联系，宣传行业政策，游说非会员企业遵守行业规范，维护行业整体秩序。行业协会可能通过价格垄断、集体抵制或限制市场准入等方式挤兑非会员企业，迫使非会员企业或者加入协会，或者退出市场。

## 二、与政府之间的互动关系失衡

政府主导型行业协会浓厚的行政色彩，使其在与政府互动的过程中过度依靠政府部门，形成不平衡的互动关系，具体体现为以下几方面。

### （一）利益驱使政府与协会双向过度嵌入

由于体制和历史原因，我国政府主导社会、支配行业发展的观念根深蒂固。在这样的社会环境下，一些政府主导型行业协会习惯于依附政府部门，借行政力量推行工作，并从政府那里获得协会生存和发展所需的资源。一些发展不好的协会在政府的扶持下还能勉强维持日常运行，若离开了政府

① 参见倪咸林《行业协会商会脱钩后完善内部治理研究》，《行政管理改革》2016年第10期。

② 参见卢向东《“控制—功能”关系视角下行业协会商会脱钩改革》，《国家行政学院学报》2017年第5期。

③ 参见陈远鹏《互联网金融走向规范化》，《小康》2016年第8期。

的支持，就会面临生存危机。为了生存和发展，行业协会不但不排斥政府部门的介入和干预，而且还主动嵌入到政府体系中，寻求政府的资金支持和政策保障。

首先，在政府职能转移方面，业务主管部门的具体职能与行业协会的应有职能相冲突，主管部门存在“不想放”“放不起”或“职能空壳化”的切实困难。调研中发现一些全国性行业协会初步提出了政府购买服务的清单以支持协会未来的发展，但在具体脱钩方案中并未采纳，政府购买服务内容的可行性问题影响了职能的转移。此外，各业务主管部门的职能转移尚未有具体清单和计划列表，什么职能可以转移、什么职能协会可以承接的问题没有厘清。例如，国家旅游局主管的中国旅游协会，原政府行业管理的职能尚未转移至协会，一些职能的转移会直接消减旅游局的行政职能，改革有一定阻力。①

其次，尽管协会脱钩改革不断推进和深入，但政府部门对协会不放手、不信任的问题仍不同程度地存在。有的部门虽然把有些职能转移或授权给行业协会，但仍从中创收、获利。隐藏在协会背后的巨大利益，使政府不愿放弃对协会的干预。政府通过资金支持和意识引导等方式嵌入协会，利用协会的资源减轻政府部门的管理负担，政府对行业协会的干预可能从脱钩前的直接干预，转变为脱钩后的变相控制。最终，双方都把握不好“亲与清”的关系，协会不想摆脱对政府的依赖，政府也不想失去有力的帮手，使得双方“形离而神不离”。例如，政府主办的行业协会之所以能够比市场内生的行业协会发展好很多，很大原因是政府给协会在后面撑腰。依靠行政力量推动工作就会变得容易许多，会员企业参加协会的项目和活动，主要因为相关领导都会来。②

总之，政府对行业协会干预太多，使其依附和从属于政府。在政府权力不断向协会渗透的过程中，协会逐渐失去独立自主性，从为企业服务转变

---

① 资料来源：对中国旅游协会某负责人访谈。

② 资料来源：对中国旅游协会某负责人访谈。

成替政府创造利益，主体地位逐渐丧失。中国粮食协会某负责人指出，“协会面临的最大的问题就是不知道该干什么，对自己的地位不清楚，比较迷茫。虽然说是独立自治的民间组织，但话语权在政府，还是得等着政府的安排”①。有的协会在外部关系治理结构上，过度关注于向政府部门提供服务，承担政府职能，而忽视了服务会员和社会的职能，导致会员服务和业务拓展能力不足，社会影响力和认可度不高，协会的筹资能力也相应受到制约，最终使协会的持续发展面临严峻挑战。②

### （二）在双方的互动中政府仍占主导地位

#### 1. 政府职能转移不到位

在发达国家，社会组织通过税收优惠、购买服务以及专项拨款等获得的收入在总收入中占较大比重。据统计，英国为45%、德国为65%、印度为36%、美国为40%、韩国为29%、日本为38%。而在我国，2012年全国性社会团体总收入为123亿元，其中，政府补助只有6.4亿元，占社团总收入的5.2%。③

通过去行政化改革，我国行业协会在社会网络结构中的定位基本明确，但职能的有效发挥还有一定差距。业务主管部门的具体职能与行业协会的应有职能相冲突，主管部门存在“不想放”“放不起”或“职能空壳化”的切实困难。实际上，有的政府部门考虑到其存在的价值性，不愿意将有关职能转移给行业协会。调研中发现一些全国性行业协会初步提出了政府购买服务的清单以支持未来协会发展，但并未被采纳。此外，各业务主管部门的职能转移尚未有具体清单和计划表，什么职能可以转移、什么职能协会可以承接的问题没有厘清。职能转移不足使协会作用发挥空间受到局限，进而导致为会员服务不足，影响企业入会的意愿和会员参与协会事务管理的积极性。

---

① 资料来源：对中国粮食协会某负责人的访谈。

② 资料来源：协会会员企业提供的相关信息，以及乔彦斌《全国性官办行业协会社会化路径研究》，国家行政学院硕士学位论文，2017年。

③ 《我国行业协会商会发展十大趋势展望》，《凤凰新闻网》，2018年2月14日，见http：//m.ifeng.com/shareNews？aid=20062900&fromType=vampire。

在调研的 145 家全国性行业协会中，脱钩前履行法律法规规定职能的协会有 12 家，在法律法规规定情形之外履行行政职能的协会有 4 家（如表 4–2 所示）。总体来看，职能分离情况不容乐观，改革原地踏步问题较为突出，原行政职能剥离事务基本没有推进，各协会对此部分脱钩工作多有疑虑，尤其在脱钩后政府购买服务清单未商定的情况下，行政职能剥离工作的阻力较大。

**表 4–2　全国性行业协会脱钩前的职能情况**

| 职能 | 数量（家） | 比例（%） |
| --- | --- | --- |
| 履行法律法规规定职能的协会 | 12 | 8.3 |
| 履行法律法规未规定的行政职能的协会 | 4 | 3 |

数据来源：根据对 145 家全国性行业协会基本情况调研材料整理。

行业协会与政府职能转移之间的博弈，政府转移给协会职能的多少，主要取决于政府部门的意志。虽然政府在相关文件中也规定，适合行业协会做的一些事情政府应转移给协会，但行业协会脱离政府将失去“靠山”，而政府放开协会意味着“跑腿的”没了。在没有法律和制度的约束下，政府很难主动将职能转移给协会，有的部门甚至出现政府职能回收情形。① 例如，某协会副会长指出，“现在政府并没有真正把应该给协会的权利交给我们，有些业务工作是政府能做、协会也能做的，其实完全可以交给协会来做，政府专心做那些协会不能做的事情。事实上，政府不愿也不能把那些双方都能做的事都交给协会来做，这样政府就没有太多事情可做了。多数情况下是政府安排的事情，我们都会尽力去办，即使脱钩了也会无偿为政府服务，还要与政府搞好关系”②。

现实中，政府各部门对行业协会的职能转移情况也存在较大差别。比较认可和重视行业协会功能的部门，相关职能转移的多，反之则少；虽然有

① 参见罗拾平、罗利平《转型与茫然——“脱钩”后官办行业协会何去何从?》，《学会》2009 年第 1 期。

② 资料来源：对某协会副会长访谈。

些职能转给协会，但更像是政府的任务安排，出于分担政府部门工作的需要，而不是从完善协会职能、加强行业管理的角度出发。协会章程虽然都明确规定了协会的宗旨、任务和工作职责，但并没有依章程履行职责，不少协会的工作处于不饱和状态，有些协会甚至无事可干。在政府权力不断向协会渗透的过程中，协会逐渐失去独立自主性，从为企业服务转变成替政府创造利益，主体地位逐渐丧失。例如，协会面临的最大的问题就是不知道该干什么，对自己的地位不清楚，比较迷茫。虽然说是独立自治的民间组织，但话语权在政府，还是得等着政府的安排。①

2. 政府购买服务中双方地位不对等

脱钩之前业务主管部门对政府主导型行业协会的购买服务较多，脱钩之后，在购买服务方面遇到了不少问题。具体来说，一是不少协会反应没有享受政府承诺的给参与脱钩试点的协会的扶持政策，对于脱钩后行业协会能得到什么样扶持和发展不明确。目前的状态是原来有的扶持项目脱钩之后没有了，原来没有的还是没有。二是受预算限制，有些政府购买服务无法执行，协会对政府购买服务并不看好。三是没有制定统一的政府职能转移目录和清单。

除了政府对行业协会的监督，政府的政策和资金支持也同样必不可少。除制定政策和创造良好的社会环境外，政府通过购买服务等方式向行业协会提供资金支持。《关于政府向社会力量购买服务的指导意见》(2013 年) 指出："凡适合社会力量承担的，都可以通过委托、承包、采购等方式交给社会力量承担，并要求加大政府购买行业协会商会等社会力量服务的力度。"

目前行业协会与政府对购买服务意愿和态度存在"一头冷、一头热"的不对等现象。② 一方面，与政府相比，行业协会对购买服务表现出更积极的态度及更强烈的意愿；另一方面，行业协会之间在承接购买服务方面也存在不对等现象，有的协会承接的服务事项较多，有的一项也没有。这种不对

① 资料来源：对某协会会长的访谈。

② 李利利：《行业协会承接政府购买服务中不对等现象分析》，《行政管理改革》2018 年第 8 期。

等现象产生的根本原因在于，在购买服务中，政府处于主导和支配地位，而协会则处于劣势。

**表 4–3 行业协会拟向政府有关部门提供购买服务事项清单及政府购买情况**

| 协会名称 | 项目数量（个） | 金额（万） | 已购买项数（个） | 未购买项数（个） | 已购买金额（万） | 未购买金额（万） |
|---|---|---|---|---|---|---|
| 中国农业机械流通协会 | 10 | 530 | 0 | 10 | 0 | 530 |
| 中国拍卖协会 | 13 | 205 | 0 | 13 | 20 | 185 |
| 中国烹饪协会 | 14 | — | 8 | 6 | — | — |
| 中国调味品协会 | 6 | 73 | 3 | 3 | 54 | 19 |
| 中国凌镁行业协会 | 1 | 20 | 0 | 1 | 0 | 20 |
| 中国副食流通协会 | 7 | 31 | 0 | 7 | 0 | 31 |
| 中国家用电器服务维修协会 | 4 | 32 | 2 | 2 | 7 | 25 |
| 全国城市工业贸易中心联合会 | 5 | 2012 | 1 | 4 | 3 | 2009 |
| 中国蔬菜流通协会 | 4 | 80 | 4 | 0 | 80 | 0 |
| 全国城市农贸贸易中心联合会 | 11 | 480 | 0 | 11 | 0 | 480 |
| 中国肉类行业协会 | 3 | 35 | 3 | 0 | 35 | 0 |
| 中国旧货业协会 | 6 | 30 | 1 | 5 | 3 | 27 |
| 中国百货商业协会 | 7 | 255 | 0 | 7 | 0 | 255 |
| 中国印章行业协会 | 1 | 300 | 0 | 1 | 0 | 300 |
| 全国商业消防与安全协会 | 3 | 159 | 0 | 3 | 0 | 159 |
| 中国友谊外供商业协会 | 3 | 10 | 0 | 3 | 0 | 10 |
| 中国饭店行业协会 | 15 | 95 | 11 | 4 | 95 | 0 |
| 中国家庭服务业协会 | 8 | 105 | 0 | 8 | 0 | 105 |
| 中国建筑材料流通 | 7 | 364 | 4 | 3 | 64 | 300 |
| 中国商业股份制企业经济联合会 | 1 | 60 | 1 | 0 | 60 | 0 |

续表

| 协会名称 | 项目数量（个） | 金额（万） | 已购买项数（个） | 未购买项数（个） | 已购买金额（万） | 未购买金额（万） |
|---|---|---|---|---|---|---|
| 中国机械设备成套工程协会 | 2 | 38 | 0 | 2 | 0 | 38 |
| 中国城市商业网点建设管理联合会 | 24 | 975 | 0 | 24 | 0 | 975 |
| 中国纺织品商业协会 | 7 | 270 | 1 | 6 | 100 | 170 |
| 中国汽车流通协会 | 6 | 7 | 2 | 4 | 7 | 0 |
| 中国商业企业管理协会 | 6 | 7.5 | 0 | 6 | 0 | 7.5 |
| 中国美发美容协会 | 15 | 33 | 1 | 14 | 5 | 28 |
| 中国基建物资租赁承包协会 | 14 | 22 | 5 | 9 | 22 | 0 |
| 中国金属材料流通协会 | 2 | 70 | 0 | 2 | 0 | 70 |
| 总数 | 205 | 6298.5 | 47 | 158 | 535 | 5743.5 |
| 比例（%） | — | — | 22.93 | 77.07 | 8.49 | 91.19 |

数据来源：根据调研材料整理。

如表 4–3 所示，在调研的 145 家全国性行业协会中，有 28 家提供了拟向政府有关部门提供购买服务的事项，拟提供的购买服务事项共有 205 项，金额总数约为 6298.5 万元（排除 1 家按事项人数给予补贴、4 个事项未定价或提供报价）。截至 2016 年底，政府已购买的事项有 47 项（包括已经购买但未完成的事项），仅占不到 23%。已被购买的服务事项最多的是中国饭店行业协会，拟提供服务事项共有 15 项，其中 11 项已被购买。被购买的服务事项包括与住宿和餐饮行业相关的信息报送、年度报告、标准制定和体系建设、标准实施情况调研、政策建议、政策效果评估、行业研究与课题、优质服务活动、技术交流活动以及职业技能竞赛等。购买服务的对口部门包括商务部、工信部、财务部、人社部、国标委、全国总工会等。未购买的事项有 158 项，占 77% 以上，多涉及行业协会可提供的更深入行业研究和创新事项。一项服务都未被购买的行业协会有 14 家，占到一半。例如，中国家庭服务业行业协会拟向政府提供的购买服务清单有 8 项，截至 2016 年年底，仍未有一项服务事项被购买。这些事项包括标准和规则的制定、专项培训、行业信息的采集和统计、企业资质认证、先进评选、诚信认定等项目，购买的对口部委有人社部、卫生部、商务部和发改委。

从以上可以看出，全国性行业协会承接政府购买服务呈现出不对等现象：行业协会承接政府购买服务的能力和意愿有所增强，同时，行业协会与政府对购买服务的意愿和态度不对等。对于在我国行业协会体系中层次最高、规模最大、代表性最强、处于金字塔顶端的全国性行业协会尚且如此，各地方行业协会以及没有官方背景、市场自发生成的市场内生型行业协会的状况可想而知。

3. 行业协会政策参与制度保障有待完善

政策参与是协会表达行业利益，反映会员诉求的重要途径。我国制度化的政策参与途径主要有听证会、政策方案意见征询会和公益诉讼等。[①] 目前，对行业协会等社会团体政策参与的规定还比较笼统，除一些上海和广东尝试在人大和政协设立社会组织的界别外，多数省份和地方并未作具体的、制度化的安排，存在偶然性、多变性和暂时性，这与行业协会等社会组织政策参与意愿迅速发展的趋势不适应。

## 三、社会公共责任缺失

行业协会除了要为会员企业提供俱乐部产品的互益性质，还具有提供公共物品的准公共性质。公共产品的“溢出效应”会对社会产生影响，行业协会不仅要维护会员和行业的利益，还承担着提供公共产品与服务的责任。例如，行业协会开展公益慈善事业、提供公益志愿服务或约束企业行为等。

行业协会的社会责任是对协会经济权力的自我约束与克制，是防止其因维护本行业或会员利益而对社会公众利益造成侵害的重要手段，也是行业协会获得社会认同和支持的有效路径，还能缓解因行业协会权力过分膨胀而

---

① 参见周俊《政府与社会组织关系多元化的制度成因分析》，《政治学研究》2014 年第 5 期。

导致与政府的紧张关系，促进二者的协商与平衡。

目前，有些协会过度袒护会员企业，全然不顾消费者的利益，忽视协会自治的职责，放任无序竞争，致使社会责任严重缺失；部分协会的社会服务水平不高，提供公共产品与服务能力不强，自治功能发育不足，最终造成公信力减弱，把行业引入歧途。例如，中国水产协会出于维护本行业的利益，反对“拒吃鱼翅”，说出“拒吃鱼翅是一种浪费行为”之类的雷人之语；中国中药协为黑熊取胆进行辩护，称“黑熊取胆无痛”①。

总而言之，行业协会的社会公共责任缺失导致有的协会职能定位不准确、行为不规范，严重影响协会公信力和服务能力的提升。

### 四、与其他社会组织的竞争与合作不足

行业协会与其他社会组织之间除了监督关系，还表现出竞争与合作关系。

一是由于缺乏相应的退出机制，行业协会之间的竞争不足。我国对行业协会的管理长期实行“一业一地一会”的制度限制，同一个行政区域只允许成立一个同类型的协会，不鼓励跨地区、跨部门成立协会，使已经存在协会的行业不能组建新协会，即使这个协会没有发挥应有的功能。而且，协会之间没有竞争关系，使协会缺乏优化和完善治理结构、实现自我发展的动力。有些协会随着行业的萎缩和消失，根本没有需要服务的项目或存在的必要，成为“僵尸”协会，受这种管理体制的影响，也一直未撤销。而那些新兴的、急需组建协会促进快速发展的产业，却无法组建。此外，《社会团体登记管理条例》（2016 年）和《社会组织登记管理机关行政处罚程序规定》（2012 年）对行业协会处罚和撤销作了相关规定，但上述规定比较笼统，缺乏实用性，起不到有效的规范作用。

由于缺乏相应的退出机制，全国各地发展不好、效率低甚至工作瘫痪

① 参见《行业协会：为何频频语出惊人?》，《360 个人图书馆》，2013 年 12 月 13 日，见 http：//www.360doc.com/content/13/1213/13/13335947_336836748.shtml。

的协会仍大量存在，这使一些行业协会不讲自律、没有底线地充当企业的利益代言人，只收钱不办事或为收钱乱办事，严重影响着协会治理改革的整体进程和效果。

二是我国行业类别的划分在名称和范围上存在不一致的现象，部分行业内存在两个或两个以上行业协会。行业内企业因业缘或地缘，为了维护自身利益，集合起来行动，组成行业协会，难免在组织定位与职责范围上存在重复或交叉现象。随着行业协会数量的不断增加，有些地方打破"一地一会""一业一会"的限制，使协会之间产生适当竞争。行业协会之间的适度竞争有利于督促协会完善其治理结构，增强服务水平，但超过一定限度也可能会导致恶性竞争。例如，一家企业被迫加入多个协会，多家协会相互竞争，变相评比、收费，不但没给企业带来多大利益，反而增加了企业的负担。随着政府职能转变和行政体制改革，除了行业协会之间的竞争，也迫切需要各社会组织之间密切合作，实现共赢。

## 五、党建工作存在"短板"

加强行业协会的党建工作，充分发挥行业协会党组织和党员在经济建设和社会各项事业全面发展中的积极作用，是新时期党建工作的重要部分。在社会组织中设立党组织，充分发挥党的政治领导核心作用是我国社会组织建设的一大特色。截至 2014 年底，我国有社会团体 309736 个，其中，建立党组织的有 52188 家，职工党员人数有 526172 名。[①] 全国 6 万余家行业协会商会中有党员 30.4 万人。[②] 在行业协会这一特殊领域加强党建工作，巩固党的执政基础，确保行业协会正确的发展方向，是当前亟待解决的一个重大课题。

目前，我国政府主导型行业协会的党建工作在组织设置、资源整合、功能导向、人才资源及"两个覆盖"等方面都较为薄弱。具体体现在：一是

---

① 参见《中国民政统计年鉴》，2015 年。

② 参见《我国行业协会商会发展十大趋势展望》，《凤凰新闻网》，2018 年 2 月 14 日，见 http：//m.ifeng.com/shareNews？ aid=20062900&fromType=vampire。

党组织在行业协会的覆盖面较小。不同于企事业单位、政府等正式组织，社会组织相对比较松散，难以形成集中的组织力量。政府主导型行业协会负责人兼职多、流动快，使党建工作面临党组织组建难、发挥作用难、巩固难、党员发展及管理难等“五难”现象。而且一些具备成立党组织条件的协会并未按规定成立党组织，尤其是地方性的行业协会更为普遍。在调研的145 家全国性行业协会中，共有党员 1234 人。脱钩之前设置党委的有 6 家，设置党总支的有 5 家，设置党支部的有 45 家，设置临时党组织的有 3 家，设置联合党支部的有 17 家，未建立党组织的有 69 家，有将近 50% 的协会未设立任何党组织。由此可看出，党组织在全国性行业协会中的覆盖率并不高。

二是认识观念上存在片面性和偏差。主管部门领导工作思路不明确，对党建工作不重视，未把党建作为重要工作去抓。有些政府主导型行业协会的党组织开展活动不积极，有的常年不开展一次活动，作用发挥不充分。与其他工作融合不够，制约了党建工作成效。

三是党建工作方式单一，缺乏组织吸引力。在政府主导型行业协会党建工作中，出现形式化、单纯注重党组织组建率、忽视工作实效等现象，具体表现为：活动方式缺乏创新性，活动内容较固定，多以座谈交流、组织学习、走访慰问为主，大大减弱了党组织吸引力；活动场所频繁更换，影响党建活动的持续开展，虽然有的政府主导型行业协会固定活动场所，但开展党组织活动的积极性不高、意识不强；缺乏资金支持，党组织活动不得不搁置；受业务情况、单位规模、党员人数等因素影响，党组织活动与行业协会的服务水平、经营规模、管理范围等不匹配，难以调动和提高组织内部党员的主观能动性。

四是行业协会党组织应当参与协会资产配置、负责人选举等重要事项的决策过程。目前，仅有少数政府主导型行业协会把党组织建设写入协会章程，列入工作议程，并按照要求积极开展党建活动。例如，中国有色金属工业协会长期以来延续行政机关党建优良传统，深入贯彻落实党中央和主管单位部署，认真履行党委工作职责，在坚持党的领导、加强党的建设、全面从严治党等方面取得了很好成绩。但党组织在行业协会中的领导和政治核心作用发挥不充分，党的建设仍存在薄弱环节，全面从严治党不够有力，党建工作未能有效融入协会中心工作中去，这些问题是协会党组织未来须加强的方向。①

① 资料来源：中国有色金属工业协会网页，以及乔彦斌《全国性官办行业协会社会化路径研究》，国家行政学院硕士学位论文，2017 年。

# 第五章　政府主导型行业协会治理结构的类型学分析

## 第一节　基于类型学的治理结构分析

### 一、政府主导型与市场内生型行业协会治理结构的比较

#### （一）两类行业协会治理结构的差异及原因

市场内生型行业协会是基于市场经济发展、行业自律、权益维护以及抱团发展的客观需求自下而上自发生成的。当前我国行业协会的发展表现出体制内存量转型和体制外大量增加的特征，是当前及未来行业协会发展的主流与方向。[①] 市场内生型行业协会一般先得到行业的认可，然后再获得政府的承认。由于是民间自发组织的，更容易获得企业的认同，行业代表性、社会合法性及行业覆盖率远高于政府主导型行业协会。两类协会的治理结构仍有很大差别，具体如表 5–1 所示。

**表 5–1　政府主导型与市场内生型行业协会治理结构的比较**

| 比较项目 | 政府主导型 | 市场内生型 |
|---|---|---|
| 最高权力机构 | 政府主管部门或会员（代表）大会 | 会员（代表）大会 |

① 参见王名、贾西津《行业协会论纲》，《经济界》2004 年第 1 期。

续表

| 比较项目 | 政府主导型 | 市场内生型 |
| --- | --- | --- |
| 代表利益 | 上级主管部门 | 会员和行业 |
| 决策机构 | 政府主管部门或政府任命的协会领导、会员大会、理事会 | 会员（代表）大会、理事会 |
| 理事会 | 理事会成员有一部分政府官员、国企比重较大 | 会员（代表）大会选举产生 |
| 监事会 | 上级主管部门负责监管或与理事会共同监管 | 由会员（代表）大会选举产生 |
| 会长（理事长）、秘书长来源 | 会长由主管部门任命或推荐，由政府官员或国企领导人担任；秘书长由主管部门任命或推荐，或由会长单位派出，理事会任命 | 会长由理事会选举产生，秘书长由理事会聘任行业内有管理经验的人才 |
| 工作人员的薪酬 | 参照公务员、事业单位人员或国企同类职务水平 | 市场化 |

资料来源：根据翟鸿祥《行业协会发展理论与实践》（经济科学出版社 2003 年版，第 34 页）以及徐家良《行业协会组织治理》（上海交通大学出版社 2014 年版，第 48—49 页）改编。

政府主导型与市场内生型行业协会治理结构虽然都以权力机构、决策机构、监督机构及执行机构为基础，但在理事会结构、秘书长来源、监事会和工作人员报酬等方面存在较大差异。产生差异的原因主要有以下三个方面：一是与政府的关系影响其治理结构。政府主导型行业协会形成了行政化的治理结构。相比而言，市场内生型行业协会对政府的依赖性较小，基本上没有政府资金支持，受政府的影响较小，治理结构相对比较完善。二是产生方式直接影响着协会的治理结构。政府主导型行业协会由政府组建或主导发起，在机构设置和制度制定上都类似于行政机构。而市场内生型行业协会由行业内的大企业发起，机构设置和制度安排也相对灵活。三是服务导向也影响到协会的治理结构。政府主导型行业协会主要执行行政机构的部分职能，依靠政府的影响力开展活动，按照政府的安排运行，缺乏完善治理结构的动力。而市场内生型行业协会以向会员提供有价值的服务为存在的根本，必须不断完善自身才能得到会员的信任和支持，得到持续发展。当前，虽然政府主导型行业协会的官办色彩越来越淡薄，但对政府主导型行业协会规范治理的要求和呼声越来越高，治理结构的制度化和规范化是协会发展的必然趋势。

（二）市场内生型行业协会治理结构优化的有效经验——以深圳市钟表行业协会为例

深圳市钟表行业协会（以下简称钟表协会）组建于1987年，是深圳市最早的工业行业协会之一，目前拥有会员企业460多家。① 钟表协会在“民主选举机制、内部规范治理、建立公共服务体系、国际化促进转型升级”等方面都有比较出色的表现，先后被国家民政部、广东省和深圳市政府授予“全国先进社会组织”“广东省先进民间组织”“广东省中小企业公共（技术）服务示范平台”“广东省知识产权示范单位”和“深圳市5A级社会组织”等荣誉称号。目前，钟表协会下设“产业推广、技术创新、信息研究”三大服务体系共21个公共服务平台。

钟表协会完全由业界企业自下而上自发组建，从创立之初至今，理事会中从未有退休政府官员或公务人员在协会中兼任过职务，甚至是荣誉职务。钟表协会是企业自主办会，对内部治理规范要求更高，在不断发展过程中，构建了一整套合理的内部管理制度，积累了许多行之有效的治理经验。②

1. 完善协会章程，严格按章程规定操作。钟表协会的章程规定了协会各机构的权力和职责，并规定了内部规则和制度。协会坚持按时召开会员（代表）大会，会员的作用得到充分发挥，会员利益得到有效保障。

2. 构建合理的组织架构。协会建立了比较合理的组织架构（如图5–1所示）。

一是会员代表大会是钟表协会的最高权力机构。二是会长与秘书长职

① 《深圳市钟表行业协会》，2018年2月21日，见http：//www.szwa.com/aboutus-detail-12.html。

② 参见黄少卿、浦文昌《“民间商会法人治理研讨会”会议综述》，《经济社会体制比较》2012年第4期。

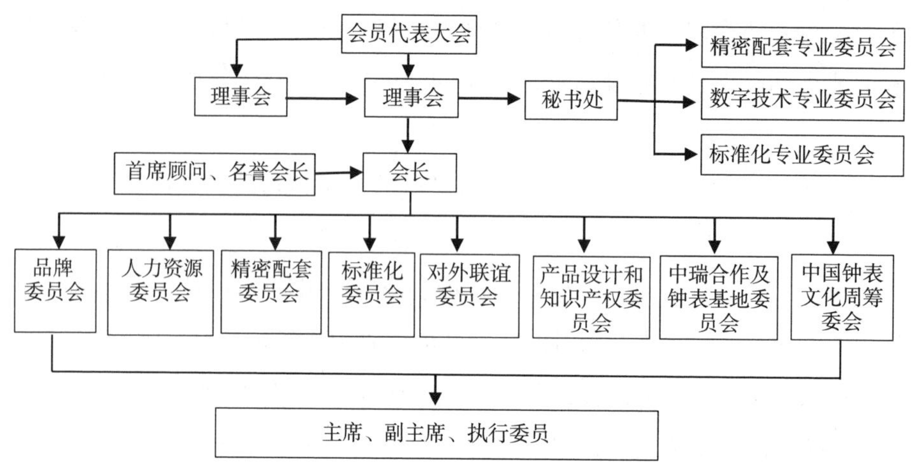


**图 5–1　深圳市钟表协会组织架构**

资料来源：《深圳市钟表行业协会》，见 http：//www.szwa.com/aboutus-detail-15.html。

责规范清晰，严格按照章程开展工作。三是完善的理事会内部构架，设 11 个专门委员会，明确理事的职权。建立理事会守则，理事必须参与各个委员会的具体工作，且只限本人参加，不能委派代表，并且每年在会员代表大会上公示所有理事参加会议、活动和工作的考勤。四是秘书处负责协会日常工作，执行理事会的决议，协助各委员会开展工作，对理事会负责，在人、财、物等方面均按照制度化、企业化管理的模式运作。五是设立监事会，负责监督理事会和秘书处对会员大会的各项决议执行和落实情况。当前，协会的服务平台和项目与理事会各委员会相互交织成一个矩阵式组织架构。

3. 强化制度建设。一是民主选举制度。协会坚持“自选理事、自选会长、自筹资金、自聘人员、自主会务”的原则，实行民主差额选举。会长、理事、秘书长都实行差额选举，当场发表竞聘演讲、公布选举结果，超过会员代表数量半数的当选。各候选人都应承诺“无论当选与否都要支持协会的工作”。

二是议事与决策制度。钟表协会规定会员代表大会每年至少召开一次，理事会每年召开至少两次，另外召开两次常务理事会或会长联席会议；监事会须至少每半年召开一次。会员代表大会召开须有全体会员的 2/3 以上出席，章程的制定或修改应经参会会员的三分之二以上表决通过；其他事项应经参会会员半数表决通过。理事会表决结果须经 1/2 的参会理事通过才能生效。

三是人事管理制度。协会工作人员全部是社会招聘，现有专职人员 30 多名，其中具有本科以上学历或中级以上职称的工作人员达 50%。秘书处于 2002 年制定了《员工手册》，明确了人力资源管理和员工福利制度等。

四是激励与约束机制。协会实行三三制晋升制度：上一届理事可竞选本届常务理事；上届常务理事有资格竞选副会长，上届副会长可竞选会长。理事会工作守则规定“理事必须参与协会各项委员会的具体工作，必须亲自参加，如果缺席超过一半会被请辞”。协会还强调建立学习型组织的重要性，通过培训和学习来提升协会的可持续竞争力。

五是财务管理制度。秘书处设会计和出纳职位，会计工作人员须具有会计从业资格证书以及相关学历。财务人员须接受会员大会和监事会的监督。秘书处负责筹集协会所需经费，其中会费占 15%、技术服务费占 25%、信息服务费占 20%，推广服务或展览费用占 40%。

六是设立监督机构。钟表协会早期在内部设立了临时监督委员会。随着协会内部治理结构的不断完善，协会又设立了独立的监事会，设监事 5 名，包括 1 名监事长。会员代表大会选举产生监事会，负责会员代表和理事资格的确认，监督选举和罢免程序以及理事会职责履行情况，检查协会的财务和会计资料，列席理事会、常务理事会、协调内部矛盾等等。

此外，钟表协会还比较注重信息公开，协会章程中明确规定“会员代表大会的决议事项应形成会议纪要，向会员公布”。

（三）市场内生型行业协会治理结构的经验借鉴

市场内生型行业协会能够快速发展的关键在于坚持自主办会，以为会员服务为核心，能为企业创造价值。市场化发展使市场内生型行业协会有动力不断完善治理结构，适应市场发展的现实需求。对于政府主导型行业协会而言，淡化行政色彩、走市场化道路是改革和发展的趋势。为此，在治理结构建设上，一是要保证会员代表大会有重大事项决策权，能有效监督和制衡理事长，深入推进去行政化，构建合理的法人治理结构。二是制定和完善各项治理制度，落实民主自治。企业家要养成民主决策的习惯，养成尊重集体决策的习惯，使遵守规则和制度成为企业家的习惯。三是重视监督机制建设，完善监督制度。信任不能代替监督，没有监督的权力容易失去方向和目标，通过监督将权力关进制度的笼子中，规范权力的运行机制和轨迹。

市场内生型行业协会的治理结构逐渐完善，但协会的党建工作相对来说仍是薄弱环节，应进一步完善党组织建设，发挥党组织的引领和指导作用，保证协会发展方向不偏离其宗旨。

## 二、不同类型法人治理结构的经验总结与借鉴

组织需要一定的结构来维持有效运转，治理结构是组织发展的基础保障。公司、基金会、事业单位、民办非企业单位等都是独立的法人，应建立合理的法人治理结构。我国《民法总则》将法人划分为营利法人、非营利法人以及特别法人三大类。营利法人是指“以取得利润并分配给股东等出资人为目的成立的法人，包括有限责任公司、股份有限公司和其他企业法人等”。非营利法人指“为公益目的或者其他非营利目的成立，不向出资人、设立人或者会员分配所得利润的法人，包括事业单位、社会团体、基金会、社会服务机构等”。法人应当依法成立，应当有自己的名称、组织机构、住所、财产或者经费。对法人而言，要合理分配剩余索取权和控制权，必须具备一定的机构和规则。不同性质的法人在治理结构的要素上存在很大差别，如表5–2所示。

**表 5–2　不同法人治理结构要素差异**

| 比较项目 | 公司法人 | 非营利组织法人 | | | |
|---|---|---|---|---|---|
| | | 基金会法人 | 社团法人 | 民办非营利法人 | 事业单位法人 |
| 收入来源 | 营利性收入 | 捐赠者（个人、机构） | 社团成员和经营性收入 | 组织设立主体、捐赠者和经营性收入 | 政府、捐赠和经营性收入 |
| 资产属性 | 私有资产 | 共有资产 | 私人资产 | 国有资产 | 私人资产 |

续表

| 比较项目 | 公司法人 | 非营利组织法人 | | | |
|---|---|---|---|---|---|
| | | 基金会法人 | 社团法人 | 民办非营利法人 | 事业单位法人 |
| 监督主体 | 股东 | 政府、捐赠者、公共媒体、理事会 | 社团成员、政府 | 理事会、政府相关部门 | 政府、公共媒体 |
| 受益群体 | 股东和债权人 | 特定群体 | 社团成员 | 特定群体 | 特定群体 |
| 领导人任命主体 | 董事会 | 理事会 | 社团成员 | 组织设立主体 | 政府 |
| 被监督主体 | 经理人员 | 理事会、领导人 | 领导人 | 领导人 | 领导人 |

资料来源：参见钱颜文、姚芳、孙林岩《非营利组织治理及其治理结构研究：一个对比的视角》，《科研管理》2006 年第 2 期。

下文选取公司、基金会、公共事业单位三种类型法人的治理结构进行比较分析，总结这些法人在治理结构建设中的成功经验，并借鉴相关经验优化政府主导型行业协会治理结构。

### （一）公司治理结构的经验启示

公司治理结构指为了实现公司法人的自我约束、相互制衡，拟定治理主体之间就体现其现存法人利益的权利与义务所做的预先调控机制①，是为了解决现代公司中广泛存在的委托—代理问题，使代理成本最小化，提高企业的经营绩效而设计的一套相应的制度安排。公司治理结构主要解决两个基本问题：一是从制度上保证所有者（股东）的控制权与利益，协调股东与企业的利益关系，避免企业被内部人（即管理者）所控制；二是协调企业内各利益主体的关系。目前，主流的公司治理结构主要有三种模式：经营阶层主导模式、股东决定相对主导型模式以及共同决定主导型模式。②

我国《公司法》规定公司法人治理结构包括股东会、董事会、监事会

① 参见杨震《论我国公司法人治理结构制度的完善》，《中国法学》2003 年第 1 期。

② 参见梅慎实《现代公司治理结构规范运作论》，中国法制出版社 2002 年版，第 225—236 页。

以及高层经理人员组成的执行机构，并明确了这四种机构之间的权责分配及相互制衡的关系。① 股东大会是最高权力机构；董事会由股东大会选举产生，负责制定重大决策，聘用、解雇经理人员；经理层是法人治理结构中的执行机构，负责对公司日常具体经营事项的管理。另外，公司法人治理结构一般设有监事会，由股东大会选举产生，负责对董事会和经理层进行监督。

一般而言，公司治理结构既包括“物理层次”的组织架构及配套机制和规则，又包含各利益主体权力、责任和利益有效的制衡关系。总之，完整意义上的公司治理结构包含四个方面的含义：是一种安全机制、经营机制、监督机制及规范机制。②

目前，公司是营利性的组织法人，治理结构已较为完善，可为行业协会治理结构的优化提供宝贵的经验。

一是行业协会与公司相似，都是我国《民法总则》中规定的法人的一种，都面临因所有权与经营权分离而产生的委托代理问题。因此，行业协会可以借鉴公司的治理结构，对会员（代表）大会、理事会、监事会、秘书处等部门进行合理划分，分别对应权力机构、决策机构、监督机构以及执行机构，并形成相互制衡的关系，确保会员（代表）大会的最高决策权，保证理事会的民主决策权和执行权，保证监事会独立的监督权力。

二是注重董事会（理事会）的代表性和有效制衡。企业一般都要安排法定人数的职工代表进入董事会和监事会，以增强董事会的代表性和有效制衡，加强对董事会的监督。为了提高其代表性和决策的科学性，行业协会的理事会应吸引更多不同类型的人或团体进入理事会，除了大企业、政府部门领导和专家等，还应增加中小企业代表、其他利益的代表者的数量，

三是重视与利益相关者关系的协调。企业不能忽视利益相关者的影响，需要处理好与其利益相关者的关系，与不同利益群体合作，构建一个共同参与的治理结构。行业协会也是一种外部依赖型组织，其协调和自律职能使其

① 参见路漫、姚秀萍《论我国公司法人治理结构的完善——基于公司经理人和公司法人结构的比较分析》，《河北工程大学学报》（社会科学版）2016 年第 3 期。

② 参见杨震《论我国公司法人治理结构制度的完善》，《中国法学》2003 年第 1 期。

必须处理好与利益相关者的关系。

四是重视监督机制的执行性。为了有效预防董事会与监事会的合谋，企业非常重视监督机构的独立性，一般企业都设立独立的监事制度，并且规定监事不能担任过公司董事或高级经理等。

五是重视对经理层人员的多样化激励。行业协会的非营利性决定了对秘书长以及工作人员的激励不可能以物质激励为主，应借鉴企业对经理层管理人员的激励方式，完善协会的激励机制，激发协会工作人员的热情。

然而，与公司相比，行业协会治理的结构更为复杂。公司治理结构源于公司营利性以及“两权”分离与独立。行业协会是非营利的，没有所有者，每个会员地位是平等的，不能像公司股东那样根据股权来表决投票，缺乏对理事会权力进行监督的直接动力。虽然规定会员的地位是平等的，但现实情况还是有规模大的企业主导协会内部权力的情况，破坏了民主治理。

（二）基金会治理结构的经验及启示

组织治理是基金会发展建设中面临的核心问题。随着基金会管理的规范化，基金会也在逐步建立完善的治理结构。对基金会治理结构进行规定的文件主要有2016年民政部发布的《基金会管理条例（修订草案征求意见稿）》。基金会的治理结构包括理事会、监事会和执行机构，其中，理事会是最高决策机构。理事会依附行使章程规定的权力，控制和监督基金会的运作，对内确保基金会高效行使权力，对外代表整个基金会，开展相关业务；监事会代表受益人对受托的资产进行监督，如果受托人违规处理资产或受益人的利益受到损害，有权实施制约行为；秘书处是执行机构，秘书长是由理事会选定的专职工作人员，承担具体工作的执行责任，对理事会负责。

以中国青少年发展基金会为例，该基金会成立于1989年3月，是以促进中国青少年教育、科技、文化、体育、卫生、社会福利事业和环境保护事业发展为宗旨的全国性非营利社会团体，是一家5A级基金会。基金会章程对组织性质、组织结构、负责人的权利和义务以及财产管理等作了明确规定；机构设置包括理事会、监事会、秘书处、监事和党组织（如图5–2所示）。除了比较完备的组织机构，基金会还制定了完善的管理制度，如财务

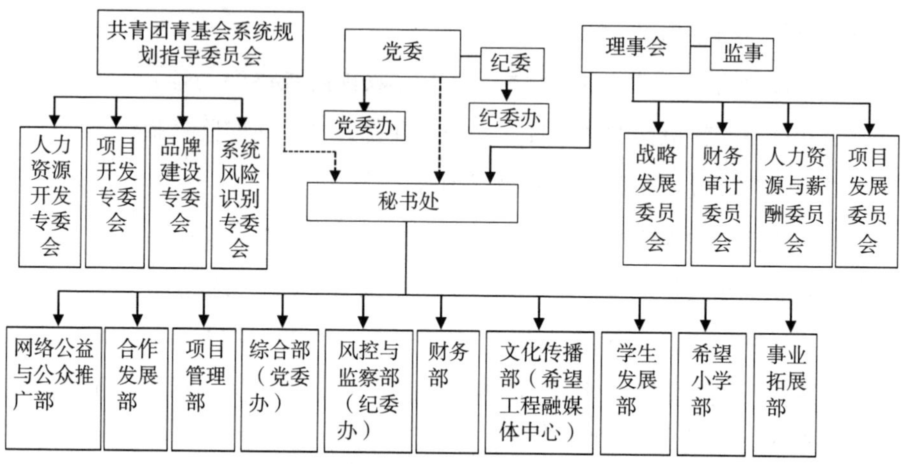


**图 5–2　中国青少年发展基金会治理结构**

资料来源：《中国青少年发展基金会》，2018 年 4 月 30 日，http：//www.cydf.org.cn/Abouts/。

管理制度、投资管理制度、项目管理制度、员工聘用管理制度、商标授权管理制度、档案管理办法和固定资产管理办法等。

基金会完善其治理结构的有效经验可以概括为以下几方面：

一是形成有效的制衡关系。在基金会法人治理结构中，其权力制衡关系是由控制权、监督权、管理权所构成。① 控制权是指决策层控制执行层的管理行为；监督权重点是对管理层进行有效监督；管理权主要指执行层通过有效的管理和运行实现组织目标。完善基金会法人治理结构，要厘清这三种权力的边界及重心。

二是比较重视监事会的法律地位，积极扩大监事会的职权。相比较而言，基金会因缺乏会员的监督，对监事会的监督更为依赖。

三是吸收专职工作人员代表进入理事会是基金会法人治理结构完善的创新之举。选举员工代表进入理事会，有助于理事会充分了解事务的具体执行情况，也有助于员工理解理事会决策的内涵。

与基金会类似，行业协会也存在所有权缺失问题，协会内部权力的分

① 参见李莉、陈杰峰《中国公益基金会的法人治理结构及其体制创新》，《广西经济管理干部学院学报》2009 年第 4 期。

配主要是对决策权、监督权和执行权的合理划分，形成相互制衡的关系。目前，政府主导型行业协会多数未设立监事或监事会，而是由理事会执行监督，致使对协会的监督缺位。可借鉴基金会的经验，健全监督机构、完善监督制度，约束领导层与执行层的行为。在理事的人选上，也可尝试让专职工作人员进入理事会，既能增强理事会的代表性和专业性，也可对专职工作人员起到有效的激励作用。

（三）公共事业单位治理结构的经验与启示

事业单位法人治理结构是我国实施事业单位分类改革对事业单位管理体制和运行机制的创新，是一种相对比较先进、比较科学的管理构架和管理模式。《关于分类推进事业单位改革的指导意见》（2012 年）提出“要建立健全事业单位法人治理结构”。事业单位组织机构包括理事会及其领导下的管理层。① 理事会负责重大决策，并监督运行；管理层负责日常管理工作。事业单位的理事包括内部理事和外部理事两种，通常外部理事占大多数，能够对内部理事起到有效监督作用。② 除了组织机构设置，事业单位还制定有组织章程和一系列管理制度，如决策失误责任追究制度、绩效考评制度、重要信息披露制度等。

具体而言，事业单位在不断完善其治理结构过程中积累了一些宝贵的经验。一是重视章程的引导作用。事业单位的章程是依照范本，结合单位实际情况起草的，章程草案由理事会审议通过，经举办单位同意后报登记管理机关备案。章程具有合法性和一定的统领性。二是重视理事会建设。我国现有的事业单位所有制结构较为单一，无须明确股权结构，并且绝大部分是以国家投资举办的，适合构建以理事会为中心的法人治理结构。③ 理事会是决策机构，负责本单位发展规划、章程拟订和修订、财务预决算等决策事项，

---

① 参见岳云龙、陈立庚《事业单位法人治理结构问答（1）》，《中国机构改革与管理》2012 年第 5 期。

② 参见岳云龙、陈立庚《事业单位法人治理结构问答（4），事业单位与公司在法人治理结构方面有哪些不同?》《中国机构改革与管理》2013 年第 2 期。

③ 参见李治燕《建立和完善事业单位法人治理结构的途径》，《现代企业》2016 年第 3 期。

履行人事管理和监督职责。此外，事业单位还制定有聘任理事参与治理等全新的制度。三是事业单位一般不设监事会。① 是否设置监事会，是事业单位与其他类型法人的一个重要区别。事业单位不设监事会是普遍情况，设监事会是特殊情况。四是重视决策机制的完善。事业单位理事会一般由政府、其他事业单位、社会公众的代表组成，并保持各方代表数量的比例，以体现不同利益相关者之间的平衡。理事会执行票决制，每个理事拥有相同的表决权，确保决策能够符合多数人的意愿。五是事业单位虽然不设内部监督机构，但非常重视外部监督。事业单位一般都涉及公共利益，受到社会各方面关注，通过加强外部监督，强化对事业单位理事会和管理层的监督。

事业单位通过建立法人治理结构，明确理事会的决策监督地位，负责本单位的财务预决算、发展规划、章程拟订和修订及重大业务等决策事项，同时作为监督机构监督本单位的运行。同时，也通过吸纳外部利益相关者参加理事会，进一步强化事业单位的公益属性。事业单位法人治理结构的建立通过章程及相关配套制度，明确管理层和理事会的运行规则和职责权限，提高组织运行效率。事业单位作为真正独立的法人实体，通过建立法人治理结构自我管理、自主发展。因此，行业协会也可借鉴事业单位的制度规范及组织架构。具体而言：首先，对行业协会而言，章程的建设具有非常重要的作用，在章程的设置上应突出协会的特性，突出章程对行业协会治理的统领地位，构建以章程为核心的内部法人治理结构。其次，理事会建设及其决策机制的完善是行业协会有序运行的保障，应给以足够重视。再次，在完善行业协会内部监督的同时，也应重视行业协会的外部监督，积极鼓励外部利益主体参与到对协会的监督中。事业单位通过外部监管和内部制衡相结合，以达到规范事业单位行为的目标。

#### （四）不同类型法人治理结构的总结

综上所述，以上三种法人类型的治理结构都是基于分权制衡原则设置

① 参见岳云龙、陈立庚《事业单位法人治理结构问答（8）：为什么事业单位法人治理结构中一般不设监事会?》，《中国机构改革与管理》2013 年第 6 期。

的组织架构和制度安排。作为营利法人的企业与作为非营利法人的基金会、事业单位与行业协会在治理结构上也存在一定差别。不仅如此，基金会、事业单位及行业协会的治理结构也有所不同。

一是基金会缺乏所有者，没有公司治理结构中股东参与监督的动力。与行业协会相比，基金会没有会员，只对社会公益负责，更需要有效的外部监督，而且理事会与秘书长之间的权力制衡关系更为突出。

二是事业单位治理结构是建立在服务原则和公共利益基础上的。与企业相比，事业单位投资人是虚拟的，因此事业单位必须采用代理人协商制度，更加强调组织架构以执行层为中心。事业单位治理结构是实体化的，连续性的活动，基本上完全由公共财政支持，不依靠利益驱动，组织创收能力不强，对组织内部监督的要求相对来说没那么强烈。

三是在制度设计上，三种类型法人的治理结构都需要具备完善的监督机制，以防决策权和管理权被少数人滥用。但在监督机构的设置上，不同类型法人的治理结构要求有所不同，例如，公司治理结构有的设监事会，有的设置独立董事执行监管职责；我国基金会一般要求设立监事会（监事）；而公共事业单位一般不设监事会。基金会是非会员制，调整的是财务之间的关系，行业协会调整的是组织或人之间的权力与利益关系，最高权力机构是会员（代表）大会。两者在权力机构和监督机构以及理事会的设置上还存在一定的不同，在政府主导型行业协会治理结构建设中，应与组织实际情况相结合。

不同类型的法人虽然在治理结构上有一定差别，但在组织架构和运行规则等方面存在诸多相似之处。例如，章程都是治理结构的核心，完备的管理制度是治理结构有序运行的保障。而且，它们都面临类似的问题，如治理结构形同虚设、章程的制定难以摆脱模式的束缚、基本制度作用发挥不明显、管理机制不健全等问题。这些问题的解决经验对优化和完善行业协会治理结构具有借鉴意义。

## 第二节 行业协会治理结构的国外经验与借鉴

发达的市场经济和完善的法律法规，使国外行业协会的制度建设相对成熟。依据国家法律、行业协会体制以及行业协会与政府关系，国外行业协会一般划分为三种类型：以英美为代表的自由市场模式；以法德为代表的指导模式；以日韩为代表的混合模式①，具体如表 5–3 所示：

**表 5–3 国外三种模式背景下行业协会的特征比较**

| 比较项目 | 自由市场模式 | 指导模式 | 混合模式 |
|---|---|---|---|
| 适用法律 | 无商会法 | 有特别的商会法 | 有商会法 |
| 法律地位 | 私法法人 | 公法法人 | 公法法人 |
| 会员 | 自愿入会 | 所有企业、经营者强制入会 | 自愿入会，强制企业在工商会注册但不要求取得会员资格 |
| 地区划分 | 无地域限制 | 实行一地一会 | 实行一地一会，但管辖地域不重复 |
| 监管方式 | 无监管 | 由联邦政府进行注册和检查 | 由贸易和工业部负责监管 |
| 自治功能 | 有辅助性法规和年度计划 | 在制定地区内维护会员利益。通过提议、专家意见方式支持和给行政当局提建议 | 在制定地区内维护会员利益。通过提议、专家意见方式支持和给行政当局提建议 |
| 授权功能 | 无 | 职业培训、签发原产地证明、企业注册 | 有政府机构委托的活动，管理特定商业者及其企业登记注册 |
| 会费 | 按章程由董事会决定收取 | 税收附加或强制征收 | 按章程收取、也可征得监管部长同意向企业征收 |

① 参见范丽珠、徐建、王甫勤等《海外国家和地区行业协会发展模式研究》，《云南大学学报》（社会科学版）2007 年第 3 期。

续表

| 比较项目 | 自由市场模式 | 指导模式 | 混合模式 |
| --- | --- | --- | --- |
| 内部组织 | 董事长为最高领导，会长负责日常事务 | 会员代表大会、理事会，会长代表协会，总经理负责日常事务 | 会员代表大会、理事会、秘书处组成，秘书处负责日常事务 |
| 领导产生 | 董事会由全体会员选举产生，董事长由董事会选举产生 | 全体代表会员选举代表参加，人数权重依据行业重要性确定，会长和副会长由代表选举产生 | 代表大会由会员和其他代表选举产生、会长由全体代表大会选举产生，执行委员会从代表大会代表中选出 |

经过长期的市场化发展，国外行业协会逐渐形成了规范有序、运作有方的治理结构，在行业中拥有很高的威望，且受到企业的认可和信任。与之形成鲜明对比，我国行业协会正处在不断市场化、与行政机构脱钩的过程中，治理结构的缺陷不断暴露。因此，考察国外行业协会治理结构对中国行业协会完善其治理结构具有参考和借鉴价值。

## 一、国外行业协会内部治理结构

国外行业协会的组织结构与现代企业的治理结构相似，通常包括会员（代表）大会、理事会、监事会等机构。会员（代表）大会是最高权力机构，理事会是决策和执行机构。监事会是行业协会的监督机构，具有独立性。理事会下设秘书处，负责处理日常事务。协会还成立各种专业委员会，提高专业化服务能力。有些行业协会按照地区、产品、经营方式与专业或地区综合性经营划分为若干分支机构。虽然行业协会的组织架构相似，但由于各国文化背景和国情的差异，不同模式下行业协会的内部机构设置和治理制度也有一些不同特点。

### （一）机构设置

#### 1. 指导模式下行业协会机构设置

指导模式下的行业协会内部治理结构比较规范（如图 5–3 所示）。欧洲大陆国家没有专门关于行业协会的立法，所有行业协会都是根据民法设立的。例如，法国设有《协会法》，但其立法依据是民法典，规定所有协会组织都为私法法人，并对协会的组织结构作了明确规定。① 德国和法国的行业协会以全体会员代表大会作为最高权力机构，一般实行间接选举制度、理事会制度。协会根据具体情况设置会长、理事长等，从会员企业中选举产生。

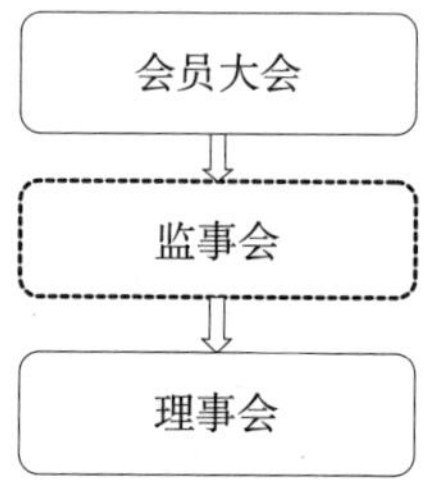


**图 5–3　指导模式下行业协会组织架构**

资料来源：徐虹、刘海玲：《转型期中国旅游行业协会法人治理机制研究——基于全国 31 个省、市、自治区的调研》，《旅游学刊》2016 年第 5 期。

德国行业协会一般由全体代表大会选举产生理事会，理事会选举产生主席、副主席和总经理（总干事）等，总经理负责日常管理工作。如德国汽车工业联合会（Verband der Automobilindustrie）的最高权力机构是全体会员大会，执行机构是理事会和委员会，理事会共有 23 名成员，下设 3 个业务组，每个业务组都有一个总经理，负责协会日常事务。②

法国通过行业协会的章程来控制其内部管理。行业协会代表大会的代表人数为下属行业门类数目，其成员可以等于或多于代表大会人数。在理事会之下设协会办公室，办公室设秘书处，由秘书长管理协会具体事务，秘书处工作人员都为聘用制，均为非受薪者。

澳大利亚的行业协会内部治理结构也属于这种模式。行业协会的章程由会员代表大会制定并讨论通过，对组织机构和制度以及所有会员企业都具有约束力。协会都设有理事会作为最高决策机构，协会可聘任也可选举产生

---

① 参见浦文昌《国外商会行业协会的体制比较和借鉴》，《中国商会发展报告 No.1（2004）》2005 年，第 833 页。

② 《德国汽车工业联合会》，2017 年 12 月 5 日，见 https：//www.vda.de/en/association/organization/organizational-chart.html。

执行主席或总裁，领导协会、管理日常事务。以澳大利亚维多利亚州工商雇主协会（Victorian Employers' Chamber of Commerce and Industry，VECCI）为例，先由会员大会推选30位比较有影响力、有实力的企业领导人形成顾问委员会，然后再由顾问委员会推选8名成员组成协会的最高领导机构——理事会，并由其任命总裁1名，管理协会事务。[①] 协会内部还设有协调部、会员部、培训部、贸易部以及咨询部五个部门。

2. 自由市场模式下行业协会机构设置

自由市场模式下的行业协会治理结构比较多样化，行业协会可以依据协会章程自行决定组织架构。英国、美国行业协会多数实行会员代表大会制，也有少数按照公司的方式组建，特别注重董事会的作用，形成与有限责任公司相类似的组织结构。[②]

自由市场模式下，行业协会的组织结构通常也由会员（代表）大会、董事会和执行委员会等组成（如图5–4所示）。会员大会是最高权力机构，由会员企业代表或全体会员企业参加。董事会下设执行委员会，主席、副主席、财务官和会长都是董事会成员，董事一般由在行业内有影响力的人士担任。董事会成员任期一般3年，最多只能连任二届，但在卸任一年后可再次当选董事。

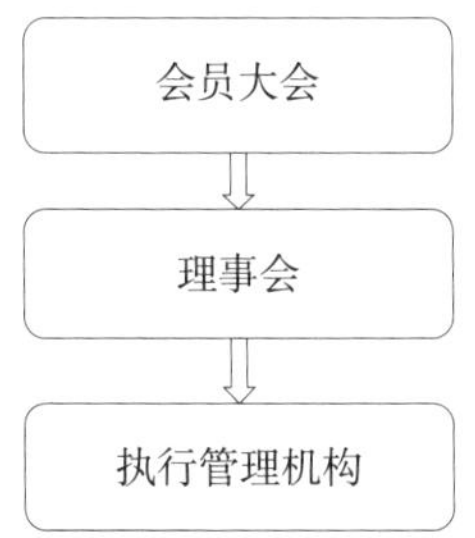


**图5–4　自由市场模式下行业协会组织架构**

资料来源：徐虹、刘海玲：《转型期中国旅游行业协会法人治理机制研究——基于全国31个省、市、自治区的调研》，《旅游学刊》2016年第5期。

① 参见李剑平《行业组织怎样才有生命力》，《企业家信息》2009年第10期。

② 参见浦文昌《国外商会行业协会的体制比较和借鉴》，《中国商会发展报告No1.(2004)》2005年。

例如，美国农产品行业协会的组织架构包括会员大会、董事会、总经理以及运行部门。① 最高权力机构为会员大会，董事会为其决策机构，会员大会从会员企业中选举产生董事会。协会规定董事会会议要定期召开，商讨协会的重大事项，制定和修改协会规章制度，审查会员资格，组织召开会员大会等。董事会聘请专职管理人员负责协会日常管理与经营，聘用的专职人员不是协会会员，董事会负责对其工作进行监督。

3. 混合模式下行业协会机构设置

混合模式下，行业协会组织框架与自由市场模式下的相似，一般由会员大会、理事会和办事机构组成。理事会是最高领导机构，其成员以行业内大企业为主，由会员大会选举产生。协会设有日常办事机构，并配有专职工作人员，负责处理协会事务。例如，日本汽车制造商协会的机构设置包括会员大会、董事会、执行委员会。② 协会的最高权力机构是会员大会，协会的所有活动都是在执行委员会的领导下进行。协会的主席来源于 15 个会员企业的首席执行官，副主席向主席负责，并由其中 1 名担任会长，1 名担任行政总理事，会长和秘书长等人员皆由成员选出。协会主要机构有管理部、公共关系部、计划与协调办公室、环境部、经济研究部、国际部、商务部、交通事务部、部件与材料部、技术部等。再如日本铁钢联盟的机构设置包括总会、理事会和运营委员会，运营委员会下设总务委员会和市场委员会，总务委员会下又设 21 个专业委员会。协会还设有监事 4 名，负责协会内部监督。③

（二）治理制度建设

组织的高效率运作不仅有赖于机构的科学设置和责权的合理划分，更重要的还在于运作及管理制度。行业协会的治理制度是解决协会内部利益的

---

① 参见吴佩玉、蔡建华《美国农产品行业协会成功的治理经验及启示》，《科学与管理》2014 年第 5 期。

② 《日本汽车制造商协会》，2017 年 12 月 2 日，见 http：//www.jama-english.jp/about/intro.html。

③ 参见中国钢铁工业协会中外行业协会管理体制研究课题组《借鉴日本行业协会经验完善我国行业协会建设》，《中国钢铁业》2010 年第 10 期。

协调及整合问题的主要途径，是确保协会高效运行的重要保障。行业协会的内部治理制度包括民主选举制度、民主决策制度、监督机制、激励机制以及运行（执行）制度等。国外行业协会的治理制度建设相对比较专业、完备。

1. 民主选举制度

自由市场模式下，会员大会由全体会员或会员代表参加，选举产生董事会，会长、副会长由董事会任命。董事会主席是行业协会经选举产生的最高官员。在指导模式下，全体会员选举代表参加会员代表大会，代表数量的分配依据会员企业的重要性确定，会长和副会长是由理事会选举产生。在混合模式下，理事会由会员和其他代表选举产生，理事会成员以较大型的会员企业为主。会长由代表大会选举产生，执行委员会从全体代表大会的代表中选出。

2. 民主决策制度

民主机制包括民主议事和民主决策机制。国外行业协会的民主化程度很高，政府对其发展不进行干预，由行业协会自主决定协会组织结构的设置、制定章程和治理制度、领导人的选配、专职工作人员的选聘等。行业协会的领导人往往是行业内影响力较大、信誉良好的人，由会员大会选举产生。在议事方面，所有成员都有发言权，不受会员所缴纳会费的制约。理事会作为决策机构，是从会员企业中普选产生，会员几乎都能选出自己的代表，确保协会的章程和管理制度能体现绝大多数会员企业的意愿。这种决策机制确保了行业协会的代表性和冲突的平衡性，由于会员企业的利益得到了有效保证，协会的事务和作用也能得到更好的执行。例如，日本经团联的历任会长都是大企业的领导人，该协会的会长资格还有些不成文的规定，如“年龄长于副会长；需要从副会长中产生，有才能且公司有足够的财力等”①。

3. 内部监督制度

国外行业协会内部一般都有明确的监督，有的由理事会或专门委员会执行监督职能，如自由市场模式下的行业协会；有的设有监事会或监事，专

---

① 参见顾家麒《考察韩国、日本两国行业协会的工作报告（摘要）》，《电器工业》2001 年第 2 期。

门负责对董事会（理事会）的选举、决策、财务状况以及执行机构的执行情况进行监督，如指导模式及混合模式下的行业协会。监事会（监事）由会员（代表）大会选举产生，监事会（监事）的任期与理事会相同，可连选连任。监事有权列席理事会（常务理事会）和会长办公会议，向理事会或会长办公会议提出质疑和整改建议。监事或监事会有权核实会员、理事、常务理事的资格，监督理事会（常务理事会）和秘书处按法规和章程决策、办事，但不参与表决。

4. 内部管理制度

国外多数行业协会都制定了完善的内部事务管理制度。

一是财务管理制度，政府几乎不给行业协会任何资金资助，其经费主要来源于会费和服务性收入。有些行业协会得到政府财政资助，偶尔也接受一定的会员赞助和社会捐赠。会费收入标准一般由理事会决定，坚持以支定收的原则。会费标准并不相同，多数协会以会员年收入为收费基准，也有按定额、销售额、盈利收取，或按照企业的员工人数或在协会中的地位确定。除会费以外，协会的其他收入，如有偿服务、广告、学术活动、出版刊物、会员培训等也是重要的经费来源。财务预算确保收支基本平衡，决算聘请会计师审计，审计结果及时公布。然而，在不同模式下，行业协会的财务管理也有一些不同之处。

指导性模式下，行业协会的经费来源一般比较稳定。例如，德国的一些比较大型的行业协会一般都有相当可观的收入。许多协会一般按照会员企业营业额的 1% 左右的标准缴纳会费，有的按定额或企业盈利收费。例如，杜塞尔多夫工商会的收费标准为会员企业利润的 0.3%，如果当年没有利润，则免收当年会费。① 在德国，行业协会还承担一定的公共职责，政府一般会给予行业协会必要的赞助或税收优惠。此外，德国行业协会还以严密的财务制度提高资金利用率。

① 参见毛俊华、林昕《行业协会法制建设和内部治理结构》，《上海市经济管理干部学院学报》2007 年第 3 期。

自由市场模式下，多数行业协会以会员的年销售额为基准。例如，美国通讯工业协会（ITA）对不同会员类型以及会员企业的销售收入执行不同的会费标准。① 还有的协会按固定标准收取，有些按公司人数多少划分会费档次。此外，各协会会费收入的比例也不尽相同，如全美制造业协会的会费收入在90%以上；美国电子行业协会的收入中会费占55%；美中贸易全国委员会年经费收入均为会费。② 协会经费的另一重要来源是承办国家委托任务的费用以及提供服务收入，如发行出版物、会议、培训、咨询、展览会以及个性化服务等，这些收入同样要纳税。

混合模式下，行业协会经费的主要来源是会费、政府补贴以及服务性收入，但不能使用强制手段。日本行业协会有政府的积极鼓励和支持，其中，政府补贴、会费收入以及服务性收入各占协会经费来源的1/3。③ 政府通过发放补助金的方式补贴行业协会，协会可根据实际情况提出申请，政府审定后划拨。服务性收入包括行业协会举办的展览会、讲座及培训等活动。

二是人事管理制度。国外行业协会非常重视队伍的职业化建设。首先，国外行业协会对专职人员管理的专业化和社会化程度较高。根据协会会员数量，专职工作人员从一名到几百名不等，一般工作人员基本上都是从社会上公开招聘的，素质较高。德国行业协会的领导层和专职工作人员，都是本行业的专家和专业人士，许多都是高学历，具有较高的敬业精神和专业水平，同时向政府反映会员的利益诉求。英国行业协会的秘书长是由理事会聘用的专职工作人员，可以被多次聘用，没有年龄限制。秘书长应比较熟悉行业情况，并具有管理经验，而且拥有与政府沟通的渠道。此外，行业协会对秘书处从业人员的要求也比较高，基本上为某方面的专家或专业人员，学历

---

① 参见浦文昌《国外商会行业协会的体制比较和借鉴》，《中国商会发展报告 no.1.2004》，2005年。

② 参见《美国商会团体的六个特点》，2006年11月3日，见 http：//www.fctacc.org/7307.html。

③ 参见毛俊华、林昕《行业协会法制建设和内部治理结构》，《上海市经济管理干部学院学报》2007年第3期。

基本在大学本科以上。协会给工作人员的待遇也比较优厚，能基本与大企业相同岗位人员持平，普遍高于同级政府和小企业工作人员薪资水平。因此，行业协会的工作人员的责任心较强，对协会有较高的忠诚度。美国协会平均约有 200 名工作人员，小的也有近 50 人，平均年龄在 35 岁左右，其中研究生、本科生学历人员比例为 3 : 7，工作人员包括法律、社会学等必备专业人才。①

其次，国外行业协会专职人员的配备会根据客观需要和业务变化及时调整。例如，德国工业联合会依据协会业务变化，对人员数量及时调整，从 300 名精简到 150 名。② 而且，为了防止行业协会过于行政化，国外行业协会一般不聘用公务人员。行业影响力大的政府官员一般作为协会的顾问，而不能担任实质性职务。美国行业协会均设有高效职能部门，专、兼职人员精干；瑞典企业联合会有 21 个内设机构，遍布全国各地，拥有 170 名专职人员③，这些机构和人员配备都根据行业协会的业务需要不断调整。

## 二、国外行业协会外部治理结构

### （一）外部监督关系

首先，指导模式下，对行业协会的监督主要是立法监督。一是对于行业协会的设立和行为的监管。例如，法国《1884 年法》（即“关于协会的法”）及其后来的各次修订政令是成立各种行业协会的法律依据。④ 二是对协会实行分类管理。例如，法国政府对不同类型行业协会采取不同管理办法，如很少干涉以中小企业为主的协会，较多干预以国有企业为主的协会；对竞争性企业的协会采取宽松管理的办法，对垄断性国有企业形成的协会进行严格管理。三是实行“登、管”分离。德国依靠市场的宏观调控对行业协

① 参见杨伟娜、董雨《市场经济的第三部门：协会（下）》，《中国审计》2003 年第 10 期。

② 参见徐家良《行业协会组织治理》，上海交通大学出版社 2014 年版，第 158 页。

③ 参见左丽华《瑞典行业协会的运行机制》，《中国商人》2011 年第 2 期。

④ 参见《法国行业协会概况》，2002 年 9 月 19 日，见 http：//fr.mofcom.gov.cn/aarticle/jmjg/zwshanghui/200209/20020900041063.html。

会的监管，依靠法律法规予以规范，政府只负责登记，然后协会进行自主管理，政府不过多干预。《联邦德国结社法》（1964 年）对社会组织的处罚方法作了详细、明确规定。①

其次，自由市场模式下，唯一的监督是来自法律监督和免税条款的监督。在这种模式下，对协会的监管比较宽松，监督机构和监管办法都未明确规定。协会如果触犯了法律，就会受到起诉；如果违反了免税的有关规定，就享受不到免税待遇。采取这种监督方式的原因在于：一是协会的独立、自主，使其与政府之间不存在依赖关系；二是协会具有较高的责任感，完全没有必要采取严格监管。

最后，混合模式下的行业协会只接受法律的监督。日本协会是代表企业利益的自治组织，只接受法律的监督，只要不违法，就能独立自主地活动。对行业协会的法律监督主要体现在减少经济性规制、加大社会性监管。协会要按照相关法律设置法人机构、制定组织章程和运行规范，同时还要符合政府的政策方针。

### （二）与外部利益主体的互动关系

国外行业协会的成立方式主要有两种②：一种是登记制，如日本的法律明确规定，协会成立时必须在政府部门登记，获得批准之后才能正式运营。另一种是追惩制，如英国等国家强调结社自由，行业协会不用在政府机关登记，只在出现违法行为时，政府才会采取干预措施。政府一般不直接与企业接触，而是通过协会了解行业及企业的发展情况。从政府与行业协会的关系看，国外对行业协会的管理模式主要有民管模式、民办官助和官民共管模式。③ 美、英基本上都按照企业模式来管理，不干预协会的日常运作，是一种完全自由分散的行业自律，即“民管”模式。④ 德国是一种大企业主导、

① 参见刘燕《国外行业协会发展监管的经验及启示》，《中国社会报》2014 年 7 月 21 日。

② 参见吴文洁《国外农业行业协会的发展及启示》，《西安石油大学学报》（社会科学版）2006 年第 1 期。

③ 参见张冉《行业协会能力建设》，上海交通大学出版社 2013 年版，第 53—58 页。

④ 参见康宛竹《行业协会的国际比较与借鉴》，《经济研究导刊》2009 年第 5 期。

中小企业积极参与，政府支持的民办官助模式。法国也属于政府与协会紧密结合的管理模式。日本是政府积极推进的行业自律模式，属于官民共管模式。也有学者从行业协会与政府的关系把国外的协会管理模式划分为“垂直式”和“水平式”两种类型。[①]“垂直式”管理模式的典型代表是日本和德国，该类协会与政府和企业之间是一种协调、合作的关系。“水平式”管理模式主要代表是美国，该类协会比较自主，政府不支持也不干预，自主发展。

## 三、国外行业协会治理结构经验对我国的借鉴

指导性模式下的行业协会治理结构相对比较规范化，市场模式下的行业协会治理结构比较多样化，而混合模式兼具两者的特点。总体而言，国外行业协会的治理结构比较完善，给我们提供了有价值的经验参考。

### （一）国外行业协会治理结构的经验总结

1. 具有较高的规范性。一是各国基本都制定了关于行业协会的法律法规，在行业协会完善机构以及规范秩序过程中发挥着重要作用。法律法规促使行业协会不断完善其组织结构设置、合理制定协会的运行及管理制度，确保行业协会在有效的法律规范下运作。二是治理模式多样化。在名称上，有的称理事会，有的称董事会，还有的称管理委员会。董事会（理事会）规模不一，少则六七人左右，多则数十人。组织架构一般有一个理事会和办事机构。三是理事代表广泛。理事会成员由各方代表组成，能代表广泛的利益要求。

2. 组织化程度较高。一是国外行业协会有比较完整的机构设置。行业协会的组织结构由协会决定，符合法人治理结构标准。行业协会一般都设有会员大会、理事会（常务理事会）等机构。会员大会是最高的决策机构，有最终决策权。理事会由会员大会选举产生，并在会员大会闭会期间行使其职能，并设有秘书处等作为常设机构，处理协会的日常事务。这种“各司其

① 参见徐家良《行业协会组织治理》，上海交通大学出版社 2014 年版，第 154—155 页。

职、各负其责”的结构设置既保证了决策的科学、民主，又有利于协会工作的连续，提高协会效率。虽然在组织机构设置上稍有差异，例如美国一般由会员大会选任产生监事会，对协会财务等重大工作进行监督，而德国一般由会员代表大会行使监督职能，两国治理结构共同之处在于都形成了组织机构间明确的权责关系和相互制约、平衡的格局，保证了权力在各机构中的有效运行。有的协会根据发展需要还设立了各种专业委员会，提升其服务能力。二是国外行业协会一般都制定了比较完善的管理制度，包括选举制度、工作制度、财务制度、纠纷协调制度等。

3. 灵活多样的管理体制。一是单一管理体制，监管方式多样化。只设有登记管理部门，无业务主管机构，通过税务、审计等部门进行监督。二是法律完备，以后置管理为主，法律明确了协会的基本组织制度和形式，使行业协会能够根据需要，灵活自主地发挥自身职能，成为行业管理中的重要主体。三是来自企业单向赋权，自主治理。通过法律明确行业协会的独立自主地位，确保行业协会治理的自主性。

4. 健全的民主机制。美国协会是按照公司化方式来运作决策。美国企业可以自主择优选择加入一个或多个协会，企业入会自愿，退会自由。董事会成员一般都是由在行业内有影响的人士担任，义务服务，不取报酬，任期二到三年，可连任，但只能连任二届。董事会负责审议行业协会的工作计划和年度财务报告，并决定新一年预算方案，聘任总裁。德国企业必须参加行业协会组织，其民主制度较为健全。在议事方面，行业协会所有会员不受缴纳会费多少的制约都可以充分表达意见。在决策方面，决策机构是议会委员会，由会员普选产生。大多数会员都能选举出代表自己利益的委员，因而委员会决策能体现绝大多数会员的利益诉求。

5. 完善的监督机制。国外对于行业协会的监督主要有：法律和政府监管、行业协会自我监督和社会监督三个方面。法律和政府监督主要指通过赋予政府监督权对行业协会的合法性与合理性进行监督。社会监督通过行业协会信息公开进行，虽然不是一种正式监督机制，但可通过社会公众和新闻媒体对协会的关注和监督，促使行业协会自律机制建设。国外对行业协会的社会监督机制比较完整，有专门的民间机构可对任何行业协会进行监督。监事会对行业协会内部的重要运行环节进行监督。

6. 政府与行业协会之间良好的互动。政府的过多干预或行业协会的完全自律都不利于行业协会的发展。法制环境是影响政府与行业协会互动的重要因素。国外一般都制定了适合本国情况的、完善的制度体系。① 此外，从各国政府与行业协会互动来看，两者存在合作的取向。一方面，政府通过职能转变和政府购买服务等方式，对行业协会予以扶持，并逐渐成为行业协会的重要收入来源之一；另一方面，行业协会积极参与公共物品和服务的供给，不断提高组织绩效与服务水平，实现公共目标。

### （二）国外行业协会治理结构对我国的启示

我国行业协会与国外行业协会有共性，也有差别，具体如表5–4所示。

**表5–4 国内外行业协会比较**

| 维度 | 项目 | 中国 | 国外 |
| --- | --- | --- | --- |
| 共性 | 中介性 | 是政府和企业之间的桥梁，中介组织 | |
| | 服务性 | 具有为企业服务和协调的功能 | |
| | 民间性 | 民间组织，会员自愿参加，自治管理 | |
| 差异 | 掌权者 | 公有制的大中型企业领导，或离职的原政府官员担任会长 | 私营企业的大财团主、大企业主担任会长 |
| | 功能 | 偏重于行业管理 | 偏重于与政府对话 |
| | 行业划分 | 按生产性、经营性、服务性分别按系统组织行业协会，会员只有本系统企业，一个企业往往只参加一个行业协会 | 有按企业规模、按经营方式、按企业经营专业、按地区综合性经营等，一个企业参加几个组织 |

资料来源：根据余兴发《浅论行业管理和行业协会》，《财经研究》1995年第7期改编。

我国与国外的行业协会虽然都是具有中介性、服务性和民间性的组织，但我国行业协会治理还有其特别之处，如功能偏重于行业管理、领导人员来自国企或政府部门的较多，而且党组织广泛嵌入到行业协会治理结构中。因

① 参见徐家良《新时期社会组织建设研究》，中国社会科学出版社2016年版，第34—35页。

此，我国行业协会与国外行业协会各有特点，不能照搬国外行业协会的发展模式，但有些成功的经验和做法值得我们思考和借鉴。

1. 行业协会组织机构采取理事会领导决策下的秘书长负责制。行业协会应建立包括会员（代表）大会（权力机构）、理事会或董事会（决策机构）、秘书处或专业委员会（执行机构）以及监事或监事会（监察机构）的内部组织架构。在运行规范上，形成权责明确、相互制衡、运转协调的运行机制，并按照法律、法规和组织章程等予以制度化，构建类似公司的法人治理结构。具体而言，一是将行业协会的决策层与执行层分开，建立会员大会、理事会、会长之间的制衡制度和机制。二是设置监事或监事会，专门负责监督工作。

2. 制定协会章程并严格遵守。行业协会的章程对机构设置以及一系列管理制度都应进行详细和明确的规定，并作为协会一切活动的依据。以章程为纲领，建立包括民主选举、民主决策、监督机制、诚信自律、信息披露及内部管理等各方面的制度体系，推动协会内部治理的规范化。

3. 重视内部制度建设。一是完善民主制度，由会员企业直接选举产生协会决策层，充分代表会员企业的相关利益。通过不同利益群体的广泛参与，确保协会事项决策的代表性和利益的平衡性。二是完善招聘、薪酬、福利、培训等人力资源管理制度，加强人才队伍建设，增强工作人员的职业化和专业化，提升协会的资源获取能力和公信力。三是重视行业协会内部财务管理的制度化建设，规范协会财务管理制度。四是重视行业协会监督机制的建设。以制度约束为主，依靠行业协会的自我监督和社会监督机制，建立相关信息披露机制，加强行业协会的诚信自律建设。

4. 规范行业协会与政府、企业的关系。一是政府把管理企业的方式运用到对协会的管理上。除法律和政策规定的事项之外，不干预协会日常具体事务管理。通过协会建立与企业的联系和沟通机制，了解企业的需求及行业的发展状况。二是政府通过购买服务的方式给行业协会提供资金扶持，但需要对购买服务项目的绩效予以必要的监督管理。三是在政府部门建立专门（或咨询）委员会，吸收协会和企业家代表，通过听证会等方式听取委员会的建议，把行业协会与政府之间的沟通制度化。四是行业协会一般不接受政府的直接赞助，确保公正性、独立性及话语权，对企业的捐赠行为也设有严格的规范。五是通过协会自我监督与外部监督相结合的方式加强行业协会的监督。行业协会本质上是行业内企业维护自身利益的工具，当特殊利益损害公共利益时，国家应依法予以制裁。但并不是说管的越多效率就越高，监管过多会造成高成本，带来监管低效率，只有适度监管，效果才最佳。

5. 正确处理各协会之间的关系。我国各协会之间更像德国和日本的协会组织，严格按照产业和产品的分类设立，形成“金字塔状分布”①。塔基是相互独立的产品类协会，塔尖是产业或行业的总协会，在它们之上是政府的各行业管理机构。政府行业政策的推行，就借助这些协会由上向下传达和实施，而且各行业的利益和诉求也通过这个渠道得以反馈。为了更好地协调各协会之间的关系，应在这种分配格局的基础上融入英美的“星状分布”格局，减少彼此间固定的横向和纵向的正式关系，增强协会之间的竞争。

## 第三节　政府主导型行业协会治理结构的改革：以中国粮食行业协会为例

### 一、中国粮食行业协会简介

中国粮食行业协会②（简称中粮协）成立于1996年，由内贸部批准成立，是由全国粮油骨干企业和相关事业单位、社会团体组成的全国性行业社团组织，拥有会员2470多家。协会坚持民主和企业家办会的原则和方针，以服务为宗旨，努力为会员企业服务，为行业发展服务，为国家粮食安全和宏观调控服务。主要职能和任务包括发挥桥梁纽带作用、加强行业自律、履行服务宗旨以及帮助企业开拓国际市场。登记管理部门是民政部，原主管单位是

① 参见汤蕴懿《行业协会组织与制度》，上海交通大学出版社2009年版，第79页。

② 资料来源：对中国粮食行业协会的访谈及中国粮食行业协会网页。

国家粮食局。

中粮协的组织结构由会员代表大会、理事会 / 常务理事会、秘书处组成。秘书处包括综合处、会员服务处、行业发展处、经济交流处、信息处 5 个部门以及 9 个分会，2017 年，中粮协又将秘书处职能部门扩展到 7 个（如图 5–5 所示）。此外，中粮协还设有一个由 60 多名专家组成的专家委员会。

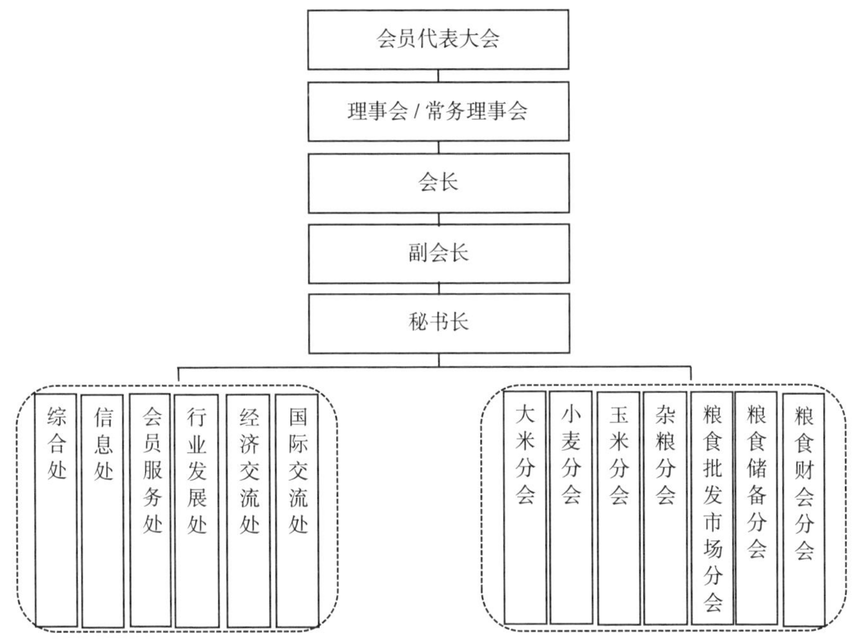


**图 5–5　中国粮食行业协会组织结构**

资料来源：《中国粮食行业协会》，2019 年 1 月 2 日，http：//www.chinagrains.org.cn/wzfcms/html/chinese/234727ab21a141038b9e6a364b0c2238/index.html。

## 二、中国粮食行业协会治理结构的困境

中粮协参加了第一批全国性行业协会与行政机构脱钩试点，并于 2016 年完成脱钩。脱钩给中粮协的治理结构和运行机制提出了挑战，给协会顺利度过过渡期，实现协会成功转型造成困境。

一是标准化的章程的制定束缚协会发展。协会章程的适用性低，协会无法实现依章程自治。完全按照章程规定的程序运作，很难做到合规性与效

率的统一。例如，章程规定协会所有的重大问题都要通过理事会决定，而理事会要有 2/3 以上到场，到场的 2/3 以上同意，决议才能有效。然而，确保合规性就意味着无效率，要求效率就意味着不能完全按照规矩进行。由于缺乏具体指导性，也使协会的章程被束之高阁。协会的某负责人认为，“章程的制定应当遵循量体裁衣的设计准则，在协会章程制定上，应给协会相应的自由，政府制定部门应书面征求协会意见，应当突出协会的个性。民政部的章程只需确保最根本的问题，其他事情可以不限制那么严”。

二是协会秘书处权力过大。负责主持办事机构开展日常工作，组织实施年度工作计划，协调各分支机构、代表机构、实体机构开展工作，决定人员的聘用以及提名副秘书长以及各机构主要负责人等事务。而协会又缺乏有效的监督制度约束秘书处权力的行使，导致实际运行中的治理结构与制度规定的规范的治理结构大相径庭。

三是领导换届选举难题。协会的领导干部在脱钩之前与政府部门有交流，领导干部是由上一届会长提名或是由其主管单位国家粮食局推荐，报民政部门审批。脱钩后，协会的领导层要由选举委员会提名（该协会的提名委员会由 65 人组成），交由机关党委审核把关。由于选拔、任命规则的改变，协会对领导干部的提名、审批和任命该找谁负责比较迷茫，不知该找哪个部门。脱钩过程中，协会的会长、副会长、秘书长、副秘书长都暂时缺位。直到 2017 年 8 月，中国粮食行业协会才经过五届五次理事会选出中粮集团总裁于旭波担任新会长。目前，协会的会长、副会长、监事长基本都为企业家。会长来自国企，是由于民营企业家的影响力和威望不如国企领导，对协会的资源和发展也会有较大影响。如果选私企领导担任会长，那些国有企业有可能选择退会，这对协会造成的损失难以估量。

四是面临人才招聘的难题。脱钩前，国家粮食局会分配给协会一些人才落户和编制指标。脱钩后，协会不能解决编制和户口问题，对人才的吸引力就降低了。而且，协会本身薪资水平和福利待遇就比企业或政府、事业单位人员低，很难吸引优秀人才加入协会。

五是行政支持问题。脱钩前，协会借助行政力量推动工作问题，使某些工作更容易进行。政府的扶持项目还是以前的那些，像政府购买、项目科研经费等，脱钩后并没有新的扶持政策。社会力量能做的，政府应放给社会，降低行政成本。具体而言，应将政府不该做的，如信用评价、职能鉴定等交给协会来做；把政府和协会都能做的，如标准的制定、行业统计等部分转移、双方协作。由国家出台统一的职能转移目录和清单，然后分阶段，逐步推行。然而，一般来说，政府不愿将职能转移给行业协会。

## 三、中粮协优化治理结构的尝试与突破

脱钩给协会发展带来了更多机遇，也倒逼协会完善其治理结构。脱钩后，中粮协积极进行了一系列改革，落实企业家办会、民主办会精神，不断拓展服务空间，完善治理结构，按照共建共享的理念构建协会管理运行新机制，为提升协会的公信力，赢得政府的信任、企业的尊重，开创协会市场化转型的新局面。

一是规范理事会构成，增选和变更理事、常务理事和副会长。脱钩前，理事有 417 名，常务理事 170 名，会长、副会长和秘书长共 22 名。专职工作人员 18 人，2 人退休，而且有返聘的老同志。理事会中有在职公务员、退休未满 3 年年龄超过 70 的人员。2016 年脱钩过程中，共分离出 180 多名理事；副会长原有 20 名，分离出 10 名，又增补 9 名，其中 8 名企业家，1 名政府领导。企业家以国企为主，只有个别民营企业家。2017 年，协会召开了五届五次理事会成功换届，选举出协会的第一位企业家会长。新的理事会成员有 221 名，其中常务理事 74 名，会长 1 名，副会长 8 名，秘书长、副秘书长、总经济师、总工程师各 1 名，理事会的构成更加合理。

二是完善以章程为核心的内部管理制度。2017 年，协会积极建立了新型的管理体制和运行机制，提高了工作效率。例如，完善了用人机制及薪酬管理制度，建立了员工目标管理和绩效考核机制；制订了《中国粮食行业协会会员管理办法》，加强对会员的服务和管理；修订了《中国粮食行业协会分支机构管理办法》，根据新的业态和产业发展状况设立新的分会组织，调整和完善原有分会的定位和功能，完善了会员及分会管理工作；整合网络数

据资源，探索协会网站管理服务的新途径，打造农粮企业信息化服务平台。

三是全面加强秘书处工作团队建设。按照协会未来发展的新要求推动秘书处改革，积极推动秘书处体制和机制改革，调整秘书处机构设置，由原有的五个处调整为综合部、会员服务部、信息部、行业发展部、会展部、法律与培训部、国际业务部七个部，全面提升秘书处服务行业发展的水平和能力。同时，在秘书处推行企业化管理，改革干部任用管理制度，构建新的薪酬管理体系，建立考核约束机制，科学设计任务指标，实行刚性考核，构建进出有序的劳动合同关系。此外，加大制度建设力度，对现有规章制度进行梳理和完善，按照改革要求及时出台新的管理制度，加强人才队伍建设，重点研究完善选人用人、薪酬激励、业绩考核、员工培训、日常管理等方面的制度和办法。

四是巩固现有服务，开辟新的服务领域。如放心粮油工程，引导企业改善管理，加强安全，保障粮油安全，评选安全企业，制定规范，加强宣传；搭建会员平台，促进行业交流；推进信用体系建设，推广信用评价，修订了《放心粮油示范企业认定监管办法》和《放心粮油示范企业质量安全和经营服务管理规范》，对部分示范企业进行实地检查或产品抽查，做好信用评价试点企业年审、复评工作，扩大试点企业范围。召开部分省市协会秘书长工作座谈会、全国放心粮油供应网络建设经验交流会，举办企业经理人培训班，放心粮油示范企业培训班。组织会员企业赴国外参加专业技术及管理方面的培训。

五是以脱钩改革为契机，加强协会的党建工作，落实全面从严治党要求，切实履行职责。首先，做好脱钩后党建关系的衔接工作，保证党组织生活常态化、长效化、制度化。落实协会党组织参与重大问题决策制度，以党建促业务，以业务谋发展、强服务。切实加强党的建设工作，努力营造风清气正、想做事、能做事的环境和氛围。其次，修改完善《中国粮食行业协会章程》，把中国特色社会主义思想确立为协会改革发展的指导思想，把全面加强党的领导和党的建设写入《章程》，把党的领导内嵌到协会管理和运行各个环节。最后，制定出台《协会党组织决策议事制度》，确保协会发展的重大事项由党组织集体研究决定，充分发挥中粮协秘书处及党组织在协会改革发展过程中的先锋队作用。

中粮协通过一系列改革，深化去行政化，真正实现政社分离，进一步明确了协会定位，坚持市场导向，切实转变观念，突出行业自律，强化服务产品，促进企业、行业、市场健康发展，使协会从传统意义上的“管理者”变成真正的“服务员”。实行民主办会，把协会打造成会员共建共享的开放性平台，真正的“会员之家”。目前，协会的结构和制度建设逐步完善，协会运行步入正轨。中粮协的积极改革之路为其他政府主导型行业协会提供了有意义的参考。

# 第六章　后脱钩时代政府主导型行业协会治理转型

## 第一节　后脱钩时代行业协会的角色定位

改革开放以来，国家与市场、社会的关系直接影响行业协会的外部功能。由于我国行业协会形成背景的特殊性，脱钩前后对行业协会外部功能的认识也有所差异（如表 6–1 所示）。有学者把行业协会看成是纯粹的“依附工具”，是依附于行政机构、镶嵌于政府机构内部的行业管理工具，行使政府的部分职能。[①] 此种观点把行业协会看成是国家机器的构成部分，在决策、财务以及人事上均受业务主管部门的管理，其功能是为政府服务，而非代表企业利益和行业发展。有的把行业协会看成是政府与企业之间的“桥梁和纽带”，受政府与企业的“双重赋权”并提供双向服务。[②] 脱钩改革前，行业协会的此种功能被广泛认可，与此相适应，行业协会的组织功能和治理结构也体现出典型的“官民二重性”特征。[③] 但实际服务中，行业协会的功能完

---

① 参见张华《链接纽带抑或依附工具：转型时期中国行业协会研究文献评述》，《社会》2015 年第 3 期。

② 参见徐家良《双重赋权：中国行业协会的基本特征》，《天津行政学院学报》2003 年第 1 期。

③ 参见孙丙耀《中国社会团体官民二重性问题》，《社会科学季刊》1994 年第 6 期。

全超出了“桥梁”的作用[①]，且抑制了行业协会的民间属性和自治权。[②]脱钩改革后，行业协会的功能得以进一步深化，有学者提出用“互益性组织”来概括行业协会的性质。[③]行业协会的本质是基于特定群体相互间的利益认同而形成的俱乐部组织[④]，把行业协会的主要职能界定为代表会员利益和服务会员，认为行业协会通过服务于组织内部的会员、为其成员谋取利益、与政府及其他组织联系促进组织内、外的沟通来获取组织的生存和发展空间。党的十八大报告提出要“加快形成政社分开、权责明确、依法自治的现代社会组织体制。”互益组织的自治特性更加强调行业协会的俱乐部属性和“会员逻辑”，从法团主义的“私益政府”向多元主义的“利益代表”转变，即从主要承担准公共职能向主要为会员企业提供服务转型。因而，“互益组织”的观点契合了当前行业协会的发展趋势。但把行业协会看作是“互益组织”淡化协会的公共属性[⑤]，互益组织仅仅是后脱钩时代行业协会其中一个可能的角色。[⑥]有学者进一步用“共益组织”来诠释行业协会的功能与身份[⑦]，指出行业协会融合“会员服务者”和“行业助推器”双重角色，不仅为会员提供俱乐部产品，同时也提供行业公共品以推动整个行业发展，并且以追求行业整体利益为最高目标。

---

① 参见张建民《全面深化改革时代行业协会商会职能的新定位》，《中共浙江省委党校学报》2014 年第 5 期。

② 参见周俊《行业协会商会的自治权与依法自治》，《中共浙江省委党校学报》2014 年第 5 期。

③ 参见郁建兴《全面深化改革时代行业协会商会研究的新议程》，《行政论坛》2014 年第 5 期。

④ 参见王名、孙春苗《行业协会论纲》，《中国非营利评论》2009 年第 1 期。

⑤ 互益组织有几个典型特征：一是由成员在共同兴趣和爱好基础上设立；二是通过会员大会作为最高权力机构来实现全体会员的意思自治；三是以维护和协调会员利益为核心使命，并无承担公共责任或者追求社会公益价值的义务；四是终止时会员对其剩余价值具有分配的权利。参见陈晓军《互益性法人法律制度研究》，法律出版社 2007 年版，第 42—98 页。

⑥ 参见罗文恩《后脱钩时代行业协会功能再定位：共益组织研究视角》，《治理研究》2018 年第 5 期。

⑦ 参见罗文恩《后脱钩时代行业协会功能再定位：共益组织研究视角》，《治理研究》2018 年第 5 期。

**表 6–1 脱钩改革前后行业协会的功能定位**

| 基本定位 | 依附工具 | 桥梁纽带 | 互益组织 | 共益组织 |
|---|---|---|---|---|
| 与政府关系 | 隶属于主管部门的“二政府” | 作为政府的助手向下传达政策意图、协助行业管理 | 依法自治，相互独立 | 依法自治、独立运作 |
| 与市场关系 | 行业与企业的“上级管理者” | 在有限程度上代表企业反映诉求，协调企业间利益冲突 | 会员企业的服务者和利益代言人 | 会员服务者、行业<br>助推器 |
| 治理架构 | 内部治理机制不健全，协会缺乏自治权 | 会员大会属于形式上的权力机构，协会自治权受到行政干预 | 会员大会为最高权力机构，政府除依法监管外不直接干预其运作 | 会员大会为最高权力机构，政府除依法监管外不直接干预其运作 |
| 核心职能 | 代表政府行使行业管理的职能 | 在政企之间发挥上传下达的联络作用 | 面向会员提供俱乐部产品，无提供行业公共品的义务 | 提供俱乐部产品与行业公共品 |

资料来源：参见罗文恩《后脱钩时代行业协会功能再定位：共益组织研究视角》，《治理研究》2018年第 5 期。

概言之，这些主流观点主要针对脱钩改革前行业协会的基本属性进行分析，对于脱钩后行业协会职能的阐释则存在一定的局限性。“桥梁和纽带”“依附工具”的观点主要解释“官民二重性”和政府主导条件下行业协会的角色定位，脱钩后的行业协会更市场化和社会化。“共益组织”的解释摆脱了行政依赖的局限，遵循俱乐部属性和“会员逻辑”，有助于行业协会实现独立自主和自治。① 因此，脱钩后应进一步明确行业协会的定位，是行业协会成为政府与企业的“沟通者”、会员企业的“服务者”、行业的“维利者”以及行业利益的“协调者”。行业协会不是政府的附属物，也不是企业的管理者，而是企业利益的代表者，国家利益的维护者，应在政府作用发挥不好的领域发挥监督、协调和服务作用，维护和协调会员的利益，保证行业

① 参见郁建兴、周俊、沈永东、何宾《后双重管理体制时代的行业协会商会发展》，《浙江社会科学》2013 年第 12 期。

的协调发展。

基于对行业协会功能和定位的认识，脱钩后的行业协会以多元化的形态共存，规模较小的协会一部分将因竞争而消失，一部分将会专注于会员服务，以提供“俱乐部”产品为主要职能，因具有较强的战略管理能力或处于有利的资源网络位置而茁壮成长。而那些运作成熟的大型协会将会更倾向于发挥行业治理的功能，既为会员服务，也为行业服务，成为“共益组织”。为此，行业协会应依据自身特性和治理特征充分发挥自主性，实现自我服务、自治管理和自律发展。此外，行业协会应加强与其他组织的合作，建立科学的运行模式，提升协会的服务能力和水平。

## 第二节　后脱钩时代的行业协会治理

### 一、后脱钩时代政府主导型行业协会转型发展的理论阐释

脱钩改革使政府主导型行业协会与主管部门之间的领导和隶属关系被取消，但这并不意味主管部门对行业协会的影响被消除，行政主管部门对行业协会仍具有业务指导、政策引导，并进行依法监督的职责。即使切断了政府财政资源对政府主导型行业协会的直接支持，那些脱钩前受“双重管理”的行业协会仍接受业务主管部门的监督；那些进行“直接登记”的、没有业务主管单位的行业协会，通过协助政府开展行业协会信息统计、开展行业培训等获得政府的一些支持，少数以承接政府项目为主要资金来源的协会对行政机构仍具有很强的依赖性。在后脱钩时代，行业协会具备了法人资格，作为社会团体法人应建立完善法人治理结构，但普遍存在章程设置千篇一律，在条款上不严谨、不科学、不完备、不周密、不公平，不具备可操作性、可裁性及可诉性，暴露出一些协会并未领会章程设置的重要性及协会自治的真谛。章程的起草和完善应当遵循量体裁衣的设计准则，应当突出协会商会的个性，引领行业协会向着理性化方向发展。

理性化是韦伯提出的现代社会重要理论。① 组织理性主要是指社会组织具有让组织成员自觉遵循的一套独特的强制性或共识性的经验惯例和行动逻辑规则，这些规则和惯例与组织生存和目标的实现有关或者与组织的合法性有关。② 韦伯指出，“在社会的各类组织中均存在组织理性化，包括企业、非营利机构等”③。组织就是为了实现特定目的而设计的工具④，如“科层制”通过正式、统一的组织结构特征使组织获得理性。⑤ Meyer 和 Rowan 研究提出“正式的组织结构应是高度制度化的。应在某种程度上超出任何个人或是组织的自由裁量权。这种理性的制度因素对于组织的影响是巨大的，这些规则重新定义了组织各种情况，并提出了理性应对各种情况的方法”⑥。

具体到非营利组织这种组织类型，许多学者对非营利组织的理性化作了深入探讨。如 Brunsson 与 Sahlinandersson 认为组织是社会建构的现象⑦，在此基础上，Hwang 与 Powell 将非营利组织的理性化界定为“在正式角色（Formalized roles）和规则（Rules）的结合下，将非营利组织构建为具有清晰认同的行动者（Actors)”⑧。具体而言，从微观上看，非营利组织的理性化发展和形成于外部利益相关者的竞争和问责的压力，这种压力要求非营利组

① 参见宋程成《“结社革命”背后的幽灵：非营利部门的理性化及其成因》，《中国非营利评论》2017 年第 1 期。

② 参见赵孟营《论组织理性》，《社会学研究》2002 年第 4 期。

③ 参见李相佑、冯朝军、郝建新《中国大学制度变迁机制与共同治理研究》，北京理工大学出版社 2013 年版，第 175 页。

④ 参见［美］W. 理查德 · 斯科特、杰拉尔德 · F. 戴维斯等《组织理论：理性、自然与开放系统的视角》，中国人民大学出版社 2011 年版，第 39 页。

⑤ 参见赵孟营《论组织理性》，《社会学研究》2002 年第 4 期。

⑥ See Meyer J. W.，“Rowan B. Institutionalized Organizations：Formal Structure as Myth and Ceremony”，*American Journal of Sociology*，1977，83（2），pp.340-363.

⑦ See Brunsson N.，“Sahlinandersson K. Constructing Organizations：The Example of Public Sector Reform”，*Emilio M Beltrán Sánchez*，2000，21（4），pp.191-210.

⑧ See Hwang H.，Powell W. W.，“The Rationalization of Charity：The Influences of Professionalism in the Nonprofit Sector”，*Administrative Science Quarterly*，2009，54（2），pp.268-298.

织改变原有的内部管理模式，寻找新的资源获取及筹措方式①；同时，政治压力也增强了非营利组织内部的问责。宏观角度上，新制度主义理论认为非营利组织的理性化是受到外部宏观制度框架和文化环境对组织结构和运作模式的影响；工具性理论认为当非营利组织面临政策环境和外部资源变化时，往往会采取战略性的应对行为。

对行业协会等非营利组织理性化程度的衡量，可以从达成目标的手段对社会组织再构建。② Drori 提出了衡量理性化的三个维度，包括：第一，人事安排的理性化，即组织内的人事安排更加专业化、规范化；第二，能够制定正式计划，即用科学的方法和理论来指导组织的行动，如关于组织技术、目标等的文件正式而清晰；第三，组织结构理性化，即目标规划更加详细、组织任务逐渐明确、评估指标和过程更加科学。③ Hwang 及 Powell 指出了独立的财务审计（independent financialaudits）、详细的战略计划（strategic planning）、设立外部咨询（Consultant）及量化的项目评估（quantitative program evaluation）四个衡量维度。④ 行业协会作为微观组织，此衡量标准也适用行业协会。具体而言，独立的财务审计指由第三方机构客观地审查组织财务的准确性以及完整性；详细的战略计划指通过规章制度规定或正式文件明确组织所要实现的目标以及实现目标的手段和方法，进而促进组织的有效管理。设立外部咨询可以帮助非营利组织进行项目推广、项目评估等；可量化的项目评估主要是衡量方案的有效性，允许不同的利益相关者及其他组织对项目进行测试和评估。通过以上举措推动行业协会的发展向更加专业化

---

① See Salamon L. M.,“The State of Nonprofit America”, *Journal of Social Policy*, 2012, 33（1）.

② See Jepperson R. L.,“The development and application of sociological neoinstitutionalism”, *New directions in contemporary sociological theory*, 2002, pp.229-266.

③ See Sahlin K, Meyer R. E.,“Walgenbach P, et al. Global organization: Rationalization and actorhood as dominant scripts”, *Research in the Sociology of Organizations*, 2009（27）, pp.17-43.

④ See Hwang H, Powell W. W.,“The Rationalization of Charity: The Influences of Professionalis m in the Nonprofit Sector”, *Administrative Science Quarterly*, 2009, 54（2）, pp.268-298.

和理性化转型。

与行政机构的脱钩改革使行业协会的管理体制、政策环境和外部资源都发生了显著转变，而制度变化推动着政府主导型行业协会不断转型，采取一定举措来进行调整，主动适应环境的要求。在组织理性的要求下行业协会不断调整和完善内部组织结构和制度规范①，探索新的发展思路和策略，呈现出理性化的特征。

## 二、后脱钩时代行业协会的管理体制

### （一）后脱钩时代行业协会的运作环境

以政会全方位分开为主要内容的脱钩改革改变了政府与行业协会长期的依赖关系，这无疑给长期依附于政府的行业协会带来了很大的机遇与挑战。对于政府主导型行业协会来说，基于行业治理和市场的“自主性权威”尚未建立，随着“强制性权威”的弱化，协会的主体性和合法性都面临着严重挑战。在政府取消了政策背书和财政拨款的境况下，政府主导型行业协会如何明确自身的定位和功能，如何获得组织生存和发展的资源，如何处理好与政府的关系问题，行业协会未来的发展方向是什么都是不得不深入思考的问题。此外，脱钩后的行业协会还会面临人才队伍滞后、专业性不足、社会化运作不够、社会服务能力不强以及职业化程度不高等问题，这些问题进一步加大了协会的运行压力。概言之，后脱钩时代，政府主导型行业协会将会面临因“会员逻辑”和“影响逻辑”问题而导致的“异化”的风险。在“影响逻辑”下，由于对政府权威资源的“路径依赖”，行业协会可能会脱钩不完全而出现“逆脱钩”的现象或脱钩后走向消亡，表现为在脱钩过程中发生与脱钩改革理念相悖的行为或完成脱钩改革的协会又变回脱钩改革前的情形，如财权分离得不彻底、职能分离反复、政府机构人员重新参与到协会工作等现象。② 在“会员逻辑”的影响下，行业协会也有可能违背非营利的原

① 参见徐盈艳、黎熙元《政府购买服务规制下的社会工作机构发展——广东四个城市试点项目的比较研究》，《当代港澳研究》2012 年第 4 期。

② 参见陈紫恒《J 省 F 协会“逆脱钩”现象研究》，南京师范大学硕士学位论文，2021 年。

则，变成某些个人或组织谋取利益的工具。①

对后脱钩时代政府主导型行业协会治理结构和行为的深入理解，自然跳不脱协会运作的环境。②政会分开实现了政府主导型行业协会与政府的“五分离”，降低了协会对政府资源的依赖，但也同时改变了协会的资源和制度环境。政府主导型行业协会要想实现脱钩后更好的发展，必须采取相应的策略来适应新环境的要求。依据资源依赖理论，政府主导型行业协会在脱钩后的发展过程中首要关注的是协会的生存问题，因为没有任何一个组织可以完全自给自足，协会要想生存下去，必须通过组织所处的环境攫取相应的物质资源及非物质资源（包括人员、技术、合法性、资金等）。③因此，协会必须与组织场域中所依赖的因素，包括政府、企业以及其他社会组织等，进行有效的互动，进而建立一种协会赖以生存的、相互依赖的关系④，而建立控制与其他组织关系的能力是协会生存的基础。资源的重要性、分配权、使用权、资源的可替代程度和对资源的控制程度都会影响到组织的生存和发展。⑤政府主导型行业协会自然也不例外，无法避免脱钩改革带来的直接影响。然而，不可否认的是，组织对于环境资源的依赖并不是一成不变的，组织须实时地采取相应行动策略来管理或消除依赖，以便获得组织生存必需的资源。一方面，政府主导型行业协会可以不断完善自身来适应环境，通过改进组织的内部结构技术、信息系统、人际关系模式、文化、管理模式、产品和技术等方式适应环境或影响环境，并通过游说等方式达成合并或合作，为组织的生存创造良好的环境域。后脱钩时代，政府主导型行业协会对政府的

---

① 参见［美］菲佛、萨兰基克《组织的外部控制：对组织资源依赖的分析》，东方出版社 2006 年版，第 117—122 页。

② See Saidel J. R.，“Resource Interdependence：The Relationship between State Agencies and Nonprofit Organizations”，*Public Administration Review*，1991，51（6），pp.543-553.

③ 参见康晓光、韩恒《分类控制：当前中国大陆国家与社会关系研究》，《社会学研究》2005 年第 6 期。

④ 参见周俊、赵晓翠《脱钩改革后行业协会商会的转型发展：模式与挑战——基于 S 市 A 区的实证分析》，《治理研究》2018 年第 4 期。

⑤ 参见汪锦军《浙江政府与民间组织的互动机制：资源依赖理论的分析》，《浙江社会科学》2008 年第 9 期。

依赖程度逐渐减弱，因而会转向对新资源的探索和开发，进一步完善组织建设、提升自身能力，来获得政府以外的企业、基金会等支持型社会组织的支持和帮助，通过开发、探索新资源或通过建立组织规范降低或消除对环境资源的依赖。① 另一方面，政府主导型行业协会可调整外部关系网络以适应协会发展的要求。脱钩改革理顺了政府主导型行业协会的外部关系，赋予其更多的自主性和独立性。因此，协会可凭借组织优势开展行动，积极寻求与政府、其他组织的合作，构建良好的外部关系网络，削减制度环境的改变对协会造成的影响。

（二）行业协会管理体制对治理结构的影响

组织制度的偏好在无形之中影响着行业协会的治理结构和行为。随着改革开放的推进，社会和市场领域整体上与国家分离，与此同时，市场和社会这两大主体也受到政府的控制。相应的，行业协会作为一种经济性组织，不可避免会受到政府管理体制改革的影响。行业协会与行政机构的脱钩改革实质上是一种自上而下的制度过程，这种制度化过程的运作依托于纵向的行政关系。在制度变迁的过程中政府处于主导地位，居于行政权力的上端，而行业协会，尤其是政府主导型行业协会是制度变革的适应者，居于行政权力的下端。行业协会的管理体制变革对行业协会治理结构的影响主要包括两个方面：一是通过逐步放权放松对行业协会的管制，增强行业协会的自主性和资源获取能力间接影响协会治理结构的转型。改革开放后，伴随历次的行政体制改革和行业管理体制变革，政府组建、部委撤并，自上而下地产生了大批政府主导型（官办）行业协会。其中大部分协会都有财政的支持，人员主要是改制机构的工作人员。政府主导型行业协会是我国机构改革的产物，虽然组织性质发生了实质性转变，但仍有不少协会仍然保留着原有的科层制组织结构，具有较强行政色彩的治理结构，在资源上具有高度依赖性，不具备独立事权和财权。之后，随着市场环境的不断完善，行业协会

---

① 参见徐宇珊《非对称性依赖：中国基金会与政府关系研究》，《公共管理学报》2008 年第 1 期。

也得到了快速发展，资源获取能力有了很大提升。2007 年，国务院发布文件，明确要推动行业协会与行政机构在人、财、物等各方面全面分开。政会分开使得政府与行业协会的关系得以明确，减少行业协会对于政府的过度依赖，同时，也在制度上避免了政府对行业协会内治理的干预。政府主导型行业协会不仅内部行政化程度高，而且在行业中处于垄断地位，“双重管理体制”“一业一会”和“一地一会”等管理体制能够有效地避免被组织结构更为合理、治理能力更强的行业协会取代。放松“一业一会”“一地一会”，取消“双重管理”的制度进一步打破了原有的垄断地位，给行业协会创造了更为良性的竞争环境，推动行业协会的治理结构向更适应市场发展需求的方向转型。

社会组织管理体制的变革对行业协会治理结构的影响也体现在行业协会法人治理结构的扩展和完善上。有关社团治理结构的规定逐步进步，对于行业协会法人治理结构的规定越来越明确，逐步强化。如 2016 年修正版的《社会团体登记管理条例》相较于 1998 年的《社会团体登记管理条例》对社会团体的成立及社团法人认定等条件作了进一步修订。修正后的《社会团体登记管理条例》对行业协会治理结构的规定更趋向于法人治理结构，但对内部监督机构，如监事会、理事会等的建设未作明确要求。相关的法律、规定和制度进一步引导行业协会完善法人治理结构，朝着管理部门认定的合理的、理想的治理模式不断演进。

## 第三节　后脱钩时代行业协会治理结构转型

### 一、行业协会的组织结构基础：从“官僚制组织结构”到“法人治理结构”

组织形态及治理结构是行业协会依法自治的核心，是调节资源分配和内部权力最重要的内部制度与规则体系。行业协会的组织形态是人理性设计的产物，也是理性社会建构的结果。[①] 行业协会治理结构的形态不仅受到国家的制度环境以及组织环境的影响，还受到组织理想模型的影响。

### （一）官僚制组织结构

一个正式的、合理组织起来的社会结构必然包括一系列经过明确规定的活动模式，从某种意义上说，在这种结构中，每种活动都与组织目标及职能相联系。在这种组织结构中，一系列公职与等级制地位结合为一个整体，通过具体规章规定若干职责和特权，限制系统内部的关系，防止上级对下属采取专制行为，特别是程序化的方法促进了行为的客观性，并且限制了“个人冲动迅速变为行为的通道”。这种组织结构形式即是营利性组织及非营利性组织最广泛采用的科层制组织结构。韦伯所描述的官僚制组织结构有着显著的特性：“一是组织以官方的法律形式作为所规定的理论原则；二是组织由牢固且有秩序的上下等级严明的层级结构组成，呈金字塔状，在这个按等级制分配权力的结构中，通过普遍的、抽象的和明确规定的规则控制组织活动；三是工作任务都是以专业化分工为基础，通过横向与纵向的权力线进行协作与领导；四是规则的普遍性要求不断地进行‘范畴化’的使用，以明确规定的标准为依据对个人的问题和情况进行分类并按照标准分别处理。”官僚制是一种基于法律或制度的组织形态，是一种理性化的组织形态。[②] 韦伯的官僚制是组织的纯粹的形式或标准模式，是适应工业社会的行政模式，以法型权威为基础的。现实中，人们不再视正规的官僚制为一种特别有效的组织形态，组织是多种形态的混合。

### （二）法人治理结构

法人治理结构又可被称为公司治理（Corporate Governance），来源于企业组织管理，属于经济学领域的概念，是现代企业制度中最重要的一种组织架构，是能够反映企业组织具有的各方面职能以及利益代表组成的厉害关

---

① 参见宋晓清《行业协会商会的治理结构研究》，浙江大学出版社2018年版，第86—87页。

② 参见［美］W. 理查德·斯科特《制度与组织——思想观念与物质利益》，中国人民大学出版社 2010 年版，第 61 页。

系。① 公司作为法人团体或实体的一种，虽然不是自然人却拥有法律赋予的人格，因而公司内部需要有相适应的管理机构和组织体制，使之具有按照一定的组织体制和制度进行管理和决策的能力，对外行使其拥有的权利，并承担相应的法律责任，以完成企业的经营管理任务。

法人治理结构指公司内部董事、股东、经理层及监事之间的各种管理关系，更包含其他相关利益主体，如客户、员工、社会公众、合作与竞争者等。总体上，法人治理结构就是协调企业相关利益主体的一种制度或体系机制，具体包括经理人员和职工的职责安排、如何配置和行使控制权、如何设计和实施激励机制及如何监督和评价董事会。法人治理结构一般由四个部分组成：一是公司股东组成的股东大会或股东会，代表着公司的最终所有权由谁所有；二是由公司股东大会选举产生的董事会，负责对公司的重大经营活动以及发展目标制定战略或决策，维护出资人或股东的权益；三是公司的监督机构监事会，主要对公司的董事、财务、经营者的运作发挥监督作用；四是董事会聘任的经理，是公司董事会决策的具体执行者，也是公司运行的经营者。法人治理结构的构成部分是依法设置、以法制为基础的，法律明确规定了治理结构的产生和组成，行事的规则以及行使的职权等。法人治理结构框架应当维护股东及利益相关者的合法权利和权益，保证与公司有关的任何重大问题，如经营状况、财务状况、公司治理状况和所有权状况得以及时准确地披露，而且还应确保董事会对股东和公司负责，并有效监督公司的管理人员和战略性指导人员。

当前法人治理结构多应用于营利性组织，对于非营利组织法人治理结构的相关研究基本上是关于社会团体和非营利组织的，针对行业协会法人治理结构的探讨相对较为匮乏。营利性组织的法人治理结构为行业协会治理结构的建设提供了良好的借鉴和参考。因此，建立现代行业协会法人治理结构，建立健全在法律框架下，以章程为核心的法人治理结构，是行业协会实现自我服务、自我发展、自我管理，成为独立的法人主体。

① 参见［澳］温考普《政府公司的法人治理》，经济科学出版社 2010 年版，第 8 页。

## 二、后脱钩时代行业协会治理结构的转型

政企分开使政府不得直接干预行业的发展和运行，政府部门将改制而来的行政性公司转型为行业协会，发挥着联系政府和企业的桥梁和纽带作用。然而，脱钩改革切断了政府主导型行业协会与政府直接联系，使政府主导型行业协会“返璞归真”，减少甚至是摆脱了政府的行政干预，促使其走上以服务会员企业为基础的自治化和民间化的道路。政府主导型行业协会“脱钩”后，协会与政府有关的一切形式将全部改变，政府权力和资金回收，办公场所分开，政府官员不再在协会中兼职，成为真正意义上的“非政府组织”，传统的行业协会运作与管理模式被全盘否定，而成功转型的经验缺乏。面对脱钩清理整顿后的“一盘散沙”，在无章可循的情况下，缺乏会员基础，过度依赖政府的政府主导型行业协会感到茫然，协会的种群生态也会呈现更加复杂的局面。部分规模较小、资源获取能力较弱的政府主导型行业协会将会消失或被兼并，而那些资源较充足且组织管理能力较强的会有机会进一步发展，尤其是那些运作成熟的、大型的政府主导型行业协会能在组织运作上保持高度自治，既不依附于政府部门也不依赖会员，在向会员企业提供服务的同时，通过提供专业的、特色的行业服务来获取和整合资源，实现协会的生存和发展。总体而言，与行政机构的脱钩使政府主导型行业协会生存与发展的基础及其治理结构逐渐完善。

### （一）重视内部组织建设

#### 1. 完善组织结构设置

建立现代社会组织管理体制是我国社会组织体制改革的主要内容，其核心目标就是建立健全行业协会等社会组织的治理结构。建立健全法人治理结构不仅是《行业协会商会与行政机关脱钩总体方案》的要求，也是政府主导型行业协会在脱钩改革后自我发展的重要前提。脱钩后，大部分政府主导型行业协会借鉴营利性组织的公司治理结构，依据《总体方案》的要求完善法人治理结构，规范理事会（常务理事会）、监事会以及会员大会（会员代表大会），作为行业协会内部运行的权力机构、执行机构、决策机构和监督

机构，形式最终的决策权、控制权、监督权和指挥权等（如图 6–1 所示）。

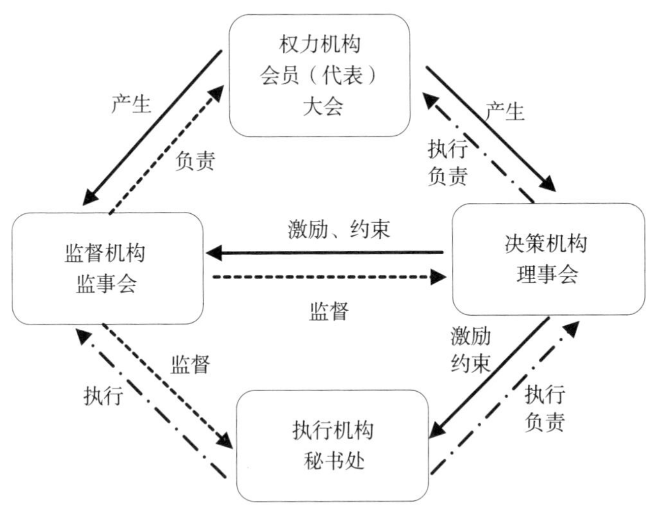


**图 6–1　行业协会法人治理结构的构成及关系**

一是注重监事会或监事的设置。脱钩前，行业协会的内部治理结构普遍包括会员大会、理事会及秘书处，仅有少数规模较大的行业协会才设有监事人员或监事机构。脱钩后，根据《总体方案》的要求增设监事或监事会，根据法人治理结构的要求进一步完善行业协会的内部部门设置，形成决策机构、执行机构、监督机构之间权力的相互制约及制衡。行业协会的监事会或监事是监督机构，一般由会员代表大会或全体会员大会选举产生，并直接对代表大会或会员大会负责。监事会与监事是约束和监督秘书处执行行为、理事会的决策行为的重要存在，代表社会公益和全体会员的利益对理事会的决策和管理层的操作进行监督。监事或监事会依照章程的规定检查行业协会的财务和会计资料，有权列席理事会，监督理事会遵守章程和法律规定的情况，有权向理事会提出建议和质询，并向政府相关监管部门反应相关问题，但作为监督机构的理事会或理事不享有会员代表大会或全体会员大会的议事表决权。因此，应确保监事会或监事的独立性，被监督方与监督方不存在利害关系，应有效避免监事或监事会履行职权时受到协会领导及其他部门的干预和影响，也应避免理事会影响监事会或监事的产生。在行业协会的章程中对监事或监事会的人数、资格及其产生的程序都需要通过相关的内部管理制度予以明确规定，保障监事对协会的管理活动以及决策活动的参与。①

目前，虽有要求与政府机构脱钩的行业协会增设监事或监事会，但对监事职权的规定和赋予并不明确、具体。对于有些权利并未明确指出实施的具体方法和途径，难以落实到实践中，不利于监督权的行使，仍需进一步规范和探索行业协会内部监督权有效实施的程序和方法。

二是重视工作人员专业化、专职化。人事分离是脱钩改革的重要方面，大多数行业协会在实现组织人员与行政机构脱钩的同时，也持续强化协会的人事建设。第一，人员设置专职化。专职人员的数量往往是衡量行业协会实力的重要指标。由于行业协会的非营利性和利益分配权的制约，专职人员的待遇不高，难以吸引优秀专业人才的加入，致使行业协会的专职人员少，制约着协会的长远发展。脱钩改革之际，多数行业协会借机对财务人员、秘书处人员、监督人员和管理人员进行了专职化。第二，对人员结构进行优化。脱钩改革，使行业协会清理了在协会兼职、任职的公务人员，积极招纳新员工，使行业协会的工作人员年龄结构更加年轻化。

三是党组织建设受到重视。《关于加强社会组织党的建设工作的意见(试行)》及《关于进一步加强行业协会党支部标准化规范化建设的通知》等明确指出“要加大党组织组建力度，推进社会组织党的组织和党的工作有效覆盖，创新党组织工作内容和活动方式，切实发挥好社会组织党组织的政治核心作用”，“行业协会各级党组织要进一步深化思想认识，提高政治站位，统筹推进，合理安排，把加强党支部标准化规范化建设同本单位日常工作结合起来，同推动协会改革发展结合起来，抓紧抓好抓出成效，全面加强基层党建工作”。政府主导型行业协会与行政机构脱钩后，党建工作已经成为政府主导型行业协会工作的总抓手，把完善党建工作作为解决突出问题的突破口和切入点，推动党组织建设全面进步。脱钩改革后，协会党组织的有效覆盖面不断扩大，大部分都按照“凡有三名以上正式党员的社会组织，都要按

---

① 参见周芙蓉等《论慈善基金会的内部治理结构》，《法制博览》2012年第6期。

照党章规定，经上级党组织批准，分别设立党委、总支、支部，并按期进行换届。规模较大、会员单位较多而党员人数不足规定要求的，经县级以上党委批准可以建立党委”的要求组建了党组织。

四是调整理事会数量，规范理事会的行为。多数政府主导型行业协会在脱钩后都调整了理事会（常务理事会）规模和负责人数量，清理了部分理事，对理事会进行了规范，将理事人数控制在会员（代表）人数的三分之一以内，常务理事不超过理事人数的三分之一，负责人数量一般为 5—15 人。

2. 规范内部治理制度建设

脱钩改革之前，行业协会的章程和规章制度几乎千篇一律，缺乏特性及组织自身核心内容，也缺乏明确的职能定位，起不到应有的规范作用。脱钩改革不但促使行业协会调整了组织的结构设置，协会的内部治理制度也得到了进一步完善。

一是规范行业协会内部运行制度。政府主导型行业协会脱钩后，针对协会内部管理制度存在的问题，按照相关规定进行了规范，包括完善决策治理机制、规范会员大会（会员代表大会）运作机制、健全民主选举制度及民主运行机制、严格执行社会团体会费管理规定、完善行业协会资产和财务管理规范、建立完善协会信息公开制度等运行管理制度。以行业协会规范协会财务收入和支出的财务治理机制为例①，作为非营利性的社团法人，与行政机构脱钩后，应改变以往过度依赖政府财政拨款的资金来源方式，收入方式应转变为以服务收费、会费、财政补贴、社会捐赠等为主。在支出方面应严格按照章程规定，不得进行剩余利润的分配。脱钩后，执行非营利组织会计制度，建立预算制度，单独核算，接受独立机构的审计。再如协会内部人事治理机制的完善，脱钩后，根据脱钩改革方案的要求应免去在协会兼职领导的行政职务，协会工作人员转为聘用制员工。

二是注重会员管理和服务。脱钩改革使行业协会更加注重对会员的服

---

① 参见归建华《上海行业协会内部治理研究：非营利组织的视角》，上海交通大学学位论文，2009 年。

务和管理方面的提升。从向会员企业提供单一服务转向服务多元化是行业协会与行政机构脱钩改革的主要内容之一。有的政府主导型行业协会为会员企业“量身定制”、设计服务模式，解决会员企业发展中的难点痛点问题。而且通过借助互联网等信息技术，与传统服务模式相融合，创新服务方式与机制，提高服务效能，强化政治引领，为会员企业的发展提供大力支持。此外，行业协会还改进了对会员企业的评估方式，通过公平、公正的分级评估来监督和指导会员企业。

三是重视党建工作机制和管理体制。脱钩后的行业协会根据《关于加强社会组织党的建设工作的意见（试行)》的要求健全社会组织党建管理体制和工作机制。首先，健全行业协会党组织工作机构。依托民政部门和党委组织部门建立社会组织党建工作机构。党委组织部门对同级社会组织党建工作机构进行指导。上级社会组织党建工作机构对下级社会组织党建工作机构进行指导。其次，理顺行业协会党组织管理体系。全国性行业协会党建工作分别归口中央直属机关工委、中央国家机关工委、国务院国资委党委统一领导和管理。地方行业协会党建工作由省、市、县级社会组织党建工作机构统一领导和管理。行业协会中设立的党组，对本单位和直属单位党组织的工作进行指导。各地要按照有利于开展党的活动、加强党员教育管理的原则理顺行业协会党组织隶属关系。再次，完善行业协会党组织工作机制。各级党委组织部门和行业协会党建工作机构要加强统筹协调，定期召开行业协会党建工作会议，及时研究重要问题。注重上下联动，及时沟通行业协会党建工作动态信息，研究部署重点任务。

### （二）外部治理功能转型

组织对于环境的依赖性随着从环境中获取资源的增加而不断加强，进而影响着组织与外部环境及利益相关者的关系。依据资源依赖理论，组织对外部环境的依赖并非消极被动的，而是体现出一定的策略性和主动性①，组

① See And H. E. A.，Pfeffer J.，“Environments of Organizations”，*Annual Review of Sociology*，1976，2（1）：79-105.

织会积极采取一定的策略降低对外部环境和资源的依赖程度。[①] 面对力量相对较弱的外部环境，组织一方面可以调整自身，通过采取顺从环境对组织的控制、减少环境对组织的影响等策略以适应环境的要求[②]。另一方面，组织可以采取合并与增长的策略来管理、改变，甚至消除组织的相互依赖。如果面临的外部环境过于强大，组织职能对相互依赖本身进行管理，一是改变自身，对组织结构、价值观、管理模式等进行改变，对所处的外部环境作出及时回应；二是改变组织的资源结构，突破对单一来源结构的依赖，拓展组织资源获取的渠道，减轻组织应对外部环境变化的脆弱性。总之，外部环境的变化对组织资源的获取起着至关重要的作用，资源的变动给组织带来生存的压力，组织只有积极应对、采取有效策略才能变被动为主动。组织对资源的依赖为脱钩改革后的行业协会转型发展提供了过程指导和动因解释。与行政机构的脱钩改革削弱甚至消除了政府主导型行业协会对政府部门的资源依赖，也从根本上改变了协会的资源结构，迫使协会采取相应策略以应对新环境，减少对政府部门的资源依赖。

截至 2021 年，我国基本完成了行业协会和行政机关的脱钩改革最初设定的目标任务。行业协会与行政机构脱钩，赋予了行业协会充分的自主性，理顺了行业协会发展的外部关系，为其发展及职能发挥扫除了障碍。同时，脱钩改革帮助行业协会扫清了外部发展障碍的同时也带来了巨大挑战，行业协会将面临更加激烈的竞争，内部规章制度及组织结构成为影响协会发展的主要因素。因此，必须关注脱钩以后行业协会的定位和发展方向问题。

脱钩改革剥夺了政府对行业协会的利益支持，相关的财政和项目扶持逐渐减弱直至取消。一方面，使得行业协会面临经济来源的困境，一些规模较小、发展不好的行业协会收入将变得更困难，由依赖政府财政转向以有偿服务及会费为主，资源的集中程度提高，收入结构变窄，社会及政府支持渠

---

① 参见费显政《资源依赖学派之组织与环境关系理论评介》，《武汉大学学报》（哲学社会科学版）2005 年第 4 期。

② 参见［美］菲佛、萨兰基克《组织的外部控制：对组织资源依赖的分析》，东方出版社 2006 年版，第 100—122 页。

道收紧，过度依赖有偿服务及会费增加了行业协会获取资源的难度及资金断裂的风险；另一方面，失去了行政力量的支持和推动，行业协会的公信力及服务能力也将大打折扣，直接影响协会的生存和发展。行业协会的真正价值是服务会员，促进行业的有序发展。脱钩前，由于行业协会过度依赖行政机构使其执行政府派出任务的意识和能力较强、服务会员和行业的意识较差，迫切要求行业协会进行转型，不断开发新功能、提升和增强服务效率。在人权、事权、财权等方面的全方位脱钩改革使行业协会摆脱以前的枷锁，完全成为企业的联合体，会员服务的功能得到极大释放。

社会各界对于脱钩改革面临的问题及风险尤为关注。随着脱钩改革的推进，行业协会还可能面临竞争压力大、职能空间有限等问题①，可能导致脱钩不完全，走上依赖行政机关的老路；也可能会违背非营利原则，使行业协会成为牟利的工具，影响行业协会的自主性。②脱钩改革给行业协会提出了更高的要求，尤其在协会的治理能力方面，一方面，行业协会的内部治理结构存在功能失调问题，治理规则及权力制衡结构仍须进一步完善，行业协会的内部治理能力仍需进一步提升③；另一方面，脱钩后行业协会仍须增强会员服务能力和资源获取能力等组织能力建设。应继续完善脱钩改革的相关配套扶持政策，解决脱钩改革过程中存在的官本位思想阻碍、政策不匹配、缺乏共识等问题。④

---

① 参见周俊、赵晓翠《脱钩改革后行业协会商会的转型发展：模式与挑战》，《治理研究》2018 年第 4 期。

② 参见沈永东、宋晓清《新一轮行业协会商会与行政机关脱钩改革的风险及其防范》，《中共浙江省委党校学报》2016 年第 2 期；宋晓清《谨防行业协会商会与行政机关脱钩过程中的三种风险》，《中国社会组织》2015 年第 21 期。

③ 参见倪咸林《行业协会商会脱钩后完善内部治理研究》，《行政管理改革》2016 年第 10 期。

④ 参见贾西津、张经《行业协会商会与政府脱钩改革方略及挑战》，《社会治理》2016 年第 1 期。

# 第七章　政府主导型行业协会治理结构的优化路径

## 第一节　政府主导型行业协会治理结构的优化路径及优化模型

### 一、优化路径

学术界对行业协会发展的问题基本达成了共识，即淡化“出身论”，朝提升能动性和自主性的方向加快转型。① 行业协会的发展是内外部因素共同影响的结果，行业协会治理结构是一个有机整体。因此，行业协会治理结构既要注重内部治理结构的完善，也要构建良好的外部治理结构。图 7–1 展示了行业协会治理结构优化的两个主要路径。

#### （一）内部路径：健全法人治理结构

马庆钰教授认为，“法人治理结构就是基于组织成员权益保护目的，建立在组织直接相关者民主权利之上的组织决策权、管理权、监督权之间的约束与平衡”②。概言之，法人治理结构是指组织为达成治理的目标而形成的组

① 参见张良《我国社会组织转型发展的地方经验：上海的实证研究》，中国人事出版社 2014 年版，第 26 页。

② 参见马庆钰《改进社会组织监管的初探》，《中国机构改革与管理》2016 年第 5 期。

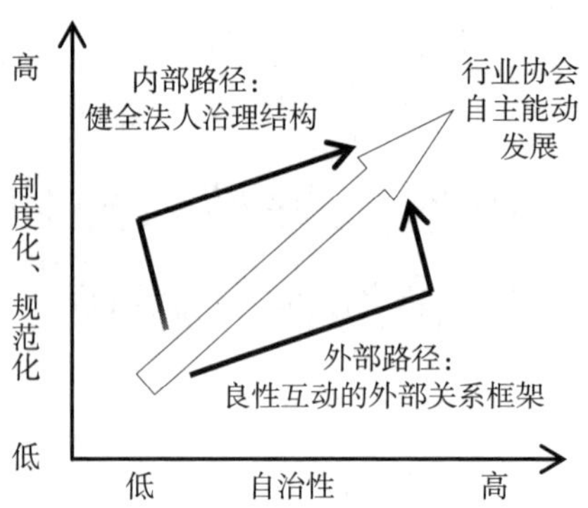


**图 7–1　优化和完善政府主导型行业协会治理结构的路径**

织结构框架和制度安排。① 组织结构是对协会内部监督、执行和权力机构的权力分配；制度安排则是对各机构权力运行的规范，包括决策规则和程序、激励制衡机制等。

法人治理结构实质上是借助制度设计，实现协会内部权力的合理分配和制衡，化解权力分离及委托代理问题的最直接有效的制度安排。行业协会法人治理结构包含这几方面的内涵：一是从法律角度看，法人是法律赋予组织的人格化界定。我国《民法总则》(2017 年）规定“社会团体法人应当设会员大会或者会员代表大会等权力机构，应当设理事会等执行机构”。行业协会是社会团体的一部分，是独立的法人主体，是互益性的非营利社会团体法人②，应根据法人组织的要求构建科学合理的法人治理结构。二是法人治理结构是一系列正式制度安排，包括协会章程、机构设置、运行规范与制度以及党建工作的规定和安排。行业协会法人治理结构须具有一定的规则和机构。行业协会一般有会员（代表）大会、理事会、监事会等机构，分别作为权力机构、执行机构、监督机构。规则包括协会的章程、民主选举制度、议事与决策制度以及内部管理制度、诚信与自律制度及监督机制等。通过一定的组织机构和运行规范，保证协会的正常运营。

① 参见陈运雄、李亚玲《事业单位法人治理结构建设的思考》,《求索》2016 年第 11 期。
② 参见黎军、李海平《行业协会法人治理机制研究》,《中国非营利评论》2009 年第 1 期。

《关于改革社会组织管理制度促进社会组织健康有序发展的意见》(2016年)指出:"社会组织要依照法规政策、章程、运行机制以及党组织参与社会组织重大问题决策等制度安排,成为权责明确、运转协调、制衡有效的法人主体。"目前,政府主导型行业协会已经基本上都确定了以会员大会为最高权力机构,以理事会为决策机构和以秘书处为执行机构的治理框架,但仍存在许多不足及需要完善之处。因此,只有健全法人治理结构,才能真正实现行业协会的自我管理、自我约束,发挥提供服务、反映诉求、规范行为、促进和谐的作用。

(二)外部路径:构建良性互动的外部关系框架

行业协会是外部资源依赖型,外部环境是行业协会存在的前提,具有决定和制约作用。协会的生存和发展有赖于对社会资源的获取,行业协会职能的有效发挥主要取决于其治理制度和规范的执行和实施情况。行业协会治理结构的产生受经济体制转型及产业结构多元化的客观需求的影响,当前我国协会治理制度和规则失效的主要原因在于企业之间形成的非正式谈判规则与协会的正式规范产生冲突,因此行业协会的生存和发展需要得到其外部利益相关者的认同和支持。

具体来说,一是要处理好行业协会与政府部门的关系,双方之间比较好的关系模式是政府把本该属于协会的职责转移给协会,协会也能承担起政府转移的相关职能,实现双方的有效互动与合作。二是协调好维护行业利益与保护消费者利益的关系,维系双方的一种平衡。三是协调协会与行业内非会员企业的关系,增强对非会员企业的吸引力,提高协会的行业覆盖率。四是要处理好与其他行业协会及社会组织的关系,在产业与协会的边界交错、关联或矛盾的地方加强与其他行业协会的合作,提高行业管理效率,降低交易成本。总之,协会与外部利益相关者之间多元耦合关系的协调,有助于协会塑造良好的社会关系网络,积累更多关系资本,充分利用互惠、认同、承诺和信任等非正式规则实现协会的能动发展。

因此,在完善行业协会内部法人治理结构的同时,也要考虑利益相关者的功能和角色,注重内部权力的分配与制衡与外部制度环境相匹配。行业协会外部关系网络的优化和完善路径包括健全外部监督以及协调非正式制度规定的关系框架。

## 二、优化模型

迈耶和罗恩指出，“一个组织只有在它能够把社会中合法的理性要素整合到其正式结构的条件下，才能够使其合法性最大化，并增强其资源获得和生存能力”①。行业协会治理的最终目标是追求良好的治理状态，提升协会的能力和活力。治理结构是平衡协会内、外部关系，提升组织效率的一种必然选择。徐晞指出，“合理有效的行业协会治理结构是一个基于法律层面的制度安排，是一种法定组织结构，也是一种科学的管理模式。行业协会治理结构的优化和完善既要通过政府颁布的法律和条例的方式对其进行制度安排，以符合社会争议性和公益性要求；又要考虑因外生参数改变而引起的各种不同的‘特殊契约’，在法律规定框架内通过组织章程和一系列具体合同来提高组织运行效率”②。马庆钰认为，“完善的社会组织治理结构应该达到六项标准：严守章程、自主经营、权责明确、三权分立、民主决策、有效制衡”③。而服务职能是否履行充分和能否代表会员利益是衡量行业协会治理结构是否合理的两个重要标准。④

从组织社会学的角度来看，行业协会的治理结构必须依据社会转型和社会变革的新要求及时调整，通过科学合理的治理结构提升行业协会的自治能力。笔者认为比较理想的政府主导型行业协会治理结构应是：在内部，通过完善机构设置对内部结构进行合理划分，实现权力的相互制衡。通过健全制度规范，完善的内部监督机制，民主选举、议事、决策制度，激励与约束

① 参见［美］约翰·W. 迈耶和布利安·罗恩《制度化的组织：作为神话与仪式的正式结构》，转引自［美］沃尔特·W. 鲍威尔和保罗·J. 迪马吉奥《组织分析的新制度主义》，姚伟译，上海人民出版社 2008 年版，第 1 页。

② 参见徐晞《海峡两岸行业协会的比较与合作》，社会科学文献出版社 2016 年版，第 60 页。

③ 参见马庆钰《改进社会组织监管的初探》，《中国机构改革与管理》2016 年第 5 期。

④ 参见甫玉龙、史晓葳《完善行业协会内部治理结构的探讨》，《中国行政管理》2009 年第 7 期。

机制以及合理的运行管理制度保证协会有序运转，实现以章程为核心的民主治理，进而构建完善的法人治理结构；在外部，构建以“互信”“合作”为核心的外部关系框架。通过对外部多元耦合关系的协调和控制，平衡各外部利益主体之间的利益关系，积极发挥外部监督的作用，提升协会的认同和信任度，增强政府主导型行业协会的社会合法性，实现互惠、共生与合作；在整体上，实现内部、外部治理结构的协调配合、相互补充（如图 7–2 所示）。

然而，政府主导型行业协会治理结构的优化模型是基于理论的构建，一个理论分析框架。实际运行中，各种制度建设和关系的协调仍不能及时有效发挥其效用。而优化模型直观解释了影响政府主导型行业协会治理结构的各种因素，为政府主导型行业协会治理结构的优化提供理性化方向，并促使其向理想的模型不断演进。

## 第二节　内部治理结构优化的核心：健全法人治理结构

根据科尔曼的法人行动理论（Theory of corporate action），在大规模的法人系统中，法人行动将面临诸多挑战[①]，由于“囚徒困境”博弈、“搭便车”现象普遍存在以及报酬与贡献的不对等，行动者的参与动机和贡献越来越弱，使法人的代理人有机会利用权力为自己谋取私利，并损害行动者的利益。行业协会作为社团法人，也避免不了这些难题。因此，通过完善的组织机构设置和运行规范，构建科学合理的法人治理结构是约束代理人的行为有

① 在大规模的法人系统中，法人行动面临的挑战主要有：一是法人的生存存在弊病，即只要有成员的贡献在总体上大于法人付出的总报酬，即使有些成员不做贡献，法人也可以生存，但由于报酬与贡献不一致，每个成员都选择尽量少做贡献，以减少法人的总收益。二是在法人治理结构中，由于各种职位之间缺乏有效的沟通，个人的理性选择很有可能采取相互不合作，形成“囚徒困境”博弈。三是公共物品供给困境，“搭便车”现象普遍存在，加之个人在组织中的利益和影响力随组织规模的扩大不断减少，使个人的参与动机越来越弱。四是组织成员将控制权转让给法人但又缺乏参与和监督，有可能是法人代理人利用公共权利为自己谋取私利，并损害行动者的利益。行业协会作为经济类的社团法人，也避免不了以上难题。参见杨善华《当代西方社会学理论》，北京大学出版社 1999 年版，第 118—119 页。

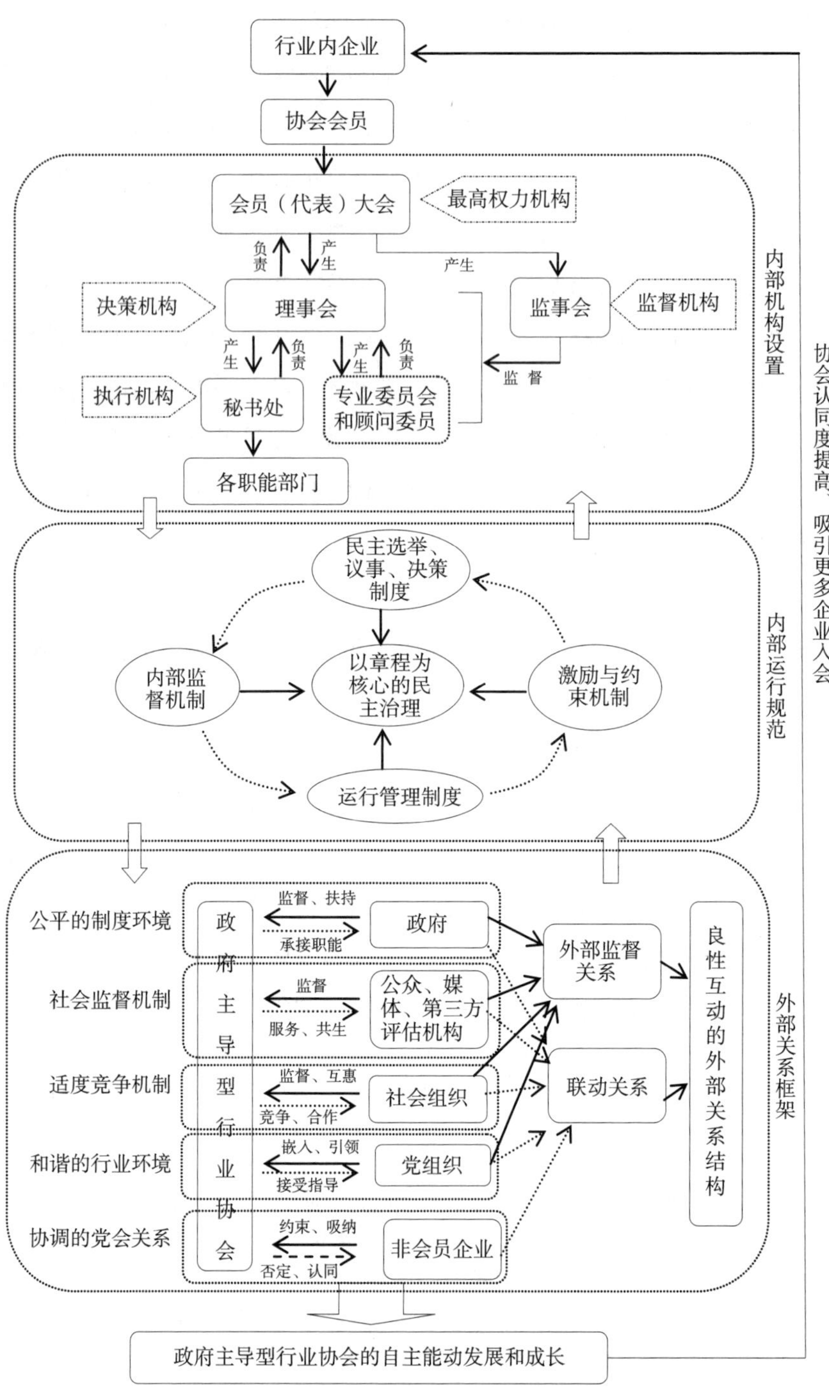


**图 7–2　政府主导型行业协会治理结构的优化模型**

效方式。

行业协会内部治理比外部治理复杂，外部治理有相应法律保障，而内部治理相关规则制定却严重滞后。合理的内部法人治理结构是协会获得社会认可的基础，否则，组织的运行将会面临一系列问题，比如，社会合法性地位丧失，因难以获得足够的资源支持而逐渐萎缩甚至消亡。行业协会的法人治理结构是对决策、执行、监督机构及其他利益相关者之间的权利分配与制衡关系的制度设计与安排。行业协会法人治理结构必须在法律规范的基础上，以章程为核心，在各机构之间形成权责明确、相互制衡、运转协调的统一机制。具体而言，政府主导型行业协会的法人治理结构应从以下几方面予以优化。

## 一、构建科学的法律框架和良好的政策体系

首先，加快行业协会专门法的制定。立法是制定、认可和变动特定社会规范的专门活动。[①] 在国外，行业协会法人治理的规则主要来源于国家立法及协会制定的规章制度。当前，我国还没有一部统一的行业协会的专门法律，只有各政府部门制定的规章条例等，立法层次偏低，权威性不足，法律环境的缺失给行业协会治理结构的完善带来很大局限。因此，一是应借鉴国外经验，加快行业协会专门法的制定工作，在已有法规的基础上，尽快出台《行业协会商会法》，对行业协会的治理结构问题作原则性规定，并以强制性规则的形式体现出来，明确行业协会治理结构的最基本、底线性要求。对行业协会的设立程序和要求，机构设置，领导人的职责、产生和罢免等重要内容通过法律予以规定，保障行业协会的规范运行，比如，日本《民法典》中对公益法人治理结构作了明确规定。二是应进一步明确行业协会治理结构中的哪些问题需要在法律中予以强制规定，哪些内容仅须在章程中加以说明，找准法律和章程之间的契合点。三是除了强制性规范，还应设置一定任意性规范。例如国外立法中有“除非章程另有规定”“章程另有规定的除外”“由

① 参见朱伯玉《低碳发展立法研究》，人民出版社 2020 年版，第 31 页。

章程确定”等规定，确保协会有一定的自主权决定法律是否适用及如何适用，协会可根据组织的宗旨和特点制定相对灵活的规则，有效发挥协会的运行规范在法人治理中的重要作用。

其次，发挥政府的引导作用。行业协会治理结构的优化和创新离不开政府的理性设计和推动。在国外，政府对协会的管理重点是登记、与协会互动、资金和政策支持方面，基本不介入协会内部的运行管理，协会内部的纠纷也大多通过法院予以解决。比如，美国行业协会的会议举行、内部的惩戒、选举等都属于法院的受案范围。而我国无论民事诉讼还是行政诉讼立法都未将协会的治理问题纳入受案范围，实践中也没有相关案例。对于行业协会立法不足的情况，政府层面的指引性规则是行业协会进行自我管理、自主治理、自我运行的有效依据。因而，政府需制定关于协会内部法人治理结构的指引性规则，明确规范的行业协会内部法人治理结构的应然状态。同时，政府的规定、规则应尽量全面、精细，避免过于宽泛，不被重视。例如，2016 年 4 月，天津市发布了全国首个社会组织法人治理结构准则地方标准——《天津市社会组织法人治理结构准则》，为其他地区乃至全国性的协会组织标准的法人治理结构的构建和完善开启了良好的开端。①

另外，政府对协会的引导应倾向于采用非强制性引导方式，即应把政府与行业协会放在相互平等、独立的地位，通过协商、劝说、对话的方式来引导行业协会优化和完善法人治理结构，进而把政府的意图和目的嵌入到行业协会法人治理结构中，使其内化为协会法人治理结构建设的精神资源。

## 二、强化章程建设，明确章程的核心地位

行业协会章程是以机构设置以及成员的权利义务为出发点制定的。章程的合理程度影响着协会的有效运行及会员企业的利益。所以，行业协会必须制定有效的、可操作的章程，为协会自律与民主决策提供重要依据。建立

① 《天津市社会组织法人治理结构准则——天津市市场和质量监督管理委员会》，《天津市社会组织管理局》，2016 年 6 月 8 日，见 http：//shzz.tj.gov.cn/News/201606/201606081503239.htm。

科学、严密的章程应从以下几方面着手。

一是在参考示范文本的基础上，根据行业协会自身特点制定章程。行业协会本质上是自治组织，应根据自身情况制定相应章程，并依据章程进行自我管理。示范文本仅是对章程必要内容的简要概述，更多的应是根据协会的实际情况制定具体可行的章程。可尝试取消将章程作为行业协会成立登记时的必备条件的规定，抑或降低对协会成立登记时对章程标准性的审核，允许协会在方向和原则性问题上依照示范文本标准要求的前提下，自行决定章程的具体内容。

二是完善章程的内容，使之成为协会自治的重要依据。首先，合理设置协会的权力机构，避免机构和职权的重叠交叉问题，确保各司其职。其次，章程要明确各职能机构的权力和职责。再次，要将协会的各种管理制度在章程中予以明确，提高协会运行的规范性和制度化。健全争议和矛盾的协调解决机制，在协会内部建立内部仲裁机构，提供多元化的矛盾解决渠道，切实维护成员的合法权益。

三是保证相关利益主体的充分参与。首先，确保在重大决策和章程修改时会员企业权力和地位的平等，鼓励会员企业主动地参与协会的决策和章程修改，充分听取会员的意见，在制定和实施过程中注重对话、协商，使章程能够更好地体现多方利益。其次，协会的章程必须要坚持以会员利益为中心的原则。要真正以会员企业为主体，不应只参考政府部门的意见，而忽略会员的意见，更不能以此损害会员的利益。再次，政府也应提供相应支持，把该下放的职能转移给协会，避免将政府的意志和意愿强加给协会，确保协会的自主性。

四是加强对章程执行的监督。有效监督是保障章程得到有效执行的重要保障，主要包括外部监督和内部监督。外部监督则主要指政府、社会公众、非会员企业和新闻媒体的监督以及司法救济等。政府部门通过审核、检查以及委托第三方评估机构进行评估等方式对行业协会章程的实施负有监督责任，对违法行为给予一定处罚。社会公众通过推动诚信自律等方式约束协会的行为，履行章程规定的职责。内部监督主体有会员企业、理事会、独立的监督机构及党组织等。行业协会应设置专门监督机构确保章程得到有效执行，当出现依据章程无法解决内部矛盾和纠纷情况时，司法介入亦是对章程执行的一种监督。

五是协调好章程和法律的关系。章程是协会内自治的主要依据，但协会章程的制定不能与法律规章等相违背。我国行业协会治理的依据是法规与章程并重的混合规制模式。因此，首先，法律规定的问题，协会在章程中要设立相应的条款予以明确规定，方便协会在运行过程中依章执行。其次，在协会内部纠纷处理上，给予协会章程优先适用权。会员提出的权益诉求，应由协会来满足，自主解决。章程可发挥其灵活性和柔性优势，弥补法律对行业协会约束的不足。再次，实现协会章程与法律的有效整合。在尊重协会自治的基础上处理章程不能解决的问题，保证协会章程最大程度上发挥其功能。

### 三、科学设置组织机构

行业协会内部法人治理结构以“三权”分离为前提，以委托代理关系为主线，以利益相关者协调为重心，解决协会内部的利益协调与整合及有关的效率问题的制度安排。①一般而言，行业协会内部法人治理结构包括在章程规范下的四种权力结构：权力机构、决策机构、执行机构和监督机构②，分别对应会员（代表）大会理事会、秘书处和监事会等机构。各机构之间彼此独立、相互制约形成一种科学管理模式。③而政府主导型行业协会普遍采用“会员（代表）大会—理事会（常务理事会）—秘书处”的组织结构模式，监事会缺失现象普遍。为此，应合理设置组织机构，构建完整的法人治理结构。

---

① 参见陈林、徐伟宣《从企业法人治理到非营利组织法人治理》，《中共宁波市委党校学报》2003年第4期。

② 也有学者认为是三种权力结构：决策机构、监督机构和执行机构。参见徐家良《行业协会组织治理》，上海交通大学出版社2014年版，第48—49页。

③ 参见徐晞《我国非营利组织治理问题研究》，知识产权出版社2009年版，第42页。

### （一）改善理事会运行机制

理事会是行业协会承担决策任务、行使决策权力的机构。由会员（代表）大会选举产生，对协会日常经营事项具有决定权，负责制定协会发展目标、运行管理制度的制定以及秘书处人员的聘任等非重大事项的决策。因此，改善理事会状况的关键是开发和实施“新职责”，激发理事会的工作和参与热情。实施新职责应做到：一是理事会不再仅仅扮演“橡皮图章”的角色，而应积极参与重大事务的决策；理事会和管理人员要共同确定哪些是重大问题，并听取利益相关人和相关专家的意见，制定组织的重要计划；二是对重要事项采取实际行动，协同执行人员实施政策。打破原有职责界限分明的规则，重新定义理事会与执行机构的功能，理事会在与执行机构充分对话的基础上制定决策，执行机构在得到理事会信任的情况下将决策付诸实施。此外，适当的信息传递是保持双方信任关系所必需的；三是理事会必须突破僵化的职能结构，拥有更大灵活性和随机应变能力。最重要的一点是，理事会应力图解决问题，而不仅仅是走过场。抛弃原有的行政性的、发号施令的工作方式，起到良好的表率作用。

其次，合理制定理事会成员的构成比例，维持理事会成员的平衡性。应规范理事会的规模数量，并合理确定任期。理事人数一般不超过会员（代表）人数的 1/3。理事数量较多的协会可设常务理事会代替理事会行使部分职权。常务理事一般不超过理事人数的 1/3。理事会可选举一名理事长或主席，负责日常管理事项。一般每届任期不超过 5 年，连续任职不超过两届。此外，协会还应明确各类人员的比例，例如理事会成员中大部分应为企业家；应具有一定比例的专家学者、财务和法律方面的专业人士；政府部门、执行机构人员进入理事会要控制在一定比例。

再次，择优选择会长，有效发挥会长（理事长）的作用。有些协会开始实行理事长（会长）轮值制，轮值范围包括：会长、常务副会长、监事长、监事、副会长。会长轮值制可使协会在短时间内不断具备新的精神面貌，充分利用会长本身的资源，最大限度调动会长的积极性，不断修正前进的方向。然而，会长轮值制易使理事会无法实现最终的决策与平衡，造成协会内部不稳定。此外，秘书处也需重新制定执行计划，导致资源浪费。没有持续性服务，企业不能够得到实质性利益，这个协会就会被淘汰。然而，对会长轮值制是利大于弊还是弊大于利到现在也没一个确切的答案，需要时间来验证。还有的协会实行由大企业委派会长（理事长）的方式。但无论哪种方式，会长都摆脱不了与大企业之间的瓜葛。在会长的选择上，可借鉴国外经验，聘请社会上或者行业内有影响的人或者有知名度的人士担任，以保证会长处理问题上的客观公正性。

最后，理事之间保持平等、及时地了解信息。专门小组和委员会议的议事日程、会议纪要以及背景资料，都必须发放到所有理事手中。理事会还要利用电话会议和电子信箱等信息技术及时进行交流。执委会会议应让所有理事成员参加，而理事会和各委员会主席也应接受培训。

（二）健全权力制衡机制

权力的滥用一般都发生在决策和执行环节。行业协会的负责人及执行机构拥有巨大的权力，在缺乏相应监督的情况下，握有权力的管理人员可能为获得个人的经济利益作出错误决策，用协会的损失换取个人的利益。有效约束协会内部权力，一方面，应确保协会内部的相互制衡。方法主要有：一是用责任制衡权力；二是规范管理，用规章制度约束管理人员的行为。包括通过检查理事会的工作及财务运作状况加强会员（代表）大会通过对理事会的制衡；通过完善的权利和义务、决策流程等规范和突出理事会在协会内部制衡中的基础性作用；建立理事会对秘书处的制衡，提高运行效率；发挥党组织对协会的引领和指导作用；完善监事会制度，解决内部机构权力分配不均的问题，加强对内部权力监督。另一方面，要充分发挥外部制衡的作用。发挥政府、社会公众以及舆论媒体等外部途径对行业协会权力责任履行情况的监督和制约。

但是，在确保理事会与秘书处相互制衡的前提下，不能将两者截然分开。理事会不能将执行层领导排除在决策之外，也不能把理事会与政策执行彻底分开。而且，在特殊时期，理事参与执行决策是非常重要的。总体上来说，组织结构设计应以机构的首要任务为导向进行组织，必须根据任务决定组织结构，建立更加灵活的组织结构，例如委员会、工作组、专门行动小组的设置必须服务于组织的战略重点。专门小组成员可包括服务对象和非理事会成员的专家，以解决重大而繁杂的问题。

## 四、健全行业协会内部制度建设

行业协会的正常运行除了要有合理的机构设置，还应有相应的制度保障，实现以章程为核心的民主治理。例如，广东省行业协会起步较早发展比较完善，协会一般都制定了比较合理的组织结构，并建立了完善的规章制度和机制。广东省电力行业协会制定了包括协会章程、全国电力行业核心价值公约、广东省全省性行业协会评估与现代行业协会制度建设概要、民主选举制度、各种会议制度、内部管理制度、信息披露制度以及行业自律公约等19项规章制度①；江门市粮食行业协会制定了包括民主选举制度在内的10项制度以及包括协会自律保障机制在内的6项机制②。这些制度规范协会内部管理，使协会工作有章可循，有制可依，逐步向制度化、科学化迈进。政府主导型行业协会应借鉴这些协会的做法，健全协会内部制度建设，为规范协会治理提供依据。

### （一）完善民主选举制度

政府主导型行业协会的负责人主要由政府业务主管部门任命或推荐。脱钩后实行自主治理，其中最重要的方面即自主选举协会负责人。完善民主选举制度，制定合理的选举规则是行业协会实行自主办会的前提条件。一般来说，协会会长、副会长、理事、监事须经会员大会选举产生，常务理事须由理事大会选举产生。协会应根据《全国性行业协会商会负责人任职管理办法（试行）》（以下简称《负责人任职管理办法》）制定科学的民主选举制度。

1. 合理确定行业协会负责人候选人的来源

行业协会的负责人数量一般为5—15人。首先，应合理确定会长的人

① 《广东省电力行业协会》，2018年4月2日，见http：//www.geta.org.cn/hxgk/xhgz/.

② 《江门市粮食行业协会》，2018年4月2日，见http：//www.jmslshyxh.com/news_list.asp?zllb=024.

选。关于协会会长的来源，有人提出为了更好地代表会员和行业利益，应坚持“企业家办会”，会长（理事长）应是行业内有较高影响力的企业家。也有人认为出于从整个行业的健康发展考虑，协会领导不能由企业家担任。本书认为，由谁担任会长（理事长）应根据协会及行业的实际情况决定。在企业发展良好，个别企业占行业内市场的份额较高，企业家有足够的威望和影响力的情况下，可以选择企业家担任会长。在这些条件都不具备的情况下，随便产生企业家会长也难以服众。可借鉴全国工商联房地产商会的做法，本着“企业家办会”的宗旨，实行会长和轮值主席共同主持商会。在无法选出合适的企业家会长的前提下，由长期在建设部任职的聂梅生担任会长，企业家担任轮值主席。① 作为产业或行业专家的会长主要负责纲领性引导，而由企业家轮流担任主席，负责企业的具体发展问题，共同为协会的发展贡献力量。

其次，确定理事来源。应根据实际情况合理确定理事会人数，但总体上不超过会员数量的 1/3。同时，理事候选人应具有广泛的代表性，例如，企业家占比应不低于会员数量的 2/3。个别行业内专家、学者可实行“单位候选”原则，即产生理事单位，由理事单位再推荐理事候选人。名额分配的原则由协会换届工作领导小组提出，通常 1 个法人单位只能推荐 1 名理事候选人。

在理事的选举原则上，应改变以往仅按照行业影响力和资源多少的选举原则，应考虑是否具有相应的管理经验且取得一定成绩，对所在行业有广泛了解，而且要有为协会贡献的意愿，乐于奉献大量工作时间，不能仅凭借背景资料决定是否适合当理事。因此，兼任管理职务的专业人士是理事的最佳人选。因为专业人士往往缺乏关键的管理经验，他们更关注于评价组织内专业人员的工作，而这不属于理事会的职责范围。有些企业家、行业精英对协会的复杂决策过程以及分散的权力结构极不适应，不适合作为理事的人选。

---

① 参见贾林男《什么人来担任行业协会会长，才是最佳的选择?》，2006 年 9 月 26 日，见 http：//finance.people.com.cn/GB/1045/4858296.html。

而那些做过实际管理工作的理事，更容易分清监督与管理过度的区别。可以让可能成为理事的人参加专门行动小组或委员会，都相互了解、相互适应。

此外，要秉承在章程面前所有会员一律平等的原则，在行业协会负责人产生的候选人选中要确保中小企业代表的必要比例。

2. 增强选举的合法性

协会与行政机构脱钩以后，业务主管部门不再负责协会领导人的推荐、任命和审批。因此，应加强党组织对候选人资格的审核，对按合法程序提出的全国性协会负责人人选，由国资委党委、中央国家机关工委、中央直属机关工委依据归口关系负责审核。地方性协会的负责人人选的审核则由各地社会组织党建工作机构负责。经审核通过后，方可进行正式选举。

3. 创新选举形式

不少协会仍通过等额选举的方式进行选举。等额选举虽然可以比较充分地考虑当选者的合法性，但在一定程度上限制了会员企业的自由选择，影响会员选举合适的协会负责人的积极性。协会应多使用差额选举的方式，由会员（代表）大会选举产生常务理事和理事，须获得参会会员（代表）一半以上的选票才能当选。也可由理事会选举产生常务理事，当选者须获得 2/3 以上选票方能当选，形成从会长（副会长）到理事（常务理事）的多形式、多层次的选举机制。

4. 完善表决方式

应考虑什么样的表决形式才能最大限度保障会员的表决权。常用的表决方式主要有三种：举手表决、投票表决和电子表决。举手表决的方式沿用的时间较长，应用的范围也较广，人们也比较习惯。目前，还有部分协会采用举手表决，甚至是鼓掌表决的方式。因为是在众目睽睽之下举手，碍于面子或出于心理压力，举手表决容易受到其他非正常干扰，表决的真实性、准确性不高；鼓掌通过、拍手表决更是有走过场之嫌。应采用更加科学、符合民主规范的投票方式，如无记名投票或电子表决器的表决方式。这两种方式是实施表决过程中采用较多、最基本的手段和方式，它能准确反映表决结果，体现民主议事决策的目的，表达表决人的真实意图。

### （二）健全民主议事、决策机制

科学的决策能够降低代理成本，实现委托人预期效果和社会效益的最大化。行业协会的决策机制由会员（代表）大会、理事会、监事会和党组织等组成，并以此形成相应的决策分工和权力分配的格局，明确什么样的决策该由谁作出，并依靠一定的组织结构和制度来运行。行业协会的决策可分为三个层次：一是作为最高权力机构的会员（代表）大会的决策；二是作为组织常设决策机构的理事会的决策；三是组织管理层领导对日常事务的决策。因此，行业协会的决策是民主的、集体的决策，不是会长或秘书长的个人决策。《脱钩总体方案》要求，“健全内部会员（代表）大会、理事会（常务理事会）、监事会（监事）以及党组织参与协会商会重大问题决策等制度”。行业协会的会议制度主要有秘书处会议、会长办公会议、理事会及常务理事会、会员（代表）大会、分支机构会议等。

1. 确保会员（代表）大会的最高权力机构地位。一是要增强会员代表大会的代表性。以会员代表比例并以充分反映会员意愿和代表性为原则合理确定会员代表的数量。一般由理事会确定会员代表大会的人数，代表的数量不能少于会员总数的30%，并按照会员所在地域、类型、规模等划分若干选区，合理分配各选区的代表名额，每个选区经民主选举选出代表，分支机构与选区共同产生代表。会员代表产生后，应由理事会审查通过，对不具备条件的，应重新选举。二是确保会员（代表）的权力得到有效实施。会员（代表）大会享有审议各项议案、报告或其他议题；参加各项选举和罢免；提出对协会工作的建议和意见等权利。会员（代表）大会召开的频次、方式和条件都应有明确规定，并形成制度。会前还应有监事对会员资格进行审核，确认选举合法的有效性。

2. 赋予理事会充分独立的决策权。Werther 和 Berman 依据理事会的成熟度，将非营利组织的决策机制划分为三种模型：初创期的理事会主导、成长期的共享式以及成熟期执行长主导模式。① 我国政府主导型行业协会与行

---

① See Werther W. B., Berman E. M.,“Third Sector Management：The Art of Managing Nonprofit Organizations”, Washington DC：*Georgetown University Press*，2001，pp.23-85.

政机构脱钩后，理事会处于法人治理的初创期，符合理事会主导的决策模式，即理事会设定规章、制度，制定协会的发展规划，执行部门不参与决策制定，仅扮演忠诚执行者的角色。理事会决定着协会功能的发挥，必须赋予其充分独立的决策权。为此，首先，应合理设置理事会的部门职能分工。理事会为决策机构，秘书处为执行部门，秘书处不能干涉理事会的决策。秘书处应严格执行理事会的决定决议，对理事会提供有价值的决策意见，协助理事会制定协会的重要决策，并对大量日常事务性问题作出决定，有效发挥辅助理事会决策的作用。探索构建理事会与秘书处的协调激励机制，使理事会的权威和独立决策地位在发挥执行机构积极性的前提下得以保证。此外，为了提高工作效率，还须根据理事会的规模程度在理事会内部设置专业委员会，促进理事会工作的专门化，强化理事会的职能。

其次，健全理事会的议事规则。明确会议举行的次数、程序和议程等内容，以便广泛吸收和利用理事的集体智慧，作出高效、科学的决策。在理事会的议事过程中发扬民主，进行充分讨论、协商。讨论能使整个理事会进入角色，考虑组织面临的问题，发表意见，并考虑解决问题的方案。遇到复杂的问题，理事会应从尽可能多的角度进行分析，并拿出体现集体智慧的最佳解决方案。

此外，理事会应由协会会长召集，秘书处负责组织，协会所有理事参加。还应鼓励协会监事及党组织等积极参与到决策过程中。同时，还应完善责任追究机制，明确理事会对错误的决策应承担的责任，任何人均不得凌驾于理事会之上。

3. 建立健全与会员企业的联系制度。通过实时开展座谈、专题讨论等方式，听取会员单位对行业改革与协会工作的意见和建议。协会还应深入开展调查研究，跟踪企业工作动态和会员企业的意愿，为民主协商、科学决策提供可靠、详尽的资料。

除以上制度，协会还应健全监事会和会长办公会议等制度，进一步明确会议召开的条件、次数与程序。增加会员（代表）大会的召开次数，根据需求召开常务理事会、理事会、会长办公会议。同时，还应让监事会和党组织参与到各种议事、决策过程中，监督协会的议事过程，确保决策的公平、公正。

（三）完善激励机制

激励机制是激励主体对激励客体的作用方式。行业协会的激励机制包括对行业内企业的激励；对理事会成员的激励以及对专职工作人员的激励三个方面。因此，完善行业协会的激励机制应从以下几方面着手。

一是通过提升协会服务能力，增强协会吸引力。脱钩改革后，行业协会的生存与发展更多的来自市场的选择，只有通过巩固现有服务，不断开辟新的服务领域，扩大服务范围和力度才能增强对企业的吸引力。具体而言，一是建立统一的会员沟通、协同平台，加强对会员的精细化管理。例如，深圳市钟表行业协会建立一个智能化、自动化、简单易用的 8th Manage CRM 会员管理平台，准确、集中管理会员信息，并达到信息共享和部门间无缝协作，提高了内部的工作效率，增强了协会为会员提供全方位、优质服务的能力。① 此外，协会也可通过召开工作座谈会、经验交流会等方式搭建会员沟通平台，促进行业交流。二是通过举办企业经理人、优秀示范企业培训班，组织会员企业赴国外参加专业技术及管理培训等方式，增强会员企业的管理水平，给会员企业提供切实的帮助。

二是对理事会成员要注重隐性激励。非营利组织的管理层对工作努力和报酬之间的关系不敏感，他们更关注形式化等级。② 因此，应强调成就感和认可感，重点发挥信任激励、声誉激励、竞争激励、使命和目标激励等隐性激励的功能，将多种激励方式有机结合。赋予理事特别是理事长（会长）相应的自主权，突出理事会的特殊地位，并注重理事会成员的职业声誉机制，对于不作为、谋私利的违规行为应公开披露并进行惩罚。

三是注重对秘书处专职工作人员的显性激励（薪酬激励），健全完善秘

---

① 参见《深圳市钟表行业协会上线 8Manage CRM，提高工作效率》，2018 年 4 月 3 日，见 http：//www.8manage.cn/client/20161023161409118.html。

② See Rainey H. G.，“Public agencies and private firms’ incentive structures，goals，and individual roles”，*Administration & Society*，1983，15（2），pp.207-242.

书处职业化制度。建立健全各项规章制度，制定协会专职人员的任职标准、岗位职责及权力规定。从任职程序上规范化，从责权利上明晰化，从信誉管理上公开化，从职业成长上路径化，从绩效评价上综合化。可引进企业的职业经理人制度，完善协会专职人员的职业发展路径，提供制度化的晋升机制，激发工作人员的积极性。

（四）健全内部监督机制

孟德斯鸠认为，"一切有权力的人都容易滥用权力，直到遇有界限的地方才休止。"① 脱钩以后，政府主导型行业协会在内部监管上由主管部门负责变为内部机构负责，而一些协会并未及时设置完整的监督机构。内部监督主要包括会员（代表）大会、理事会、监事会、会员企业以及党组织对协会运行和财务管理状况的自我监督。

1. 切实保障监事会监督职责的实施

一是明确规定监事会的产生、权力及职责。监事会应由会员（代表）大会选举产生。除了对行业有较高认同和责任感之外，监事还应具备某种程度的专业知识，比较熟悉财务管理和项目运作。二是确保监事会的独立性。监督方与被监督方不应存在利害关系，避免理事会干预监事会的监督工作，影响监事的任免。为此，协会理事以上人员不得担任监事长和监事。三是通过规范的章程或制度来确保监事会职责得以有效执行。监事应列席行业协会的议事会议，对决议事项，监事会有权提出建议并督导执行。对协会的财务审计及重大收支事项有监督权。对运行中的问题有权提出处置意见，并督促有关机构及时进行调整或纠正。而且，应通过制度的方式对监事会的工作经费予以保障，确保监事会能进行有效监督。四是授予监事代表诉讼权，在理事会成员或工作人员的行为造成重大损失时，可以组织名义提起诉讼。

2. 注重理事会的监督

首先，对于未设立监事或监事会的政府主导型行业协会，应设立其他有效的监督途径。设立专门委员会是帮助理事会实施组织生存所必需的监督

---

① 参见［法］孟德斯鸠《论法的精神》（上），张雁深译，商务印书馆 1961 年版，第 154 页。

的关键[①]，其中最重要的四个委员会是计划委员会、员工福利委员会、审计委员会和纪律委员会，分别负责确保理事会的计划决定与组织使命相结合、监督员工工资水平和福利、内外部审计员的工作以及相关规章制度的遵守情况，有效防止出现严重问题。各专业委员会的成员在一定程度上可以有所交叉，但应保持在委员会之间的相互检查和制衡能力不被削弱的程度内。理想的委员会成员应具有担任高级管理职务的经历、显著的成效、较强的意愿，而不仅仅是特定的职位或专业背景。

其次，应建立问责交代制度，并以法规的形式确立，形成协会普通员工对上级管理人员、上级管理人员对职能部门、职能部门对执行层、执行层对理事会、理事会对相关利益团体的问责交代制度。交代方式可利用各种媒介，或通过会员代表大会来实现。此外，常设机构定期向会员和政府管理部门汇报工作情况，自觉主动接受监督。

再次，确保监管的有效实施。一是应进行开诚布公的交流，由监事长或各委员会主席等作详细报告，然后进行公开讨论，并将讨论结果向社会大众、媒体等公布。二是对监督人员就其职责和工作中所涉及的各种指标进行全面指导和学习培训，增强监督者对所要监督内容的了解。

（五）健全协会内部事务管理制度

加强行业协会的内部管理，必须在坚持自主和自治基础上建立规范的内部事务管理制度，如人事管理制度、信息公开制度、诚信自律制度以及内部矛盾协调制度等；并严格按照各项管理制度执行，使协会的运作有法可依、有章可循，提升行业协会的运作效率。

1. 加强对会员的服务和管理

一是合理定制会费及其他收费标准。可借鉴国外经验，会费的收取应坚持以支定收、灵活多样。例如，根据企业的营业额、员工数量等确定，而不仅仅依据会员在协会中的地位。此外，还应向会员公开协会收费的项目，

---

① 参见［美］里贾纳·E. 赫茨琳杰《非营利组织管理》，北京新华信商业风险管理有限责任公司译校，中国人民大学出版社 2004 年版，第 42 页。

避免各种变相强制收费和违规收费。

二是制定内部纠纷解决机制。将行业纠纷在协会内部解决，可以避免外部权力介入，创造独立自治的环境。要建立一套公正、权威的内部纠纷解决机制，不仅要设立公平的内部仲裁程序，还应引入内部申诉程序，提供有效的救济途径；并将所有程序和结果公示，接受大家监督，保证纠纷解决程序的公正、合理。

三是制定合理的约束机制。建立诚信考核制度，对会员进行诚信、自律等方面检查，建立诚信建设档案。对行为规范、文明诚信、信誉高，产生良好社会效益和经济效益的企业进行通报表扬和奖励。对发生违规行为，社会反映问题较多、信誉不好的，协会组织专人进行重点调查，针对存在问题提出整改意见，并将诚信执业、文明公正落实情况作为该单位年度经营资质审核的依据之一。如发生重大违规行为，向有关部门建议停业整顿。对会员的约束机制是引导市场秩序向良性发展的重要方式，通过达标约束、会费约束及信誉约束等方式规范会员的行为①，提高会员企业的违规成本，逆向规范市场。

2. 完善人事管理制度

合理的人事管理制度是保障行业协会高效运作的基础保障。行业协会人事管理制度的完善包括：一方面，根据行业协会的组织特性制定详细的岗位职责和任职要求，按照岗位要求合理配置人员；另一方面，对工作人员进行科学考核及评价，并制定合理的薪酬及待遇。

一是要提升行业协会专职工作人员的专业化和职业化。行业协会的秘书长和专职工作人员是协会聘用的专职工作人员。秘书长可以聘任或选任，但必须保证是全职。各职能部门工作人员应通过社会招聘的方式聘任，向理事会或会员（代表）大会负责。为保障协会工作的连续性和独立性，政府不得向协会委派工作人员，也应尽量避免会员企业向协会派遣秘书长和工作人

① 参见徐虹、刘海玲《转型期中国旅游行业协会法人治理机制研究——基于全国 31 个省、市、自治区的调研》，《旅游学刊》2016 年第 5 期。

员。在经费不足、工作人员严重缺乏的过渡阶段，可由会员企业安排的企业人员暂时处理协会事务。

此外，行业协会的管理也应该朝着职业化方向发展。协会的主要负责人应在协会重大问题的处理上自觉避嫌，或者放弃在企业任职。甚至有专家倡议，应尽快出台相关规定，限制协会主要领导人在企业内任职，避免协会“既是运动员、又是裁判员”的现象。

二是建立科学的绩效考核体系。科学的绩效考核体系是激发员工潜能和积极性的有效措施，应不断创新考核方法。例如，依据本岗职责履行和年度工作完成情况对工作机构人员实行年度考评制；实行逐级考核，由个人向上级主管提交年度总结，由上级主管作出评价意见和考评结果。也可借鉴“360度绩效考核”的理念，根据协会的情况，扩大考核者的范围和人数，使被考核者能被从不同角度获得评述，包括上级、同级同事、被考核者本人、下级以及服务对象，从而得出相对公正而全面的考核结果。

三是设置合理的薪酬福利水平。协会人员的薪酬待遇取决于协会运营和治理效果的好坏。多数学者赞同协会的专职人员尤其是管理人员的薪酬和福利应参考社会同业同职人员薪酬福利并结合协会实际制定。他们认为管理人员的工资应与他们在公司中的工资水平持平，这样有利于协会在相同的工资基础上竞争优秀的管理人才。然而，有的学者认为行业协会的专职管理人员不应该与企业中地位相当的经理获得同样的报酬。一方面，如果管理人员的报酬过高，就会减少对会员服务的支出；另一方面，许多管理人员在行业协会中愿意接受较低的工资，而相同的工资在企业里是不会被他们接受的。

因此，本书认为应建立动态的薪酬调整机制，使工作人员的薪酬始终保持在适当水平上。对专职工作人员，应设置相对“平坦”的薪酬机制，让工作人员的薪酬待遇不完全基于协会绩效，且随任职时间及能力的提升及时作出调整。同时，增加对员工职业发展方面的激励，提升员工的责任心和成就感。例如，专职人员可竞选秘书长，秘书长可竞选理事，理事可竞选常务理事，常务理事可竞选副会长，副会长可竞选会长。同时，建立学习提升制度，根据协会改革和发展的需要，定期、不定期地对专职人员进行各类业务培训，提高员工的素质和工作水平。

3. 拓宽行业协会资金来源渠道

目前，行业协会基本上都执行非营利组织会计制度。协会的主要资金来源包括会费、财政支持和企业捐赠等。但多数协会面临会费收缴率较低的难题，拓宽资金来源渠道成为行业协会发展的先决条件。因此，要适当放宽对协会经营性收入的限制，应允许行业协会进行合法合规的创收。协会为获得更多收入，应寻求新的途径，在合理范围内开展一些市场性活动，维持协会生存和发展的必备资源。以新的方式提供产品和服务、自营创收是解决财政可持续发展的钥匙，是比捐赠和财政拨款更为可靠的资金来源。

为此，行业协会必须鉴别出哪些是潜在的收入来源，再根据这些来源制定明确的财政目标。有些项目尽管利润较低，但可带来更多可靠的资金来源，减少对政府的资金支持和会费的依赖，从而改善组织的效率和效益。但在自营创收的过程中不能抛弃协会成立的初衷。

4. 完善信息公开披露制度，加强协会诚信建设

一是加强信息公开和披露。信息公开和披露是协会的持续责任，应坚持履行信息公开和披露的义务。美国学者赫茨琳杰为缺乏责任机制和信任的非营利组织设计了披露—分析—发布—惩罚（DADS）的分析方法，用以加强对非营利组织业绩信息的披露，对不遵守规定的组织进行惩罚。① 在实际操作中，这些非营利组织必须公布完备的财务报表，还应当向社会公众全面公布可比较的组织中高级职员的报酬。同时，适当的惩罚也是必要的，但制裁措施应深思熟虑，应包括自行废止条款。

二是协助政府有关部门制定和完善行业行规行约。加大诚信执业、文明守法宣传力度，通过电视、广播宣传、张贴标语、宣传画和举办各类宣传学习班等形式，提高会员单位对商业贿赂危害性的认识，增强会员单位社会责任感和使命感；在开展会员单位综合实力评定、诚信优质服务评比中，引

---

① 参见［美］里贾纳·E. 赫茨琳杰《非营利组织管理》，北京新华信商业风险管理有限责任公司译校，中国人民大学出版社 2004 年版，第 9—16 页。

导会员单位建立品牌意识，形成“以诚信执业”为荣的良好行业风尚。

## 第三节 外部治理结构优化的关键：塑造良性互动的外部关系框架

组织治理结构和行为的合法性对提高社会影响力和公信力，获得组织所需资源具有决定性作用。而组织合法性则来源于其是否符合善治所要求的目标和规范。公众期望看到的是在制度化的治理结构中体现出组织的高效率。① 行业协会在一个高度社会期望与强大社会责任压力的环境中谋求生存，其治理结构无法置身社会环境之外，良好治理的实现需要外部关系的和谐。行业协会与外部利益相关者的多元耦合关系构成了外部关系治理的基本框架。

行业协会外部治理的目的是构建有效良性互动外部环境，实现与外部利益主题的有效合作。而彼此的信任是双方合作的前提和基础，在彼此信任基础之上的合作才能更持久。信任关系表现为信任结构，是一种长期积淀下来的为社会大众所遵循的社会规范，属于非正式契约关系。② 它不单是一种道德规范，也有助于交易的达成和交易成本的节约，因而被称为一项重要的社会资本。然而，信任关系的建立要求行业协会提高组织透明度，接受社会公众监督③，并有效协调和控制与外部利益相关者的关系。

### 一、健全多元化的外部综合监管体系

脱钩改革之前，登记管理部门和业务主管部门都负有监管行业协会的

---

① See Mcewan K. L., Bigelow D. A., “Using a Logic Model to Focus Health Services on Population Health Goals”, *The Canadian Journal of Program Evaluation*, 1997 (12), pp.167-174.

② 参见姜广东《信任对经济政策效果的影响》,《社会科学战线》2007 年第 3 期。

③ See Lawry R. P., “Accountability and nonprofit organizations: An ethical perspective”, *Nonprofit Management & Leadership*, 1995 (6), pp.171-180.

责任，通过年检进行程序性监督。然而，年检主要是审查协会上报的相关材料，缺乏实质意义上的监管。从实际来看，无论是全国性还是地方性行业协会，对其违规的惩戒力度太小，以至于行业协会无所忌惮，严重影响行业协会的公信力建设。脱钩后，日益复杂的形势对行业协会的监管提出了更高要求，迫切需要有效的监管约束协会的行为，提升协会的公信力和影响力。因此，多元化的综合监管是行业协会治理结构中必不可少的一部分。

（一）健全法律框架下的外部监管

由于与政府主导型行业协会之间的密切关系，政府对协会违规行为的监管经常是“慢半拍、软三分”。在社会转型阶段，加强政府对行业协会的监督管理，是保证行业协会行为规范化、有效规避志愿失灵的必要手段。

1. 建立统一的监管规范，加强司法约束

对协会行为予以梳理，建立统一的监管规范，明确协会可以做什么，不可以做什么，工作程序如何，在此基础上制定相关法律规则，为监管机构进行监管和奖惩提供依据。例如，发展改革委制定了《行业协会价格行为指南》，对行业协会行为进行梳理，分项列明了 12 项法律风险极高的行为、4 项法律风险很大的行为、4 项法律风险较大的行为、5 项法律风险较小的行为、8 项无法律风险的行为。[①]《行业协会价格行为指南》为价格管理部门正确适用法律判断行业协会的行为提供了参考，也为行业协会的组织行为提供了指引，便于价格主管部门强化对协会的监管。将来，应进一步推动建立行业协会信用监管、信息公开、年度工作报告公开、负责人监督管理、抽查监督、资金管理等一系列监管制度，建立健全综合监管制度，加强事中事后监管，避免出现多头管理、重复监管或无人管状况。

2. 通过制度明确监管的对象和方式，防止出现管理上的“真空”

一是加大对行业协会活动的管理。通过检查、评估等手段，民政部门依法监督行业协会负责人、章程履行、活动、资金、信息公开等情况。按照

① 《国家发展改革委网站》，2018 年 4 月 7 日，见 http：//www.ndrc.gov.cn/gzdt/201707/t20170726_855538.html。

《关于推进行业协会商会诚信自律建设工作的意见》要求，建立健全行业协会信用档案，拓展行业协会信用评价的范围，加大对列入“黑名单”和“异常名录”行业协会的惩戒力度。例如，一旦出现失信行为，能及时追责，撤销其原有资格，并对相关责任人追究法律责任，使行业协会“不敢违规”，也“不能违规”。

二是强化对行业协会负责人的管理。完善行业协会负责人产生的办法，负责人的任职条件制度，严格落实法定代表人离任审计制度。加大对负责人过错责任追究，对严重违法违规的，予以责令撤换并依法追究责任。实行行业协会法定代表人述职制度、负责人任前公示制度。也可借鉴企业的经理负责制的做法，在行业协会中实行专职会长（副会长）或秘书长负责制，使责任明确集于一人，便于行业协会职能的行使和追责。

三是加大专项治理。由登记管理机关及财政、财务、审计等部门对行业协会财务活动进行监督，主要包括预算管理监督、收支情况监督、资金使用情况监督、资产管理与使用监督、周转资金及专用资金专项资金监督等。加大对行业协会借用行政资源、代行政府职能、利用业务主管部门影响或凭借垄断地位违规收费行为的专项清理整治，保证行业协会财务活动的合法性、合规性和有效性，防止违规行为滋生蔓延。

3. 成立专门、独立的行业协会监督小组

民政部和各地社会组织管理部门可设立独立的监督机构，专门负责对行业协会违规行为的监督，使对行业协会的监督得到有效实施。但由于我国行业协会数量众多，也面临监管人员、物资缺乏问题。为解决监管力量薄弱问题，在确保专门监督小组的有效领导下，可发动志愿者、公众等积极参与到监督过程中。此外，充分发挥司法部门的监督作用，通过法律赋予司法部门对行业协会行为的起诉权。

4. 建立科学的行业协会评估体系

行业协会评估在政府“登记、年检、培育、评估、执法”五位一体的管理模式中居于动态衔接位置，是政府监管的重要方式。目前评估工作中仍存在参评积极性不高、第三方评估机构的独立性和专业性难以保证、评估结果应用范围狭窄等问题。因此，应不断总结经验，加快行业协会评估体系建设。

一是健全行业协会评估的标准和制度。自 2007 年起，民政部针对社会组织评估出台了一些政策和制度。应根据政策和环境的改变，进一步完善行业协会评估办法和标准，例如，可在现有评估标准的基础上逐步增加经济标准、社会标准以及政治标准的相应内容，并依据社会组织评估所处的不同发展阶段，不断探索与改进评估标准。①

二是以政府转移职能为契机来扩大评估结果的应用范围。当前，行业协会评估结果的应用范围较小，仅在年检、承接政府职能转移和购买服务方面有所表现。因此，需要借助脱钩改革、政府职能转移的契机，以及加强社会组织党的建设的改革机遇，从政策规定上扩大行业协会评估结果的应用范围，既是对行业协会的选择性激励，为行业协会评估的常态化打下良好的政策基础。

三是加强对评估过程的监管，增强评估的规范性。评估过程是否规范直接影响评估结果的有效性，可通过增加评估结果公示内容、让公众参与评估过程、把过程性信息纳入评估体系等过程监管方式来提高第三方评估机构的评估规范性，提高评估质量。例如，中国香港特区采用抽查方式，英国建立了举报机制，将这些抽查信息和过程记录应用到评估结果中，使评估指标体系动静结合，逐步完善。② 在评估监管主体方面，政府也是不可或缺的一部分，应以政府参与的效果来评价政府参加的意义。

### （二）积极鼓励社会监督

社会监督是行业协会获取社会捐赠和享受税收优惠合法性、合理性的非正式监督机制，能够使行业协会行为和社会效果始终处于公众舆论的评判监督之下，使行业协会时刻自我约束、自我完善的神经，自动接受社会的检

---

① 参见杨阳《探索建立社会组织评估标准指标体系》，《中国标准化论坛》2015 年，第 108 页。

② 参见王兴彬、郑超《完善评估机制的重点是建立科学的评估体系——访清华大学教授、全国性社会组织评估委员会副主任王名》，《中国社会组织》2014 年第 14 期。

验和评价。社会监督应完善社会公众的、新闻媒体及其他社会组织对行业协会的监督。

1. 重视信息公开。把行业协会、评估机构、政府社会组织网有效链接，把政府、非营利组织和社会相关信息实时在网上发布，使有关信息公开透明，特别是行业协会的组织宗旨、资金来源、使用方向、公益项目、社会效果等相关信息，让社会公众不仅在网站上可以随时查阅行业协会情况，还可以通过使用手机、平板电脑，利用、微博、微信平台等便捷方式对行业协会相关信息了解、交流，解决好信息不对称问题。

2. 形成社会公众舆论监督氛围。社会舆论监督是对行业协会进行道德约束的重要实现形式，是作出公益服务承诺，主动或被动接受社会公众检验其诚信程度的有效渠道，是判断行业协会公信力强弱的基本方法。在我国，由于信息不对称，社会公众对行业协会的舆论监督受到一定制约。社会舆论监督主要依靠媒体力量和社会公众，应鼓励社会大众和新闻媒体积极参与到社会公众监督中。例如，协会可通过投诉热线、网站投诉专栏等形式建立制度化渠道，也可增加新闻曝光率和网络热帖、微博评论。这样既可以通过负面曝光，对违规者给予谴责，也可以通过正面宣传，扩大行业协会的社会影响。

3. 大力发展第三方评估监督。第三方评估机构是一种新型的监督手段，以其自身科学专业的视角、客观独立的立场对行业协会的行为、活动及成果进行监督评估。① 它们通过制定评估标准，收集汇总各类行业协会的相关信息，再组织专家进行评审并向社会公布结果，对协会进行监督。第三方评估机构既非行业协会的直接利益相关者，也非政府下设机构，因此能以公正、客观的立场开展评估工作②，因而在行业协会社会监督中具有独特价值。

2015 年，首次对社会组织全面实施第三方评估。由于缺少能被政府以及社会都信得过的、具有权威性的专业评估机构，使评估结果的公信力较

① 参见张良《行业协会工作实务》，上海交通大学出版社 2014 年版，第 227 页。

② 参见石国亮《通过第三方评估推动社会组织公信力建设》，《中国社会组织》2015 年第 10 期。

低。因此，首先，要确保第三方评估机构的相对独立性，并从评估主体和评估程序两方面予以明确。采取相应的制衡措施，建立相应的公开、竞争与监督机制，保障避免委托方及利益相关方的干扰。其次，要通过资金保障、创新遴选和管理方式、推进评估结果的应用等途径，进一步落实第三方评估的保障机制。再次，要大力推进第三方评估机构自身建设，包括加强相关人才队伍建设，健全制度建设等。①最后，要加强评估机构的能力建设，同时成立独立的监督管理委员会对第三方评估机构进行有效的问责和监管。②

## 二、塑造治理取向下的行业协会外部良性互动关系框架

治理结构中的合作是一种建立在平等基础上的关系。合作的达成不仅通过正式的机制，也通过非正式的网络，但必须建立在治理权力的分享及相互信任之上。在正式机制不健全的情况下，交易的维持和发展主要依靠成员在以往互动中结成的信任关系。信任机制是社会资本的重要元素，是交易双方尊重对方利益的事前安全阀，起着事前调节的作用，有利于降低交易成本。③因此，应注重外部关系的协调，构建以“互信”为核心的外部互惠共生关系框架。

### （一）与政府部门构建互信基础上合作关系

“处于转型期的政府倾向于选择依靠自己的力量来解决问题，而不是寻求与公民社会的合作，对非政府组织持怀疑，甚至敌对的态度。”④政府与行业协会彼此缺乏足够信任，制约了双方之间的协作。为了充分发挥彼此的优势，应构建互信基础上合作关系，具体而言，可从以下几方面努力。

---

① 参见詹成付《双管齐下合力推进社会组织第三方评估》，《中国社会组织》2015 年第 10 期。

② 参见王兴彬、郑超《完善评估机制的重点是建立科学的评估体系——访清华大学教授、全国性社会组织评估委员会副主任王名》，《中国社会组织》2014 年第 14 期。

③ 参见牛喜霞《当前农村社会资本的现状、结构及影响因素》，山东人民出版社 2021 年版，第 23 页。

④ See Brinkerhoff Derick W.，“Exploring State-Civil Society Collaboration：Policy Partnerships in Developing Countries”，*Nonprofit and Voluntary Sector Quarterly*，1999（28），pp.59-86.

1. 确保政府主导型行业协会独立地位

政府主导型行业协会天生就与政府部门职权交织不清、利益关联千丝万缕、管办一体，长期充当政府部门的门面和附属物。随着去行政化改革不断推进，政府主导型行业协会不断淡化行政色彩，逐步向专业性社会组织回归。然而，由于公共资源依然掌握在政府手中，一是政府主导型行业协会从依赖业务主管部门转为依赖登记管理部门，依然过度依靠行政部门；二是协会的业务主管部门虽然失去了对协会的直接管理权，但仍以业务指导等理由干预协会，或者一些行政部门缺乏改革动力，职能转移缓慢，或以各种各样理由拒绝或推脱，本应由协会履行的职能仍然没有归还给协会。为避免政府与行业协会“形离神不离”，应继续深入推进脱钩改革，切断协会与政府的关联，增强其独立性和自主性，在市场大背景下提升其竞争能力与活力。

2. 双方的合作必须建立在“互信”基础上

政府与行业协会之间的合作是双方博弈的过程。在博弈过程中，政府与行业协会都是理性的、利己的个体，都希望对方信守承诺，而不要求自己也做到。① 由于双方都没有信守承诺的激励，讲诚信一方的利益很可能就会遭到损害，双方的协作也无法维持。因此，双方的长期合作关系，必须建立在双方互信的基础上，方可实现。

在治理理论中，国家与社会组织之间应是一种“双向嵌入”的关系，国家与社会组织的权力都能得到强化。② 为此，一是要重视社会制度环境的塑造与完善，使相关制度更具针对性、可行性，在相互嵌入的过程中，增进双方的信任，使政府与行业协会双方的权力都得到强化。二是转变观念，理清政府与行业协会的职能边界。清楚划分和界定哪些事项是必须政府提供的，哪些事项是应该交给行业协会做的，哪些事项由谁做效率更高、效果更好。切实转变政府观念，跨越认识上的误区，在充分协商和谈判的基础上实现政府与行业协会的平等合作。

---

① 参见李利利《论行业协会外部治理结构调整》，《开放导报》2017 年第 6 期。

② 参见纪莺莺《治理取向与制度环境：近期社会组织研究的国家中心转向》，《浙江学刊》2016 年第 3 期。

3. 加强行业协会与政府合作的配套制度建设

多数政府主导型行业协会的自治能力较差，存在严重的行政化路径依赖，协会管理的民主、协商意识比较淡漠。这需要政府通过合适方式引导行业协会走上法人治理轨道。

首先，建立可供遵循的法律法规，构建二者合作的载体和平台。政府主导型行业协会与政府的关系，总体上来看是监管大于合作。即使是针对社会团体的登记管理条例，往往也是从加强政府管理的层面设置的。所以，亟须在立法层面加大工作力度，制定明晰非营利组织权利义务、地位作用的专门法律和规章制度。

其次，健全政府购买行业协会服务的制度规范。我国行业协会承担政府购买服务普遍存在不对等现象，而化解这种不对等现象的关键是实现行业协会承接政府购买服务的制度化发展。为此，一是要完善相关法律与规章制度。政府向社会组织购买服务实施以来，多个部门制定了相关规定和管理办法，如 2015 年的《政府购买服务管理办法（暂行）》、2016 年的《关于通过政府购买服务支持社会组织培育发展的指导意见》等。一些地方政府也出台了政府购买的实施办法，如河北及山东等地。下一步应根据社会需要补充、完善相关法律和制度规范，明确公共服务的购买主体、承接主体、购买内容、资金来源、购买程序和承接主体确定方式、绩效评估与监督等内容，在实质层面和程序层面赋予行业协会与政府平等的法律地位，确保行业协会承接政府购买服务规范有序运行。二是制定政府购买服务清单，明确可由行业协会承担的事项，根据应具备的资质、条件等制定可承接政府购买服务的行业协会名单。将在行业协会优势领域内，又有能力做好的服务，通过购买的方式交给行业协会。三是通过合同契约方式，明确责任关系，规范双方行为。在购买服务中，政府应负责制定服务的内容和标准，财政支持和监督评估，行业协会负责提供服务，双方是平等的合作关系。此外，在行业协会与服务对象之间也应签订服务协议，建立服务关系，明确各自的责任。四是构建科学的行业协会承接政府购买服务绩效评估机制。对行业协会承接政府购买服务的成本收益、服务满意度、质量等内容进行评估，以评估结果作为继续购买与否的依据。

再次，加强分类指导，促进型政府主导行业协会规范发展。目前，我国有近 8 万余家行业协会商会，包括专业性和行业性、全国性和地方性等多种类型，应针对不同类型的行业协会制定不同的指导方案。具体而言，对全国性协会，应坚持“一业一会”，便于统领行业发展、掌握全行业情况，代表整个行业开展国际交流合作；对专业性协会，可设立多个协会，增加协会之间的竞争与协同，提升服务质量和水平；对覆盖面萎缩、重复设置且不利于市场发展的协会可以合并重组。不同情况要区别对待，因地因时制宜，切忌“一刀切”。此外，对行业的划分宜粗不宜细。扩大行业协会覆盖面需发展跨部门、不同性质的企业会员。

（二）增强行业协会对非会员企业的吸引力和凝聚力

首先，行业协会应立足于自身的职责，围绕企业及行业发展面临的问题和矛盾积极拓展服务领域，创新服务手段，丰富服务内容，提供优质服务，积极发挥沟通、协调、代表、监督的职能，帮助企业化解经营困难，不断增强协会的影响力、吸引力和凝聚力，提升加入行业协会的预期回报率，做到让企业想得起、离不开、靠得住，获得行业内非会员企业的信任和认可，双方形成相互合作、信任的关系结构。

其次，对企业实行有效的选择性激励。奥尔森认为，“集体行动以提供集体物品为目标，而集体物品带给参与者的是集体性激励，因此，不具有足够的吸引力使行动者加入到集体行动当中去。要使集团成员加入到集体行动当中去，就要提供不同于集体激励的选择性激励”①。这要求行业协会通过提供有利于会员的俱乐部产品来吸引企业加入协会，以实现团体利益与个人利益的统一，或者说集体理性与个体理性的统一。例如，广东省食品协会给正当利益受到侵害的凉茶企业提供有效的选择性激励，及时提供保护，出面帮企业解决危机，自然赢得企业的信任，从而吸引更多企业加入协会。

---

① 参见［美］曼瑟尔·奥尔森《集体行动的逻辑》，陈郁、郭宇峰、李崇新译，上海人民出版社 1996 年版，第 13 页。

### （三）建立与其他社会组织之间的联动机制

与其他社会组织的联动、合作是行业协会获得持续发展的重要途径。为此，可从以下几方面进行探索实践。

一是建立行业协会之间的联合组织及信息沟通、共享平台。国外一般都设置了综合性的联合组织。比如日本的“商工会议所”和原联邦德国的“工商会”等，这种联合组织是一些大型企业和协会组织组成。我国的工商业联合会吸收的会员主要是私营企业主、个体户等，只能代表部分商界的利益。因而，需要组建综合性更大的商界联合会，使其成为与政府进行交流和直接对话的重要渠道。

此外，应建立行业协会之间信息沟通、共享平台。2017 年，中央国家机关建立了行业协会商会党建网站暨资源共享平台。① 机关工委对 120 余家脱钩协会商会进行全面摸底调研，了解需求意向，在此基础上，按照“行业相近、业务相关、需求互补、合作共赢”原则，将业务相关的协会商会资源整合起来，将协会党组织联动起来，依托紫光阁中央国家机关行业协会党建网站，设立资源共享专栏，及时发布各协会提供的共享资源、项目概况、合作意向，促进业务交流和发展合作。工委还有计划地组织开展线下活动，定期举办中央国家机关与行业协会的合作发展论坛，帮助协会商会当面洽谈合作意愿、探讨合作机制、谋划合作战略、推动合作深化。下一步，应重点推动建设其他平台，以此能进一步推动协会之间先进经验借鉴、行业信息共享、发展资源共用，不断畅通信息渠道，形成发展合力，实现合作共赢，更好地服务行业协会发展。

二是完善淘汰、退出机制。当行业协会业绩差、效率低、运行不佳、甚至工作瘫痪的情况下，完全可以进行淘汰、退出。例如，设置行业会员覆盖率的下限，使协会面临淘汰的压力，以此促使协会积极变革，不断完善自身建设，把重点放在服务会员上。

---

① 《中央国家机关行业协会商会党建网站暨资源共享平台启动仪式在京举办》，2018 年 1 月 4 日，见 https：//mp.weixin.qq.com/s? __biz=MzUzMjMxNTE3Ng%3D%3D&idx=1&mid=2247496995&sn=4b17b569f2acc81b2d270f464028a762.

三是构建行业协会之间的自律性联合。同行业内多家协会之间应联合起来共同履行制定行规行约、维护行业秩序的职能，对于维护协会的良好形象、提升社会公信力具有重要作用。因此，行业协会应根据各自的行业领域，积极组建同业监督组织，通过联席会议、例会等形式，互通信息，相互监督，研究政策，依法维权，促进同类协会建立共同的目标，并在此目标指引下更好发挥组织功能。

## 三、加强党组织嵌入行业协会的制度化建设

近期，我国社会组织发展出现了新动向。在治理过程中，党群部门对于社会组织的调用产生了特别的后果，它实际上可理解为政党在特殊社会条件下维持和强化自身社会动员能力的新路径。[①] 行业协会的党建工作关注的是如何通过对行业协会的引导来有效提升自己影响社会的能力，因而更具政治性意义。行业协会的党建工作重点是加强“政治引领”，允许行业协会自主选择活动范围。行业协会的党建工作应从这几方面予以加强。

首先，把加强党建工作写入章程，构建党引领协会的制度化渠道。在行业协会治理结构中明确党组织的地位和作用，凡符合条件的行业协会都要按照有关法律和规章设置党组织。加强对行业协会党建工作的调查研究，掌握存在的主要问题和困难，从实际出发，制定关于协会党组织的组织架构、活动方式、作用及地位的相关规定。健全完善党建工作保障机制，落实党建工作责任制，切实提高行业协会的党建水平，保障改革成功和健康发展。

其次，扩大党的组织和工作覆盖。一是应健全脱钩后行业协会党组织管理体制。脱钩后行业协会的党建工作应重点抓好两个方面的工作：一方面，理清脱钩后党组织的隶属关系。对于全国性行业协会，脱钩后的党建工作依据原业务主管单位党的关系归口原则，分别由国务院国资委党委、中央国家机关工委、中央直属机关工委领导。地方行业协会的党建工作，依托党

① 参见纪莺莺《从“双向嵌入”到“双向赋权”：以 N 市社区社会组织为例——兼论当代中国国家与社会关系的重构》，《浙江学刊》2017 年第 1 期。

委组织部门与民政部门建立社会组织党建工作机构进行统一领导。另一方面，坚持党对协会工作的领导。凡涉及会员企业切身利益和行业协会发展的重大决策、主要负责人的任免和选举、重大项目安排等事项，党组织必须参与讨论研究，审核把关。二是加强行业协会党务工作者队伍建设，推行协会管理层和党组织成员双向进入、交叉任职，在体制上解决党组织参与行业协会重大决策的问题，使党建工作与协会治理结构的统一。[①] 如果行业协会内部无合适人选，则可从上级党组织选派合适人员担任。

最后，创新党组织嵌入协会的手段和方式。行业协会与政党有一定距离，单纯在行业协会中建立党组织的做法，并不能拉近政党与行业协会的距离。这就需要政党转变管理的方式和手段，主动将重心下移，将党的活动下沉并延伸到协会的利益诉求领域，创新党组织与协会互动的方式。具体而言，应从以下几方面努力：一是借助组织帮扶的方式，对建立党组织的协会主动予以帮助，不断扩大行业协会党组织的覆盖面。二是转变管理方式，将传统的直接管理转变为间接引导，确立“服务、监管和引领”的理念。通过构建适宜行业协会发展的法律和制度环境来规范协会的运行模式。通过政策导向和资源配置等方式来引导协会的发展方向。三是充分利用信息技术的优势。树立“互联网 +”思维，在网络领域增强对协会活动的识别、引导和管理能力，建立网上行业协会的有关制度规定，并设立专门的监管机制，对网上行业协会的活动的过程、方式和内容进行规范和指导，实现“限制型引导”。[②] 例如，北京市足球协会创新党组织的领导模式，建立了党的“双重领导”机制。“北京市足协党支部”隶属北京市体育局直属机关党委领导，同时接受北京市行业协会商会综合党委的指导。这一模式创新了党的领导机制，有助于市足协加强支部建设，把党的大政方针贯彻落实到北京市足球事业发展中。

---

① 参见谢玉峰《加强社会组织党建工作推动社会组织健康发展》，《中国社会组织》2016 年第 24 期。

② 参见朱鱻灏《网络公民社会研究》，中国社会科学出版社 2014 年版，第 203—207 页。

## 第四节 促进内部法人治理结构与外部关系框架的互补

行业协会的内部法人治理结构与外部关系框架并不是不相关联的两部分，而是共同组成了政府主导型行业协会治理结构的整体框架。内部法人治理结构是根本，是行业协会发挥职能的组织基础。如果组织建设搞不好，即使拥有良好的外部生存环境以及合法的社会地位，仍不能发挥应有的作用。① 只有在协会内部形成完善的法人治理结构，使各部门各司其职、相互协调，协会才能健康运行、自主发展。

外部环境的改善是行业协会治理结构优化的有益补充，如果缺乏外部竞争与合作所产生的间接治理以及提供充分信息，内部治理结构也不能单独发挥作用。行业协会的内部法人治理结构有赖于良好的外部政策环境，以确保其内部权力彼此平衡。

在成熟的组织治理结构中，组织的内部管理和外部联结活动往往是通过科层化的组织结构分工完成的。② 完善的、合理的治理结构是确保协会的宗旨和使命、实现有序运行的基础。行业协会治理结构不仅限于组织内部权力的合理配置，同时必须强调信任关系的构建与稳定。内部治理结构与外部社会政策环境及社会网络结构的匹配也更为重要。非正式制度约束中的信任是维系组织生存和发展的重要因素，有助于提升团体凝聚力，促成成员之间的互助合作。因此，构建有效的外部治理结构，实现行业协会内部治理结构与外部治理结构的良性互动，这是发挥协会作用、加快协会发展，推动协会走向“善治”的重中之重。

总的来讲，尽管有人认为协会的外部功能性治理明显强于内部结构性

---

① 参见吴敬琏《建设民间商会》，载黄孟复、胡德平、张龙之、王以铭主编《中国商会发展报告 No.1（2004）》，社会科学文献出版社 2005 年版，第 689—695 页。

② 参见官有恒、萧新煌、陆宛苹《非营利部门：组织与运作》（第二版），巨流图书公司 2009 年版，第 51 页。

治理。[①] 但在这两方面的关系上，不存在厚此薄彼、孰轻孰重的问题，行业协会治理结构的重点在于找到内外部治理之间的平衡点，实现相互补充。

---

① 参见程昔武、朱小平《非营利组织治理结构：特征分析与框架构建》，《审计与经济研究》2008 年第 3 期。

# 结　语

国内外学者对行业协会治理结构进行了广泛研究，基本都认同行业协会的治理结构包括内部和外部治理结构两部分。对行业协会内部治理结构的研究比较丰富，主要包括内部机构设置和制度机制建设。外部治理结构方面，一般仅提及外部监督关系对行业协会治理结构的意义，对于协会与非会员企业、其他社会组织的联动关系深入讨论的较少。虽然对协会与政府的关系进行了广泛研究，也基本都认同政会之间应共同协作，但具体如何促进和加强双方之间合作，仍在探索中。随着行业协会的市场化，其与外部利益主体的互信、互补、合作、竞争等互动关系直接决定其资源的获取和持续发展。本研究运用组织社会学相关理论对政府主导型行业协会的治理结构进行了分析，探讨了脱钩改革后政府主导型行业协会治理结构建设面临的困境和不足，在探索优化政府主导型行业协会内部治理结构的同时，着重探讨了协会外部关系框架的构建，并根据存在的不足尝试提出了完善的具体方法。

通过文献分析、案例研究和比较分析等方法，借助已经相对成熟的理论对政府主导型行业协会治理结构中存在的具体问题进行深入分析，探索优化的路径，构建优化模型，并提出相关对策。本书主要得出如下结论：

一是从组织社会学的角度，政府主导型行业协会治理结构的完善不仅要注重机构设置和运行规范的优化，还应关注外部关系的建设。机构设置和运行规范的完善包括健全内部组织架构和规章制度，增强行业协会运行的制度化、规范化，进而构建合理的法人治理结构。同时，还应构建有序的外部关系环境，增加行业协会的关系资本。此外，完善政府主导型行业协会治理结构须注意内外部治理结构的协调与互补。在此基础上，构建了政府主导型行业协会治理结构的优化模型。

二是在内部机构设置和运行规范的优化上，应健全法人治理结构。第一，政府主导型行业协会基本的权力机构，如会员（代表）大会、理事会、监事会应借鉴公司的治理结构形成比较稳定的框架。第二，理事会包括委员会、工作组、专门行动小组的设置应服务于组织战略和任务，根据任务的特性灵活设置。而且理事会与秘书处不能完全分开，确保理事会的独立决策权，也应鼓励秘书长等积极参与到协会事务的决策过程中。第三，对于协会内部权力的制衡，并不意味着做到合理的分权就能发挥其应有的作用。受规章制度不健全、人情关系等多种因素的影响，协会内部的监督往往处于失效或作用发挥不完全状态。因此，一般应设独立的监督机构，包括内部和外部的监督。在有些协会也可由专门委员会或理事会负责，但应保障有效监督。第四，在领导人的选择上，应根据协会和企业的实际情况决定。一味强调由企业家担任会长，未必可以很好地发挥行业协会的作用。在保证协会自主的前提下，灵活选择既有能力，又有丰富管理经验的领导人，而不仅限于企业家或政府官员。

三是在外部治理结构的优化方面，应塑造良性互动的外部关系框架，提升协会的公信力和认同感，加强协会与外部利益主体的互惠合作，增加协会的社会资本。治理结构中的互惠合作是一种建立在平等基础上的关系，合作的达成不仅可以通过正式的制度和机制，也可以通过非正式的社会关系网络渠道，依靠在互动过程中结成的信任关系。良性互动的外部关系所形成的信任、互惠和认同等构成了行业协会社会资本的重要元素，成为降低交易成本、增强协会凝聚力和资源获取能力的基石。

四是政府主导型行业协会的党建工作有待进一步加强。脱钩之后，政府放松了对政府主导型行业协会的控制和干预。为确保行业协会正确的发展方向，应加强党组织对协会的引领和指导，构建制度化的党组织嵌入协会的渠道。但同时应建立相应的机制或规范，将党对行业协会的领导作用主要体现为在发展方向上的引导和指引上，而不能过度干预协会日常事务管理和运行。

但由于笔者的能力、研究成本和研究时间等方面的限制，还有以下问题需要进一步完善或作进一步深入的研究。一是研究领域和研究视野需进一步拓展。由于研究时间和研究成本的限制，本书主要以北京地区的政府主导型行业协会作为研究对象，探讨完善协会治理结构的方法和策略，代表性尚待验证，要扩展到其他地区的行业协会还需进一步研究和深化。二是行业协会外部关系的研究有待进一步加强。脱钩以后，政府主导型行业协会对外部资源的依赖性提高，不仅要增强对行业企业的吸引力和凝聚力，还要处理好与其外部利益相关者的关系，尤其是与政府部门和党组织的关系。行业协会与外部利益相关者是多元化的耦合关系，国内学者在研究行业协会治理结构问题时，将关注点普遍放在外部利益主体对行业协会的监督关系结构上，或单独探讨与某一利益（如政府和企业）主体的关系，对其他关系关注较少。然而，行业协会的外部关系是一个整体的网络，对行业协会治理结构整体上的把握和研究需进一步深入。三是研究范围有待进一步拓展。对行业协会治理结构的研究多属于定性研究，或通过个别案例的方式进行探索，缺少大规模的实证研究。受时间、成本和能力的限制，本书通过一些典型案例分析政府主导行业协会的治理结构。以后可增加实证方面深入细致的研究，通过有效的数据分析验证和支持相关理论和结果。

行业协会治理结构的优化和完善是一个复杂的话题，也是一个长期的话题，相关研究和可供选择的视角较多，对于这一课题尽管穷尽所能地进行了研究分析，但碍于诸多限制，研究的理论体系只是初步的，研究的深度和广度有待继续拓展，具体领域的研究分析仍需日后进一步深入。

# 附　　录

## 附录 1　全国性行业协会脱钩前组织基本情况统计①

| | 具体事项 | 数量（家） | 比例（%） |
|---|---|---|---|
| 机构层级情况 | 代管事业单位的协会 | 5 | 3 |
| | 代管其他社会组织的协会 | 57 | 39 |
| | 与政府部门合署办公的协会 | 8 | 6 |
| 职能履行情况 | 履行法律法规规定的职能的协会 | 12 | 8 |
| | 履行法律法规未规定的职能的协会 | 4 | 3 |
| 财务管理情况 | 执行民非会计制度的协会 | 140 | 97 |
| | 有财政预算资金的协会 | 9 | 6 |
| 人员构成情况 | 安置了政府机构改革分流人员的协会 | 3 | 2 |
| | 有公务员兼职任职的协会 | 25 | 17 |
| | 有领导干部不符合规定兼职任职的协会 | 17 | 12 |
| | 有事业编制的协会 | 7 | 5 |

① 笔者一共考察了 145 家全国性行业协会商会的基本组织情况，数据来源于对基本情况的统计。

| | 具体事项 | 数量（家） | 比例（%） | |
|---|---|---|---|---|
| 党组织设置情况 | 设有党委 | 6 | 4 | |
| | 设有党总支 | 5 | 3 | |
| | 设有党支部 | 44 | 30 | |
| | 设有临时党组织 | 3 | 2 | |
| | 设有联合党支部 | 16 | 11 | |
| | 未建立党组织 | 71 | 49 | |

## 附录 2　北京市行业协会脱钩情况调研问卷①

1. 贵协会（商会）成立的背景是什么？

□由原有政府部门转制而成

□由政府部门主导推动成立

□由工商联或其他协会（商会）主导设立

□由热心领导同志发起

□行业内企业自发组建

2. 您认为本次脱钩工作的组织协调工作是否到位？（可多选）

□组织有力，协调到位，脱钩工作进展顺利

□不太到位，主要原因是主管部门对脱钩工作重视程度不够

□不太到位，主要原因是与主管单位沟通不够，一些脱钩政策没有及时掌握

□不太到位，主要原因是脱钩过程中程序重复，与主管单位配合明显不顺

□很不到位

① 本问卷主要是对北京市的行业协会脱钩情况进行了解，共有 61 家行业协会进行了反馈。除个别协会在文中作为案例使用外，该问卷中的信息作为本书分析的重要依据和参考。

3. 您所在单位在脱钩过程中主要面临哪些困难？（可多选）

□不存在明显的困难，脱钩工作较为顺利

□存在明显的困难，主要是人员安置问题

□存在明显的困难，主要是资产认定、财务分离问题

□存在明显的困难，主要是党建方面的问题

□存在明显的困难，还涉及其他方面的问题（具体问题请说明）

4. 为了顺利开展脱钩工作，北京市制定了相关配套政策，您如何评价这些配套政策？

□配套措施完善，及时有效，有利于顺利推进脱钩工作

□目前的配套措施还不够，仍需要增加其他方面的措施

□目前的配套措施问题导向性不足，没有针对性的解决好一些关键问题

□不了解相关配套措施

5. 脱钩改革以来，贵单位是否得到了相关的政策扶持？

□有

□没有

6. 为完善政府购买服务机制，支持行业协会商会转型发展，2016 年底北京市出台了《北京市财政局关于做好行业协会商会承接政府购买服务工作有关问题的通知》（京财综〔2016〕2874 号），这个文件对你所在单位发展产生了何种作用？

□作用很大，相关部门增加了政府从脱钩行业协会商会购买服务的力度

□产生了一些作用，但力度还不够

□政府购买服务措施针对性不强，协会（商会）承接项目难度大

□基本上没有作用

7. 根据《北京市财政局关于行业协会商会与行政机关脱钩中有关财政补助问题的通知》（京财社〔2016〕2653 号）要求，2018 年后将取消本市所有行业协会商会财政直接拨款，您认为这会对您所在单位产生何种影响？

□没有影响

□影响不大

□影响较大，一定时期内会存在一定的财务困难

□影响很大，财务困难基本上难以克服

8. 您所在单位承担了一定的社会服务职能，脱钩改革会对这些工作产生何种影响？

□没有影响

□长期看，有助于提升服务质量

□服务质量会降低

9. 您认为脱钩后，对原有工作会产生何种影响？（可多选）

□基本上没有影响，一切照旧

□影响不大，脱钩反而有利于搞活机制，能发展得更好

□影响不大，有能力自己开拓市场，自给自足

□影响不大，脱钩后协会（商会）自主性更强，有利于激发服务意识，集中力量为会员服务、开展活动

□影响很大，政府若不扶持，有可能难以维持正常运转

10. 您对脱钩改革有何建议意见？

# 附录 3　政府主导型行业协会治理结构访谈提纲

## 一、访谈目的

了解政府主导型行业协会治理结构的运行状况及存在的主要问题，对优化治理结构进行的积极尝试等内容。

## 二、访谈问题

（一）请您介绍一下协会的基本情况（包括成立背景、产生的方式、发展状况、资金来源、主要职能等）。

（二）请您介绍一下协会的组织机构设置及运行情况，存在的困境及原因。

（三）请您介绍一下协会的章程、治理制度等建设情况。

（四）请您介绍一下协会与政府、企业、其他社会组织及社会公众的关系如何处理的？尤其是如何定位协会？

（五）请您介绍一下协会的党建工作情况。

（六）协会为完善治理结构做了哪些尝试，取得了什么样的成效？对促进协会发展的结构和制度安排（如领导选拔、机构设置、财务、监督、党建方面）有什么建议？

## 三、部分受访政府主导型行业协会信息

<table>
<tr><th>协会名称</th><th>被访者身份</th><th>访谈时间、地点</th><th>访谈方式</th><th>是否脱钩</th></tr>
<tr><td>中国粮食行业协会</td><td>副会长</td><td>2016 年 8 月 5 日，下午 3 点至 5 点，协会会议室</td><td>个别访谈</td><td>是</td></tr>
<tr><td>中国旅游协会</td><td>副会长兼秘书长</td><td>2016 年 8 月 5 日，上午 10 点至 12 点，协会办公室</td><td>个别访谈</td><td>是</td></tr>
<tr><td>中国文化产业协会</td><td>秘书长</td><td>2016 年 7 月 29 日，下午 2 点至 4 点，协会会议室</td><td>个别访谈</td><td>是</td></tr>
<tr><td>中国质量协会</td><td>副秘书长</td><td>2016 年 8 月 4 日，上午 9 点至 11 点，协会办公室</td><td>个别访谈</td><td>是</td></tr>
<tr><td>中国物流与采购联合会</td><td>副会长兼秘书长</td><td>2016 年 7 月 26 日，下午 2 点至 4 点，协会会议室</td><td>个别访谈</td><td>是</td></tr>
<tr><td>国拍卖协会</td><td>副秘书长</td><td rowspan="5">2016 年 9 月 8 日，下午 2 点至 5 点，国家行政学院</td><td>座谈会</td><td>是</td></tr>
<tr><td>中国交通运输协会</td><td>副会长兼秘书长</td><td>座谈会</td><td>是</td></tr>
<tr><td>中国矿业联合会</td><td>副会长兼总工</td><td>座谈会</td><td>是</td></tr>
<tr><td>中国市政工程协会</td><td>副秘书长</td><td>座谈会</td><td>是</td></tr>
<tr><td>中国内部审计协会</td><td>副秘书长</td><td>座谈会</td><td>是</td></tr>
</table>

续表

| 协会名称 | 被访者身份 | 访谈时间、地点 | 访谈方式 | 是否脱钩 |
|---|---|---|---|---|
| 中国机电产品流通协会 | 副会长兼秘书长 | | 座谈会 | 是 |
| 中国专利保护协会 | 副秘书长 | | 座谈会 | 是 |
| 中国调味品协会 | 副秘书长 | | 座谈会 | 是 |
| 北京市证券协会 | 工作人员 | 2017年9月19日，下午3：00—5：00，国家行政学院 | 座谈会 | 是 |
| 北京市电源协会 | 秘书长 | | 座谈会 | 是 |
| 北京市公园绿地协会 | 会长 | | 座谈会 | 是 |
| 北京质量检验认证协会 | 秘书长 | | 座谈会 | 是 |
| 北京市市场协会 | 副秘书长 | | 座谈会 | 是 |
| 北京市粮食协会 | 副会长 | 2017年9月21日，下午3：00—5：00，国家行政学院 | 座谈会 | 是 |
| 北京市女医师协会 | 秘书长 | | 座谈会 | 是 |
| 北京市足球运动协会 | 秘书长 | | 座谈会 | 是 |

# 附录4　全国性行业协会商会脱钩试点配套文件

| 文件名称 | 发布时间 | 牵头单位 |
|---|---|---|
| 《行业协会商会与行政机关脱钩总体方案》<br>《关于全国性行业协会商会与行政机关脱钩后党建工作管理体制调整的办法（试行）》 | 2015年<br>2015年 | 中共中央办公厅、国务院办公厅中组部 |
| 《关于行业协会商会与行政机关脱钩涉及事业单位机构编制调整的意见》 | 2015年 | 中编办 |
| 《关于全国性行业协会商会与行政机关脱钩后外事管理工作的暂行管理办法》 | 2015年 | 外交部 |
| 《全国性行业协会商会行业公共信息平台建设指导意见（试行）》 | 2015年 | 国家信息中心 |
| 《全国性行业协会商会负责人任职管理办法（试行）》 | 2015年 | 民政部 |
| 《关于加强行业协会商会与行政机关脱钩有关国有资产管理的意见（试行）》 | 2015年 | 财政部 |

续表

| 文件名称 | 发布时间 | 牵头单位 |
| --- | --- | --- |
| 《关于行业协会商会脱钩有关经费支持方式改革的通知（试行）》 | 2015 年 | 财政部 |
| 《关于做好行业协会商会承接政府购买服务工作有关问题的通知》 | 2015 年 | 财政部 |
| 《全国性行业协会商会脱钩改革有关办公用房管理办法（试行）》 | 2015 年 | 国管局<br>中直管理局 |
| 《行业协会商会与行政机关脱钩后综合监管暂行办法》 | 2016 年 | 发改委、民政部 |
| 《进一步做好行业协会商会与行政机关脱钩改革有关事项的通知》 | 2017 年 | 发改委等 |
| 《脱钩后行业协会商会资产管理暂行办法》 | 2017 年 | 财政部、民政部 |
| 《关于全面推开行业协会商会与行政机关脱钩改革的实施意见》 | 2019 年 | 国家发展改革委、民政部、中央组织部等十部门 |

资料来源：根据政府各部门官方网站公布资料整理。

# 主要参考文献

## 一、中文著作

1. 孙春苗：《论行业协会——中国行业协会失灵研究》，中国社会出版社 2010 年版。

2. 俞可平：《治理与善治》，社会科学文献出版社 2000 年版。

3. 郁建兴等：《行业协会管理》，浙江人民出版社 2010 年版。

4. 徐家良：《互益性组织：中国行业协会研究》，北京师范大学出版社 2010 年版。

5. 徐晞：《我国非营利组织治理问题研究》，知识产权出版社 2009 年版。

6. 张良：《我国社会组织转型发展的地方经验：上海的实证研究》，中国人事出版社 2014 年版。

7. 徐家良：《行业协会组织治理》，上海交通大学出版社 2014 年版。

8. 徐家良：《新时期中国社会组织建设研究》，中国社会科学出版社 2016 年版。

9. 金锦萍：《非营利法人治理结构研究》，北京大学出版社 2005 年版。

10. 贾西津、沈恒超、胡文安：《转型时期的行业协会：角色、功能与管理体制》，社会科学文献出版社 2004 年版。

11. 《行业发展与管理》编辑部：《行业发展与管理》，经济日报出版社 1987 年（11、12 合订本）。

12. 王名、孙春苗：《行业协会论纲. 中国非营利评论》（第四卷），社会科学文献出版社 2009 年版。

13. 张经：《中国行业协会商会法民间建议稿》，中国工商出版社 2013 年版。

14. 徐家良：《社会团体导论》，中国社会出版社 2011 年版。

15. 徐晞：《海峡两岸行业协会的比较与合作》，社会科学文献出版社 2016 年版。

16. 康晓光：《权利的转移——转型时期中国权力格局的变迁》，浙江人民出版社 1999 年版。

17. 余辉等：《行业协会及其在中国的发展：理论与案例》，经济管理出版社 2002 年版。

18. 郁建兴、周俊、张建民：《全面深化改革时代的行业协会商会发展》，高等教育出版社 2014 年版。

19. 龚维斌、赵秋雁：《中国社会体制改革报告 No.2（2014）》，社会科学文献出版社 2014 年版。

20. 景朝阳、李勇、高成运等：《中国行业协会商会发展报告（2014）》，社会科学文献出版社 2015 年。

21. 康晓光等：《依附式发展的第三部门》，社会科学文献出版社 2011 年版。

22. 周雪光：《组织社会学十讲》，社会科学文献出版社 2003 年版。

23. 王名：《非营利组织管理概论》，中国人民大学出版社 2002 年版。

24. 牛喜霞：《当前农村社会资本的现状、结构及影响因素》，山东人民出版社 2021 年版。

25. 贾西津：《第三次改革——中国非营利部门战略研究》，清华大学出版社 2005 年版。

26. 宋晓清：《行业协会商会治理结构研究》，浙江大学出版社 2018 年版。

27. 于显洋：《组织社会学》，中国人民大学出版社 2016 年版。

28. 徐家良、廖鸿、刘锋等：《中国社会组织评估发展报告（2015）》，社会科学文献出版社 2015 年版。

29. 马庆钰：《治理时代的中国社会组织》，国家行政学院出版社 2014 年版。

30. 徐家良：《中国社会组织评估发展报告（2016）》，社会科学文献出版社 2016 年版。

31. 朱鱻灏：《网络公民社会研究》，中国社会科学出版社 2014 年版。

32. 浦文昌：《建设民间商会：“市场经济与民间商会”研讨会论文集》，西北大学出版社 2006 年版。

33. 官有恒、萧新煌、陆宛苹：《非营利部门：组织与运作》（第二版），巨流图书公司 2009 年版

34. 康宛竹：《行业协会的国际比较与借鉴》，《经济研究导刊》2009 年第 5 期。

35. 张冉：《行业协会能力建设》，上海交通大学出版社 2013 年版。

36. 梅慎实：《现代公司治理结构规范运作论》，中国法制出版社 2002 年版。

37. 徐晞：《我国非营利组织治理问题研究》，知识产权出版社 2009 年版。

38. 张良：《行业协会工作实务》，上海交通大学出版社 2014 年版。

39. 朱伯玉：《低碳发展立法研究》，人民出版社 2020 年版。

40. 黎军：《行业组织的行政法问题研究》，北京大学出版社 2002 年版。

41. 杨善华：《当代西方社会学理论》，北京大学出版社 1999 版。

42. 陈晓军 .《互益性法人法律制度研究》，法律出版社 2007 年版。

43. 李相佑、冯朝军、郝建新：《中国大学制度变迁机制与共同治理研究》，北京理工大学出版社 2013 年版。

44. 翟鸿祥：《行业协会发展理论与实践》，经济科学出版社 2003 年版。

45. 汤蕴懿：《行业协会组织与制度》，上海交通大学出版社 2009 年版。

## 二、外文译著

1. ［美］塞缪尔 · P. 亨廷顿：《变化社会中的政治秩序》，王冠华等译，三联书店 1989 年版。

2. ［美］奥利弗 · E. 威廉森：《治理机制》，王健、方世建等译，中国社会科学出版社 2001 年版。

2. ［美］詹姆斯 · 罗西瑙等：《没有政府的治理》，张胜军、刘小林等译，江西人民出版社 2006 年版。

3. ［美］詹姆斯 · 科尔曼：《社会理论的基础》，邓方译，社会科学文献出版社 1990 年版。

4. ［美］沃尔特 · W. 鲍威尔、保罗 · J. 迪马吉奥：《组织分析的新制度主义》，姚伟译，上海人民出版社 2008 年版。

5. ［美］菲佛、萨兰基克：《组织的外部控制：对组织资源依赖的分析》，东方出版社 2006 年版。

6. ［美］W. 理查德·斯科特、杰拉尔德·F. 戴维斯等：《组织理论：理性、自然与开放系统的视角》，高俊山译，中国人民大学出版社 2011 年版。

7. ［美］里贾纳·E. 赫茨琳杰：《非营利组织管理》，北京新华信商业风险管理有限责任公司译校，中国人民大学出版社 2004 年版。

8. ［美］曼瑟尔·奥尔森：《集体行动的逻辑》，陈郁、郭宇峰、李崇新译，上海人民出版社 1996 年版。

9. ［美］W. 理查德·斯科特：《制度与组织——思想观念与物质利益》，姚伟、王黎芳译，中国人民大学出版社 2010 年版。

10. ［澳］温考普：《政府公司的法人治理》，高明华译，经济科学出版社 2010 年版。

11. 全球治理委员会：《我们的全球伙伴关系》，牛津大学出版社 1995 年。

## 三、中文论文

1. 陈俊宇：《行业协会“去行政化”为何这么难》，《中国社会组织》2014 年第 6 期。

2. 陈书洁：《合作治理中社会组织吸纳专业人才的制度环境与路径分化》，《中国行政管理》2016 年第 9 期。

3. 陈剩勇、马斌：《温州民间商会自主治理的制度分析——温州服装商会的典型研究》，《管理世界》2004 年第 12 期。

4. 崔月琴、袁泉、王嘉渊：《社会组织治理结构的转型——基于草根组织卡理斯玛现象的反思》，《学习与探索》2014 年第 7 期。

5. 程楠：《全国性行业协会商会正有序稳步脱钩——访民政部民间组织管理局副局长廖鸿》，《中国社会组织》2016 年第 17 期。

6. 陈成文：《制度环境对社会组织活力的影响——基于贵州、湖南、广东三省的实证研究》，《社会科学研究》2020 年第 2 期。

7. 陈成文、黄诚：《论优化制度环境与激发社会组织活力》，《贵州师范大学学报》（社会科学版）2016 年第 1 期。

8. 陈远鹏：《互联网金融走向规范化》，《小康》2016 年第 8 期。

9. 邓正来、丁轶：《监护型控制逻辑下的有效治理对近三十年国家社团管理政策演变的考察》，《学术界》2012 年第 3 期。

10. 范清宇：《关于行业协会商会与行政机关脱钩后加强监管问题的思考与建议》，《中国民政》2014 年第 11 期。

11. 范丽珠、徐建、王甫勤等：《海外国家和地区行业协会发展模式研究》，《云南大学学报》（社会科学版）2007 年第 3 期。

12. 傅昌波、简燕平：《行业协会商会与行政脱钩改革的难点与对策》，《行政管理改革》2016 年第 10 期。

13. 费显政：《资源依赖学派之组织与环境关系理论评介》，《武汉大学学报》（哲学社会科学版）2005 年第 4 期。

14. 顾朝曦：《发挥行业协会商会服务经济发展的功能作用》，《中国社会组织》2014 年第 8 期。

15. 高金德：《深圳市行业协会商会组织法人治理结构研究——一个实证性的分析》，《社团管理研究》2015 年第 1 期。

16. 顾家麒：《考察韩国、日本两国行业协会的工作报告（摘要）》，《电器工业》2001 第 2 期。

17. 顾昕、王旭：《从国家主义到法团主义》，《社会学研究》2005 年第 2 期。

18. 管兵：《竞争性与反向嵌入性：政府购买服务与社会组织发展》，《公共管理学报》2015 年第 3 期。

19. 官有垣：《非营利组织的董事会角色与功能之剖析——以台湾地区地方性社会福利基金会为例》，《两岸非营利组织公共事务学术研讨会论文集》2002 年。

20. 黄少卿、浦文昌：《“民间商会法人治理研讨会”会议综述》，《经济社会体制比较》2012 年第 4 期。

21. 胡建锋：《略论我国非营利组织产权制度的构建》，《湖北社会科学》2011 年第 7 期。

22. 姜耀辉，刘春湘：《社会组织制度环境：经验测量及其政策意义》，《湖南师范大学社会科学学报》2020 年第 3 期。

23. 金燕华、陈冬至：《我国行业协会信息公开制度探讨》，《中国行政管理》2008 年第 7 期。

24. 纪莺莺：《治理取向与制度环境：近期社会组织研究的国家中心转向》，《浙江学刊》2016 年第 3 期。

25. 纪莺莺：《从“双向嵌入”到“双向赋权”：以 N 市社区社会组织为例——兼论当代中国国家与社会关系的重构》，《浙江学刊》2017 年第 1 期。

26. 敬乂嘉：《控制与赋权：中国政府的社会组织发展策略》，《学海》2016 年第 1 期。

27. 贾西津、张经：《行业协会商会与政府脱钩改革方略及挑战》，《社会治理》2016 年第 1 期。

28. 姜广东：《信任对经济政策效果的影响》，《社会科学战线》2007 年第 3 期。

29. 康晓光、韩恒：《分类控制：当前中国大陆国家与社会关系研究》，《社会学研究》2005 年第 6 期。

30. 黎军、李海平：《行业协会法人治理机制研究》，《中国非营利评论》2009 年第 1 期。

31. 廉高波：《浅议行业协会法人治理结构的建立与完善》，《生产力研究》2005 年第 8 期。

32. 梁鑫华、徐晓林、栾丽霞：《新常态下行业协会关系网络转型研究》，《中国行政管理》2016 年第 4 期。

33. 刘剑雄：《改革开放后我国行业协会和商会发展的研究》，《经济研究参考》2006 年第 16 期。

34. 李丹，王锐兰、李海燕：《浅议我国行业协会的治理结构》，《科学与管理》2007 年第 2 期。

35. 李颖慧：《谈行业协会制度建设》，《合作经济与科技》2014 年第 15 期。

36. 李利利：《行业协会承接政府购买服务中不对等现象分析》，《行政管理改革》2018 年第 8 期。

37. 李利利：《论行业协会外部治理结构调整》，《开放导报》2017 年第 6 期。

38. 李莉、陈杰峰：《中国公益基金会的法人治理结构及其体制创新》，《广西经济管理干部学院学报》2009 年第 4 期。

39. 李治燕：《建立和完善事业单位法人治理结构的途径》，《现代企业》2016 年第

3 期。

40. 李剑平：《行业组织怎样才有生命力》，《企业家信息》2009 年第 10 期。

41. 刘红祥：《依赖、认同与监督：转型期行业协会与企业、政府的关系——基于南京 X 行业协会的个案分析》，《中共宁波市委党校学报》2013 年第 1 期。

42. 罗拾平、罗利平：《转型与茫然——“脱钩”后官办行业协会何去何从?》，《学会》2009 年第 1 期。

43. 罗文恩：《后脱钩时代行业协会功能再定位：共益组织研究视角》，《治理研究》2018 年第 5 期。

44. 龙宁丽：《国家和社会的距离：寻求国家社会关系研究的新范式——基于对全国性行业协会商会的实证分析》，《南京社会科学》2014 年第 6 期。

45. 龙宁丽：《关于全国性行业协会网络关系结构的考察》，《中国社会组织》2015 年第 8 期。

46. 卢向东：《“控制—功能”关系视角下行业协会商会脱钩改革》，《国家行政学院学报》2017 年第 5 期。

47. 李耀锋、吴海艳：《一种开放的社会理论新思维——科尔曼的法人行动理论新探》，《国外社会科学》2009 年第 6 期。

48. 林南：《建构社会资本的网络理论》，《国外社会学》，2002 年第 2 期。

49. 刘燕：《国外行业协会发展监管的经验及启示》，《中国社会报》2014 年 7 月 21 日。

50. 路漫、姚秀萍：《论我国公司法人治理结构的完善——基于公司经理人和公司法人结构的比较分析》，《河北工程大学学报》（社会科学版）2016 年第 3 期。

51. 马迎贤：《组织间关系：资源依赖视角的研究综述》，《管理评论》2005 年第 2 期。

52. 马庆钰：《实质推进官办社会组织改革》，《当代社科视野》2014 年第 11 期。

53. 马庆钰：《行业协会商会脱钩改革急需解决的关键问题》，《行政管理改革》2020 年第 12 期。

54. 马庆钰：《改进社会组织监管的初探》，《中国机构改革与管理》2016 年第 5 期。

55. 马长俊：《解构与重构：行业协会商会脱钩改革的政会关系变迁研究》，《行政管理改革》2020 年第 2 期。

56. 马长俊：《加强党的领导与行业协会法人治理相融合研究》，《社会主义研究》

2018 年第 6 期。

57. 毛俊华、林昕：《行业协会法制建设和内部治理结构》，《上海市经济管理干部学院学报》2007 年第 3 期。

58. 毛佩瑾：《社会组织的治理结构及其对政策参与的影响——基于 WL 行业协会的个案分析》，《江西社会科学》2020 年第 9 期。

59. 孟雁北：《反垄断法视野中的行业协会》，《云南大学学报：法学版》2004 年第 3 期。

60. 倪咸林：《行业协会商会脱钩后完善内部治理研究》，《行政管理改革》2016 年第 10 期。

61. 甫玉龙、史晓葳：《完善行业协会内部治理结构的探讨》，《中国行政管理》2009 年第 7 期。

62. 浦文昌：《国外商会行业协会的体制比较和借鉴》，《中国商会发展报告 No.1（2004）》2005 年。

63. 钱颜文、姚芳、孙林岩：《非营利组织治理及其治理结构研究：一个对比的视角》，《科研管理》2006 年第 2 期。

64. 彭敏：《行业协会内部治理结构运行中存在的问题和解决途径——以 C 行业协会为例》，《学会》第 2014 年第 11 期。

65. 戚枝淬：《社会组织内部治理结构法律问题研究》，《理论月刊》2016 年第 8 期。

66. 宋程成：《“结社革命”背后的幽灵：非营利部门的理性化及其成因》，《中国非营利评论》2017 年第 1 期。

67. 石碧涛、张捷：《行业协会的自律与他律机制关系探析》，《中国社会组织》2010 年第 1 期。

68. 石国亮：《通过第三方评估推动社会组织公信力建设》，《中国社会组织》2015 年第 10 期。

69. 孙丙耀：《中国社会团体官民二重性问题》，《社会科学季刊》1994 年第 6 期。

70. 沈永东、宋晓清：《新一轮行业协会商会与行政机关脱钩改革的风险及其防范》，《中共浙江省委党校学报》2016 年第 2 期。

71. 宋晓清：《谨防行业协会商会与行政机关脱钩过程中的三种风险》，《中国社会组织》2015 年第 21 期。

72. 田凯：《西方非营利组织治理研究的主要理论述评》，《经济社会体制比较》2012 年第 6 期。

73. 王书娟：《论我国行业协会内部治理结构的完善》，《福建政法管理干部学院学报》2008 年第 2 期。

74. 王名、贾西津：《中国 NGO 的发展分析》，《管理世界》2002 年第 8 期；

75. 王名、孙春苗：《行业协会论纲》，《中国非营利评论》2009 年第 1 期。

76. 王名、孙伟林：《社会组织管理体制：内在逻辑与发展趋势》，《中国行政管理》，2011 年第 7 期。

77. 王兴彬、郑超：《完善评估机制的重点是建立科学的评估体系——访清华大学教授、全国性社会组织评估委员会副主任王名》，《中国社会组织》2014 年第 14 期。

78. 汪锦军：《浙江政府与民间组织的互动机制：资源依赖理论的分析》，《浙江社会科学》2008 年第 9 期。

79. 吴敬琏：《商会的定位及其自身治理》，《中国改革》2006 年第 10 期。

80. 吴佩玉、蔡建华：《美国农产品行业协会成功的治理经验及启示》，《科学与管理》2014 年第 5 期。

81. 吴文洁：《国外农业行业协会的发展及启示》，《西安石油大学学报》（社会科学版）2006 年第 1 期。

82. 吴军民：《行业协会研究综论：在国家与社会之间》，《理论与改革》2007 年第 4 期。

83. 谢玉峰：《加强社会组织党建工作推动社会组织健康发展》，《中国社会组织》2016 年第 24 期。

84. 徐晞、叶民强：《国外非营利组织法人治理研究进展》，《浙江工商大学学报》2008 年第 2 期。

85. 徐家良：《中国社会组织评估发展报告（2016）》，社会科学文献出版社 2016 年版。

86. 徐家良、张玲：《治理结构、运行机制、与政府关系：非营利组织有效性分析——浙江省义乌市玩具行业协会个案》，《北京行政学院学报》2005 年第 4 期。

87. 徐家良：《第三部门资源困境与三圈互动：以秦巴山区七个组织为例》，《中国第三部门研究》2012 年第 1 期。

88. 徐家良：《双重赋权：中国行业协会的基本特征》，《天津行政学院学报》2003 年第 1 期。

89. 许昀：《行业协会的法人治理问题——基于法人行动理论的分析》，《中国社会组织》2008 年第 6 期。

90. 徐盈艳、黎熙元：《政府购买服务规制下的社会工作机构发展——广东四个城市试点项目的比较研究》，《当代港澳研究》2012 年第 4 期。

91. 徐宇珊：《非对称性依赖：中国基金会与政府关系研究》，《公共管理学报》2008 年第 1 期。

92. 徐虹、刘海玲：《转型期中国旅游行业协会法人治理机制研究——基于全国 31 个省、市、自治区的调研》，《旅游学刊》2016 年第 5 期。

93. 杨震：《论我国公司法人治理结构制度的完善》，《中国法学》2003 年第 1 期。

94. 杨阳：《探索建立社会组织评估标准指标体系》，中国标准化论坛 2015 年。

95. 杨海涛：《转型期中国行业协会的社会结构网络定位》，《中国经济问题》2011 年第 6 期。

96. 杨伟娜、董雨：《市场经济的第三部门：协会（下）》，《中国审计》2003 年第 10 期。

97. 易继明：《论行业协会市场化改革》，《法学家》2014 年第 4 期。

98. 俞可平：《经济全球化与治理的变迁》，《哲学研究》2000 年第 10 期。

99. 郁建兴、周俊、沈永东、何宾：《后双重管理体制时代的行业协会商会发展》，《浙江社会科学》2013 年第 12 期。

100. 郁建兴、宋晓清：《商会组织治理的新分析框架及其应用》，《中国行政管理》2009 年第 4 期。

101. 郁建兴：《行业协会：寻求与企业、政府之间的良性互动》，《经济社会体制比较》2006 年第 2 期。

102. 郁建兴：《全面深化改革时代行业协会商会研究的新议程》，《行政论坛》2014 年第 5 期。

103. 郁建兴、吴昊岱、沈永东：《在公共危机治理中反思行业协会商会作用——会员逻辑、影响逻辑与公共逻辑的多重视角分析》，《上海行政学院学报》2020 年第 6 期。

104. 杨瑞龙、周业安：《论转轨时期国有企业治理结构创新战略的选择》，《经济理论与经济管理》1997 年第 6 期。

105. 岳云龙、陈立庚：《事业单位法人治理结构问答（1）》，《中国机构改革与管理》2012 年第 5 期。

106. 岳云龙、陈立庚：《事业单位法人治理结构问答（4），事业单位与公司在法人治理结构方面有哪些不同?》《中国机构改革与管理》2013 年第 2 期。

107. 岳云龙、陈立庚：《事业单位法人治理结构问答（8）：为什么事业单位法人治理结构中一般不设监事会?》，《中国机构改革与管理》2013 年第 6 期。

108. 张捷、张媛媛：《商会治理的基本特征及中国的经验证据》，《经济管理》2009 年第 11 期。

109. 张冉：《我国行业协会组织治理研究》，《华中科技大学学报》（社会科学版）2007 年第 6 期。

110. 张冉：《行业协会组织边界与组织能力模型的构建研究——基于价值网络的分析》，《财经论丛（浙江财经大学学报）》2007 年第 5 期。

111. 张舜禹、郁建兴、朱心怡：《政府与社会组织合作治理的形成机制——一个组织间构建共识性认知的分析框架》，《浙江大学学报》（人文社会科学版）2022 年第 1 期。

112. 张冉、楼鑫鑫：《中国行业协会研究热点与展望：基于知识图谱的分析》，《治理研究》2021 年第 1 期。

113. 张青：《刚柔相济：非营利组织内部治理模式的构建》，《改革与开放》2014 年第 3 期。

114. 张良、刘蓉：《治理现代化视角下我国地方行业协会外部治理体系重构研究——以上海实践为例》，《华东理工大学学报》（社会科学版）2015 年第 4 期。

115. 张良：《政社之间应为“竞合”关系》，《上海人大月刊》2010 年第 8 期。

116. 周红云：《中国社会组织管理体制改革：基于治理与善治的视角》，《马克思主义与现实》2010 年第 5 期。

117. 张高陵：《行业协会商会社会责任研究》，《中国社会组织》2010 年第 10 期。

118. 周俊：《政府与社会组织关系多元化的制度成因分析》，《政治学研究》2014 年第 5 期。

119. 周俊：《行业协会商会的自治权与依法自治》，《中共浙江省委党校学报》2014 年第 5 期。

120. 周俊，赵晓翠：《脱钩改革后行业协会商会的转型发展：模式与挑战——基于 S 市 A 区的实证分析》，《治理研究》2018 年第 4 期。

121. 张建民：《全面深化改革时代行业协会商会职能的新定位》，《中共浙江省委党校学报》，2014 年第 5 期。

122. 张华：《链接纽带抑或依附工具：转型时期中国行业协会研究文献评述》，《社会》2015 年第 3 期。

123. 赵孟营：《论组织理性》，《社会学研究》2002 年第 4 期。

124. 张紧跟：《NGO 的双向嵌入与自主性扩展：以南海义工联为例》，《重庆社会主义学院学报》2014 年第 4 期。

125. 周芙蓉等：《论慈善基金会的内部治理结构》，《法制博览》2012 年第 6 期。

126. 左丽华：《瑞典行业协会的运行机制》，《中国商人》2011 年第 2 期。

127. 詹成付：《双管齐下合力推进社会组织第三方评估》，《中国社会组织》2015 年第 10 期。

128. 中国钢铁工业协会中外行业协会管理体制研究课题组：《借鉴日本行业协会经验完善我国行业协会建设》，《中国钢铁业》2010 年第 10 期。

129. 詹少青、胡介埙：《西方政府——非营利组织关系理论综述》，《外国经济与管理》2005 年第 9 期。

## 四、学位论文

1. 刘春湘：《非营利组织治理结构研究》，中南大学博士学位论文，2006 年。

2. 石碧涛：《转型时期中国行业协会治理研究》，暨南大学博士学位论文，2011 年。

3. 乔彦斌：《全国性官办行业协会社会化路径研究》，国家行政学院硕士学位论文，2017 年。

4. 陈紫恒：《J 省 F 协会“逆脱钩”现象研究》，南京师范大学硕士学位论文，

2021 年。

5. 张丹婷：《党建背景下完善商会内部治理结构的研究——基于广东省 H 商会的分析》，暨南大学硕士学位论文，2020 年。

## 五、网络资料

1.《深圳市钟表行业协会上线 8Manage CRM，提高工作效率》，2018 年 4 月 3 日，见 http：//www.8manage.cn/client/20161023161409118.html.

2. 贾林男：《什么人来担任行业协会会长，才是最佳的选择?》，2006 年 9 月 26 日，见 http：//finance.people.com.cn/GB/1045/4858296.html.

3.《法国行业协会概况》，2002 年 9 月 19 日，见 http：//fr.mofcom.gov.cn/aarticle/jmjg/zwshanghui/200209/20020900041063.html.

4.《美国商会团体的六个特点》，2006 年 11 月 3 日，见 http：//www.fctacc.org/7307.html.

5.《我国行业协会商会发展十大趋势展望》，2018 年 2 月 14 日，见 http：//m.ifeng.com/shareNews？aid=20062900&fromType=vampire.

6.《行业协会：为何频频语出惊人?》，2013 年 12 月 13 日，见 http：//www.360doc.com/content/13/1213/13/13335947_336836748.shtml.

7.《我国行业协会商会发展十大趋势展望》，2018 年 2 月 14 日，见 http：//m.ifeng.com/shareNews？aid=20062900&fromType=vampire.

8.《国务院办公厅关于督查问责典型案例的通报》，2017 年 6 月 15 日，见 http：//www.gov.cn/zhengce/content/2017-06/15/content_5202737.htm.

9.《国家发展改革委曝光行业协会违规收费案件》，2017 年 8 月 21 日，见 http：//www.ndrc.gov.cn/xwzx/xwfb/201708/t20170821_858316.html.

10.《民政部：29 家全国性行业协会涉嫌违规涉企收费》，2017 年 9 月 12 日，见 http：//society.people.com.cn/n1/2017/0912/c1008-29531239.html.

11.《国字头互金协会成立的冷思考：协会覆盖率引争议》，2016 年 3 月 28 日，见 https：//www.toutiao.com/i6266924175177286145/.

12.《天津市行业协会管理办法》，2017 年 11 月 29 日，见 http：//www.tjxzxk.gov.cn/

flfg/6300492.jhtml.

13.《北京律师协会直选风波》，2008 年 10 月 14 日，见 http：//news.sohu.com/20081014/n260012113.shtml.

14.《七万余家行业协会商会完成脱钩》，2021 年 7 月 29 日，见 http：//www.ce.cn/cysc/newmain/yc/jsxw/202107/29/t20210729_36759467.shtml.

15. 王勇：《我国社会组织登记总数已突破 90 万家》，2021 年 1 月 26 日，见 http：//www.gongyishibao.com/html/yanjiubaogao/2021/01/16660.html.

16. 商西：《全国 7 万协会商会超 70% 官办，12 省试点去行政化》，《南方都市报》2015 年 1 月 27 日，http：//finance.ifeng.com/a/20150127/13461035_0.shtml.

17.《民政部召开 2017 年第四季度例行新闻发布会》，2017 年 11 月 9 日，http：//www.gov.cn/xinwen/2017-11/09/content_5238317.htm#allContent.

18.《行业协会"去行政化"之路缘何收效甚微》，2014 年 2 月 24 日，http：//news.163.com/14/0224/05/9LQV6G8200014AEE.html.

## 六、外文资料

1.And H. E. A.，Pfeffer J.，"Environments of Organizations"，*Annual Review of Sociology*，1976，2（1）.

2.Adler P.S.，Kwon S.W.，"Social Capital：Prospects for a New Concept"，*Academy of Management Review*，2002，27（1）.

3.Aggarwal，R.K.，Evans M.E.，and Nanda D，"Nonprofit Boards：Size，Performance and Managerial Incentives"，*Journal of Accounting and Economics*，2011，53（1）.

4.Anthony Giddens，"The Constitution of Society：Outline of The Theory of Structuration"，Berkeley：*University of California Press*，1984.

5.Brinkerhoff Derick W.，"Exploring State-Civil Society Collaboration：Policy Partnerships in Developing Countries"，*Nonprofit and Voluntary Sector Quarterly*，1999（28）.

6.Brunsson N.，"Sahlinandersson K. Constructing Organizations：The Example of Public Sector Reform"，*Emilio M Beltrán Sánchez*，2000，21（4）.

7.Brinkerhoff Jennifer M. "Government-nonprofit Partnership：A Defining Framework"，

*Public Admin*，2002（22）.

8.Bennett R J.，“The Logic of Membership of Sectoral Business Associations”，*Review of Social Economy*，2000，58（1）.

9. Bradshaw，P.，“A Contingency Approach to Nonprofit Governance”，*Nonprofit Management and Leadership*，2009，20（1）.

10.Brown，W.A.，and Guo C.，“Exploring the Key Roles for Nonprofit Boards”，*Nonprofit and Voluntary Sector Quarterly*，2010，39（3）.

11.Blood R.，“Should NGOs be viewed as ‘political corporations’?”，*Journal of Communication Management*，2005，9（2）.

12.Coleman，W.，Grant，W.，“The Organizational Cohesion and Political Access of Business：A Study of Comprehensive Associations”，*European Journal of Political Research*，1988（16）.

13.Carver J.，“Boards that Make a Difference：A new Design for Leadership in Nonprofit and Public Organization（2th edition）”，New York：John Wiley & Sons，Inc.，1997.

14.Coston J M. “A Model and Typology of Government-NGO Relationships”，*Nonprofit & Voluntary Sector Quarterly*，1998，27（3）.

15.Callen，J.L.，A. Klein，and D. Tinkelman，“The Contextual Impact of Nonprofit Board Composition and Structure on Organizational Performance：Agency and Resource Dependence Perspectives”，Voluntas：*International Journal of Voluntary and Nonprofit Organizations*，2010，21（1）.

16.Dennis R. Young. “Alternative Models of Government-Nonprofit Sector Relations：Theoretical and International Perspective”，*Nonprofit Policy Forum*，2000，29（1）.

17.Dixit，S.K.，Sambasivan M.，“An Integrated Multitheoretical Perspective of Public Healthcare Services Delivery Organizations”，*Public Organization Review*，2019，18（2）.

18.DiMaggio P. J.，Powell W. W.，“The Iron Cage Revisited-Institutional Isomorphism and Collective Rationality in Organizational Fields”，*American Sociological Association*，1983（48）.

19.Drucker P. F.，“Lessons for successful nonprofit governance”，*Nonprofit Management*

*& Leadership*, 1990, 1 (1).

20.Eugene F. Fama and Michael C. Jensen, "Agency Problems and Residual Claims", *Journal of Law and Economics*, 1983, 26 (2).

21.Enjolras B., "A Governance-Structure Approach to Voluntary Organizations", *Nonprofit & Voluntary Sector Quarterly*, 2009, 38 (5).

22.Friedman, A., and Phillips, M., "Balancing Strategy and Accountability", *Nonprofit Management &Leadership*, 2004, 15 (2).

23.Foster K. W., "Associations in the Embrace of an Authoritarian State: State Domination of Society?", *Studies in Comparative International Development*, 2001, 35 (4).

24.Freeman, R. E., "Strategic Management: A Stakeholder Approach", Boston: *Pitman Publishing*, 1984.

25.Foster, Kenneth. "Embedded Within State Agencies: Business Associations in Yantai", *The China Journal*, 2002 (47).

26.Gazley B., Brudney J. L., "The Purpose (and Perils) of Government-Nonprofit Partnership", *Nonprofit & Voluntary Sector Quarterly*, 2007, 36 (3).

27.Greif A., Milgrom P., Weingast B R., "Coordination, Commitment, and Enforcement: The Case of the Merchant Guild", *Journal of Political Economy*, 1994, 102 (4).

28.Gidron, Benjamin, "Government and the third sector: Emerging Relationships in Welfare States", San Francisco. CA.: *Jossey-Bass Inc Pub*, 1992.

29.Gies, D. L., Ott, J. S., &Shafrits J. M., "Governance: The Roles and Functions of Boards of Directors", in *The Nonprofit Organization: Essential Readings. Pacific Grove*, California: Brooks/Cole Publishing Company, 1990.

30.Hwang H., Powell W. W., "The Rationalization of Charity: The Influences of Professionalism in the Nonprofit Sector", *Administrative Science Quarterly*, 2009, 54 (2).

31.Hansmann, H., "The Role of Nonprofit Enterprise", *Yale Law Journal*, 1980, 89 (5).

32.Herman R. D., Renz D. O., Heimovics R D., "Board Practices and Board

Effectiveness in Local Nonprofit Organizations", *Nonprofit Management & Leadership*, 2010, 7 (4).

33.Herman R. D., "Are Public Service Nonprofit Boards Meeting Their Responsibilities?", *Public Administration Review*, 2009, 69 (3).

34.HOULE C. O., "Governing Boards: Their Nature and Nurture", San Francisco: *Jossey-Bass Publishers*, 1997.

35.Jepperson R. L., "The development and application of sociological neoinstitutionalism", *New directions in contemporary sociological theory*, 2002.

36.John, C., B. Martijn, and K. Alice, "Governance Challenges for Not-for-Profit Organizations: Empirical Evidence in Support of a Contingency Approach", *Contemporary Management Research*, 2016, 12 (1).

37.Kuhnle S. & Selle P., "Government and Voluntary Organizations: A Relational Perspective", *Aldershot*, *Hants*, 1992.

38.Lawry R. P., "Accountability and nonprofit organizations: An ethical perspective", *Nonprofit Management & Leadership*, 1995 (6).

39.Mathiasen K., "Board Passages: Three Key Stages in a Nonprofit Boards's Life Cycle", *Washington D.C: National Center forNonprofit Boards*, 1990.

40.Mitchell R, Wood D. "Toward a Theory of Stakeholder Identifications and Salience: Defining the Principle of Whom and What Really Counts", *Academy of Management Review*, 1997, 22 (4).

41.Meyer J. W. Rowan B., "Institutionalized Organizations: Formal Structure as Myth and Ceremony", *The American Journal of Sociology*, 1977, 83 (2).

42.Meyer J. W., Rowan B., Powell W. W, et al, "The New Institutionalism in Organizational Analysis", Chicago: *University of Chicago Press*, 1991.

43.Miller-Steven K. L., Gable M. J., Antecendents to Nonprofit Advocacy: Which is More Important-Governance or Organizational Structure? , *Journal for Nonprofit Management*, 2012.

44.Mcewan K. L., Bigelow D. A., "Using a Logic Model to Focus Health Services on

Population Health Goals”, *The Canadian Journal of Program Evaluation*, 1997 (12).

45.Najam A., “The Four-C’s of Third Sector-Government Relations: Cooperation, Confrontation, Complementarity, and Co-optation”, *Nonprofit Management & Leadership*, 2000, 10 (4).

46.Nan, Lin. “Social Capital: A theory of Social Structure and Action”, *Cambridge University Press*, 2001.

47.Ostrower, F., and Stone, M. M., “Governance: Research Trends, Gaps, and Future Prospects”, in Powell, W. W., and Steinberg, R. (eds), *The Nonprofit Sector: A Research Handbook*. 2nd Edition, New Haven: Yale University Press, 2006.

48.Pfeffer J, Salancik G R., “The External Control of Organizations: A Resource Dependence Perspective”, *Social Science Electronic Publishing*, 1978.

49.Reveley J, Ville S., “Enhancing Industry Association Theory: A Comparative Business History Contribution”, *Journal of Management Studies*, 2010, 47 (5).

50.Ray Yep, “The Limitations of Corporatism for Understanding Reforming China: An empirical analysis in a rural county”, *Journal of Contemporary China*, 2000, 9 (25).

51.Rainey H. G., “Public agencies and private firms’ incentive structures, goals, and individual roles”, *Administration & Society*, 1983, 15 (2).

52.Ralph M.& Kramer D.S.W., “Toward a Contingency Model of Board-Executive Relations”, *Human Service Organizations Management Leadership & Governance*, 1985, 9 (3).

53.Rhodes R.A.W., “The New Governance: Governing Without Government”, *Political Studies*, 1996, 44 (4).

54.Saidel J. R., Harlan S. L., “Contracting and Patterns of Nonprofit Governance”, *Nonprofit Management & Leadership*, 2010, 8 (3).

55.Schnurbein G. V., “Patterns of Governance Structures in Trade Associations and Unions”, *Nonprofit Management & Leadership*, 2009, 20 (1).

56.Saidel J. R., “Resource Interdependence: The Relationship between State Agencies and Nonprofit Organizations”, *Public Administration Review*, 1991, 51 (6).

57.Sahlin K，Meyer R. E.，“Walgenbach P，et al. Global organization：Rationalization and actorhood as dominant scripts”，*Research in the Sociology of Organizations*，2009（27）.

58.Saidel J. R.，“Expanding the Governance Construct：Functions and Contributions of Nonprofit Advisory Groups”，*Nonprofit & Voluntary Sector Quarterly*，1998，27（4）.

59.Salamon L. M.，“The State of Nonprofit America”，*Journal of Social Policy*，2012，33（1）.

60.Scott，W. R.，“Organizational Structure”，*Annual Review of Sociology*，1975（1）.

61.Suchman，M. C. Edelman L. B.，“Legal Rational Myths：The New Institutionalism and the Law and Society Tradition”，*Law & Social Inquiry*，1996（4）.

62.Scott，W. R.，“Institutions and Organizations：Ideas，Interests and Identities”，California：*Sage Publications*，2013.

63.Stone A，Campbell J L，Hollingsworth R，et al.，“Governance of the American Economy”，*American Political Science Review*，1993，87（1）.

64.Schmitter P C，Streeck W.，“The organization of business interests：Studying the associative action of business in advanced industrial societies”，*Mpifg Discussion Paper*，1999，47（14）.

65.Schnurbein G. V.，“Patterns of Governance Structures in Trade Associations and Unions”，*Nonprofit Management & Leadership*，2009，20（1）

66.Syal R.，Wessel M. V.&；Sahoo S.，“Collaboration，co-optation or navigation? the role of civil society in disaster governance in India”，*International Journal of Voluntary and Nonprofit Organizations*，2021（32）.

67.Schaffer，Bryan S.，“Board Assessments of Managerial Performance：An Analysis of Attribution Processes”，*Journal of Managerial Psychology*，2002，17（2）.

68.Standley，A.，“Reinventing a Large Nonprofit：Lessons from Four Voluntary Health Associations”，*Nonprofit Management & Leadership*，2001（11）.

69.Steane，Peter D.，“Nonprofit Boards in Australia：A Distinctive Governance Approach”，*Corporate Governance*，2001，9（1）.

70.Selznick，P.，“TVA and the Grass Roots：A Study in the Sociology of Formal

Organization"，Berkeley：*University of California Press*，1949.

71.Sandrich，Karen.，"A New Governance Framework"，*Hospitals and Health Networks*，2001，75（4）.

72.Thompson，J.D.，"Organizations in action"，New York：*McGraw-Hill*，1967.

73.Tschirhart，M.，"Nonprofit Membership Associations"，in Powell，W. W.，and Steinberg，R.（eds），*The Nonprofit Sector：A Research Handbook.* 2nd Edition. New Haven：Yale University Press，2006.

74.Tandon R.，"Board games：governance and accountability in NGOs"，in M. Edwards，& D. Hulme（Eds.），*Beyond the Magic Bullet：NGO performance and accountability in the Post-Cold War World.* USA：Kumarian Press，1996.

75.Williamson O. E.，"The Institutions of Governance"，*American Economic Review*，2001，88（2）.

76.Werther W. B.，Berman E. M.，"Third sector management：the art of managing nonprofit organizations"，*Georgetown University Press*，2001.

77.Worth，M. J.，"Nonprofit Management：Principles and Practice（4th edition）"，*SAGE Publications*，2017.

78.Westphal，James D.，"Collaboration in the Boardroom：Behavioral and Performance Consequences of CEO-Board Social Ties"，*Academy of Management Journal*，1999，42（1）.

79.Wellens，L.，and M. Jegers. "Effective Governance inNonprofit Organizations：A Literature Based Multiple Stakeholder Approach"，*European Management Journal*，2014，32（2）.

80.Walter W. Powell，"Neither Market nor Hierarchy：Network Forms of Organization"，*Research in Organizational Behavior*，1990（12）.

81.Werther W. B.，Berman E. M.，"Third Sector Management：The Art of Managing Nonprofit Organizations"，Washington DC：*Georgetown University Press*，2001.

82.Young，D.R. "The Prospective Role of Economic Stakeholders in the Governance of Nonprofit Organizations"，Voluntas：*International Journal of Voluntary and Nonprofit Organizations*，2011，22（4）.

83.Young D.R.，“The First Three years of NML：Central Issues in the Management of Nonprofit Organizations”，*Nonprofit Management & Leadership*，1993，4（1）.

84.Zorn T. E.，Flanagin A. J.，Shoham M. D，“Institutional and Noninstitutional Influences on Information and Communication Technology Adoption and Use Among Nonprofit Organizations”，*Human Communication Research*，2011（37）.

85.Zucker L. G.，“The Role of Institutionalization in Cultural Persistence”，*American Sociological Review*，1977（42）.

86.Zhu，H.，Wang P.，and Bart C.，“Board Processes，Board Strategic Involvement，and Organizational Performance in For-profit and Non-profit Organizations”，*Journal of Business Ethics*，2016，136（2）.